前瞻记忆：
社会心理学的视野

刘伟 著

图书在版编目(CIP)数据

前瞻记忆:社会心理学的视野 /刘伟著. —北京:北京大学出版社,2014.1
ISBN 978-7-301-23791-5

Ⅰ. 前… Ⅱ. ①刘… Ⅲ. ①社会心理学—研究 Ⅳ. ①C912.6

中国版本图书馆 CIP 数据核字(2014)第 012762 号

| 书　　　名：前瞻记忆:社会心理学的视野
| 著作责任者：刘　伟　著
| 责　任　编　辑：赵学敏
| 标　准　书　号：ISBN 978-7-301-23791-5/B · 1177
| 出　版　发　行：北京大学出版社
| 地　　　址：北京市海淀区成府路 205 号　100871
| 电　　　话：邮购部 62752015　发行部 62750672　编辑部 62754934　出版部 62754962
| 网　　　址：http://www.pup.cn　新浪官方微博:@北京大学出版社
| 电子信箱：zyjy@pup.cn
| 印　　刷　者：北京大学印刷厂
| 经　销　者：新华书店
| 　　　　　720 毫米×1020 毫米　16 开本　15.25 印张　220 千字
| 　　　　　2014 年 1 月第 1 版　2014 年 1 月第 1 次印刷
| 定　　　价：36.00 元

未经许可,不得以任何方式复制或抄袭本书之部分或全部内容。
版权所有,侵权必究
举报电话：010-62752024　电子信箱：fd@pup.pku.edu.cn

本书得到

  教育部人文社会科学研究项目(09YJCXLX017)

  上海市教委科研创新重点项目

资助

序

卢家楣[*]

前瞻记忆是指个体对将来要完成的活动或事件的记忆。自20世纪90年代初，前瞻记忆的实验室研究范式提出以来，这一领域的研究迅速成为记忆心理学的又一个热点，涌现出大量前瞻记忆加工机制相关的研究成果。由于前瞻记忆是一种和日常生活密切相关的记忆种类，所以日常生活背景下的前瞻记忆研究也逐渐受到重视。近年来，对老年群体及一些身心疾病患者日常前瞻记忆特点与影响因素的研究成果更是层出不穷。

在心理学对感知、记忆、思维等人类基本认知过程进行探讨的过程中，通过实验、测量等方法揭示其深层发生发展机制的基础性研究固然重要，但也应向实践和应用推进。随着社会的快速发展，科技的突飞猛进，心理学也逐渐被揭开了神秘的面纱，为越来越多的大众所了解，并面临越来越多的社会需求。在这一背景下，心理学应关注现实、服务社会的观点已普遍被学界内外的有识之士所接受。我国不少心理学工作者正在积极探讨心理学研究与建设与和谐社会接轨的途径和机制，这从最近几届全国心理学学术大会的主题即可见一斑：从第十三届的"走向世界、服务社会"（2010，上海），到第十四届的"增强心理学服务社会的意识和功能"（2011，西安），直至第十五届的"心理学与幸福社会"（2012，广州）。本书正是着重从日常生活中的前瞻记忆以及影响前瞻记忆的社会心理因素等层面总结梳理国内外前瞻记忆研究的成果，体现出作者具有将这一领域的研究与生活实际

---

[*] 中国心理学会常务理事、中国心理学会教育心理学分会副会长、中国心理学会心理学教学工作委员会副主任、上海师范大学心理学研究所所长、国家级教学名师。

相结合的理念和视角,并作出了沿此方向前行的努力和探索,值得赞赏。

纵览全书,有三个特点十分突出。

一是结构清晰,层次分明。全书可分为两大部分:前三章系统阐述了前瞻记忆的基本概念和加工机制、社会心理的研究视角和研究测量方法,属相关理论的总括;后五章则以研究内容为主线,结合现有研究成果,围绕前瞻记忆与情绪、前瞻记忆与个性、前瞻记忆失败归因、前瞻记忆与身心疾病、前瞻记忆老年化的社会心理机制五个专题进行了深入讨论,其中还穿插了前瞻记忆的训练提升、实验室范式与日常范式研究的比较等内容。再从每章的内容看,在对某个主题的研究进行总结梳理时,总是根据已有研究的内在逻辑和数量分布,灵活地按照研究内容、研究方法或研究结论等线索层层展开,使读者能清楚地把握每一主题研究的轮廓。

二是内容丰富,资料翔实。本书两大部分共八章的内容涵盖了前瞻记忆社会心理维度已有研究所涉及的所有方面。在前瞻记忆与情绪、前瞻记忆与个性等专题中,还对前瞻记忆对应的"回溯记忆"及其相应心理过程与特点关系的研究加以介绍,使读者能在前瞻记忆与回溯记忆的对比中获得更多启发。另外,每章中还以"专栏"的形式呈现相关背景知识、典型研究和实践应用等内容,既扩充视界,又增强了可读性。而书中在介绍国内外相关研究时,在尽可能穷尽同一类别研究的基础上,重点介绍其中一到两项代表性研究的变量、方法、过程和结论,做到了点面结合,详略得当。

三是观点鲜明,力求创新。本书是国内第一部介绍前瞻记忆研究的专著。从每章的内容看,不仅对国内外相关研究进行了梳理和介绍,还阐述了作者自己的评价或见解,并指出了今后研究的发展趋势和需要解决的重要问题,为这一领域的研究者进一步思考拓展了空间。更值得指出的是,由于"日常情境中前瞻记忆失败归因"的主题几乎没有其他研究涉及,作者深入介绍了自己的几项相关研究。这几项研究运用不同的方法聚焦于同一问题,角度不同但又相互呼应,研究思路颇为独到、新颖,为全书增添了开拓创新的气息。

此外，本书参考文献的引用也十分详尽，几乎涵盖了从前瞻记忆早期研究到最新研究（2013年）的所有成果，且全部采用了APA格式的"实引"。这不仅体现了作者严谨治学的态度，也为其他研究者在这一领域深入钻研提供了进一步查找的线索。

本书的作者谦和多思，潜心研究，先后求学于国内外多个心理学研究机构。他热爱学术，刻苦勤奋，专业基础扎实，在攻读博士学位期间即开始了对前瞻记忆的研究，经过多年的努力，取得了一些较高水平的学术成果。作为他的老师、同事和挚友，我为他取得的学术成就由衷高兴，预祝他能以本书的出版为契机，在多年的积淀之后进入硕果累累的学术"收获期"，同时也相信此书能为记忆心理学的研究者提供有价值的参考，能引领更多心理学的学习者进入前瞻记忆这一充满魅力的研究领域。

是为序。

二零一三年秋
于上海师范大学学思湖畔

目 录

第一章 前瞻记忆概述 ... 1
　一、前瞻记忆的基本概念 ... 2
　二、前瞻记忆的分类 ... 6
　三、前瞻记忆的心理成分与加工过程 ... 8
　四、前瞻记忆研究的历史 ... 9
　五、前瞻记忆的主要理论模型 ... 15
　六、前瞻记忆研究的理论与实践意义 ... 22

第二章 前瞻记忆：认知心理学与社会心理学的视野 ... 25
　一、记忆：认知心理学视野下的研究 ... 26
　二、记忆：社会心理学视野下的研究 ... 30
　三、前瞻记忆：认知心理学视野下的研究 ... 32
　四、前瞻记忆：社会心理学视野下的研究 ... 41

第三章 前瞻记忆社会心理学的取向：研究与测量方法 ... 45
　一、自然实验法 ... 46
　二、情境模拟法 ... 47
　三、问卷法 ... 61

第四章 前瞻记忆与个性 ... 69
　一、记忆与个性 ... 70
　二、前瞻记忆与人格特质 ... 72

三、前瞻记忆与具体个性特点 …………………………………… 82
　　四、前瞻记忆与异常或特殊个性特点 …………………………… 87
　　五、总结 ……………………………………………………………… 90

第五章　前瞻记忆与情绪 ……………………………………………… 93
　　一、情绪与记忆 ……………………………………………………… 94
　　二、前瞻记忆与主体正性情绪 …………………………………… 99
　　三、前瞻记忆与主体负性情绪 …………………………………… 102
　　四、前瞻记忆与材料的情绪性 …………………………………… 108
　　五、情绪影响前瞻记忆的年龄差异 ……………………………… 109
　　六、前瞻记忆的情绪一致性 ……………………………………… 110

第六章　日常情境中前瞻记忆失败的归因 …………………………… 113
　　一、归因与归因理论简介 ………………………………………… 114
　　二、记忆失败归因的研究方法 …………………………………… 116
　　三、日常情境中回溯记忆失败的归因 …………………………… 118
　　四、日常情境中前瞻记忆失败的归因 …………………………… 121

第七章　前瞻记忆与身心疾病 ………………………………………… 139
　　一、外伤性脑损伤患者的前瞻记忆 ……………………………… 140
　　二、阿尔茨海默病患者的前瞻记忆 ……………………………… 145
　　三、帕金森综合征患者的前瞻记忆 ……………………………… 149
　　四、精神分裂症患者的前瞻记忆 ………………………………… 153
　　五、HIV感染者的前瞻记忆 ……………………………………… 158
　　六、其他疾病患者的前瞻记忆 …………………………………… 162
　　七、成瘾（依赖）者的前瞻记忆 ………………………………… 164
　　八、其他与身心健康有关的特殊群体的前瞻记忆 ……………… 170

第八章 年龄—前瞻记忆悖论的社会心理因素 ············ 173
一、年龄—前瞻记忆悖论 ············ 174
二、实验室情境中前瞻记忆的年龄差异 ············ 175
三、自然情境中前瞻记忆的年龄差异 ············ 186
四、年龄—前瞻记忆悖论的原因 ············ 190

参考文献 ············ 193
后记 ············ 230

第一章　前瞻记忆概述

尽管我们严重依赖记事贴、日程表、闹钟以及各种电子的和传统的工具来提醒前瞻记忆，但它目前对我们来说依然是一个谜。直到现在，前瞻记忆仍被主流的记忆研究所忽视——很少有心理学教科书会提到它，只有记忆和认知领域的文献才会用较少的篇幅进行介绍。

——Peter Graf，2011

- 前瞻记忆的基本概念
- 前瞻记忆的分类
- 前瞻记忆的心理成分与加工过程
- 前瞻记忆研究的历史
- 前瞻记忆的主要理论模型
- 前瞻记忆研究的理论与实践意义

前瞻记忆是指对将来要完成的活动和事件的记忆，这种记忆经常而广泛地存在于我们的生活中。让我们设想某位公司员工一天的工作和生活情况，会发现涉及前瞻记忆参与的活动比比皆是：他早上出门时记得带好公文包、考勤卡，并锁好了门窗，顺便将垃圾袋送到小区的垃圾回收站，像往常一样在公共汽车站旁边的报亭购买报纸；到了单位，他要记得去处理昨天遗留下来的工作，工作间隙按计划给某位朋友打电话祝贺生日，甚至到了午饭的时间停下工作去吃饭也属于前瞻记忆。这一天中，诸如此类的活动还有：下午三点钟按日程安排参加部门的一个会议，下班回家的路上记得购买一些食品，晚上按时收看喜爱的电视节目，入睡前记得定好闹钟等。可以看出，这些活动的共同特点是：有意或无意地事先在头脑中形成了计划，并产生一种在合适的时间或情境下要实施的"意向"。这种计划或意向有的较为明确、清晰（如按时参加会议），有的较为模糊或者已成为一种习惯（如锁好门窗和购买报纸）。如果这种计划或意向被遗忘而没有成功执行，会给生活和工作带来种种不便，有时甚至是重大的损失。

二十多年来，前瞻记忆逐渐成为记忆心理学领域研究的热点之一（Graf & Uttl, 2001），引起了有关研究者的浓厚兴趣。本章将对前瞻记忆的含义、分类、研究历程等基本问题进行介绍。

一、前瞻记忆的基本概念

1. 什么是前瞻记忆

关于前瞻记忆的定义，诸多研究者有着较为一致的看法，几乎未见到不同意见的出现。具体地说，研究者们都认为前瞻记忆是"对延时的意向的认识"（Ellis, 1996）、"对未来要执行的行动的记忆"（Einstein & McDaniel, 1996）、"进行意向的编码、储存和执行时表现出来的让人信服的能力"（Kliegel & Jäger, 2006）、"在未来执行计划与意向的能力"（Graf, 2011）等。

总之，前瞻记忆（Prospective Memory，PM），就是对将来要完成的活动和事件等意向的保持与执行。由于在日常生活和工作中，我们会不断地制订计划，执行计划，很多行为都是根据事先的安排进行的，所以，成功地完成这些活动，都需要在头脑中保持并提取这些计划或实施的意向，也即是需要前瞻记忆的参与。例如，对于"明天下午三点在会议室开会"这一内容的前瞻记忆来说，从接到会议通知并打算参加开始，头脑中就有了关于此事的计划和意向，随着开会时间的临近，这一计划和意向会越来越清晰，直至成功执行（按时参加了会议）。

从上述分析可以看出，一个完整的前瞻记忆过程包含两个组成部分：一是对"做什么"的记忆，即对将要执行行动的"内容"的记忆，称为前瞻记忆的"回溯成分"，如上面例子中的"去会议室参加会议"；二是对"何时何地如何去做"的记忆，是前瞻记忆中的"前瞻成分"，如例子中的"明天下午三点执行"。

与前瞻记忆相对的是另一类只包括回溯成分、不包括计划或将来事件的记忆，如对曾经看过的一场电影的情节的记忆，对一位久未谋面的朋友音容笑貌的印象，对一首古诗、一句名言、英语单词的记忆等。这些都是单纯对过去获得信息的保持和提取，从记忆的内容和时间特点上看，不涉及"将来"的计划，当然更不需要在将来去实施。相对于前瞻记忆而言，研究者们把这类记忆称为"回溯记忆"（Retrospective Memory，RM）。

2. 前瞻记忆与回溯记忆的区别

从信息加工论的视角看，无论是前瞻记忆还是回溯记忆，都是对信息的获得、编码、储存和提取的过程，但两者的区别也很明显。

（1）从记忆内容上看，前瞻记忆的内容以"计划"和"意向"为主体，回溯记忆的内容则是以信息的原始状态为主，不包含执行的计划与意向。

（2）从记忆的过程看，前瞻记忆信息的提取是为执行服务的，往往伴随着执行过程，而回溯记忆不包含执行。

（3）从信息的提取来看，前瞻记忆的编码以"意向整体"的形式存在，在提取时往往表现出较明显的"全或无"的特点，即要么成功提取并执行，要么被完全遗忘，很少存在一种中间状态。例如，在执行"路过超市时购买食品"这一计划时，一般只会出现路过超市时"完全忘记"或"成功执行"两种可能。而回溯记忆则不然，经常存在着信息部分提取的现象，例如我们只能回忆起一首诗的部分字句，只能回忆起某个人名的姓氏或名字中的一个字等。

从以上前瞻记忆与回溯记忆的区别可以看出，前瞻记忆除包含有传统的"记忆"成分外，还包括意向及其执行的成分，比回溯记忆包含着更多的认知过程。基于这种原因，有研究者认为，将其称为"前瞻记忆"并不能真正准确地表达这一过程，最好将其称为"延时意向"（Delayed Intentions）、"延时实现的意向"（Delayed Realization of Intentions）或"特定含义的前瞻记忆"（Prospective Memory Proper）等。当然，心理学中其他很多概念也有类似的情况，即概念的名称并不能够完全准确地表述出概念的含义，但如果具备了公认的概念的内涵和外延，概念的名称倒并不是最重要的了。所以，近年来，关于前瞻记忆名称的讨论日渐平息，"前瞻记忆"一词成为最普遍使用的名称，"延时意向"的说法也时有出现。

3. 前瞻记忆与回溯记忆的联系

与其他心理现象的分类一样，将记忆分为前瞻记忆与回溯记忆，也是为研究与认识的方便进行划分的，两者在日常记忆中，实际上是一个"你中有我，我中有你"的整体，有着密不可分的联系。这主要表现在以下两方面。

（1）前瞻记忆中必然包含着回溯记忆的成分，即计划和意向的内容须依赖回溯记忆进行保持和提取，如"明天给某位朋友打电话祝贺生日"这一行为意向中，"祝贺生日"这一行为内容就是依靠回溯记忆来保持的。

（2）回溯记忆中也包含前瞻记忆。在日常生活与学习中，对一些"程序性"知识的记忆包含了执行意向的内容,如小学生需记忆"列竖式求两个多位数的和"的运算规则:如果相同位数相加超过10,则需要进位;我们在学习"火灾自救"的知识时,也需要记住不同情况、不同火灾阶段的逃生方法等。这些记忆的内容中虽然包含执行意向,但并不在行为计划之中,目前不需要去实施。但在一定条件下(遇到计算多位数加法的题目和发生火灾时),才会临时提取意向并实施。这些"不知何时会执行的意向"是作为信息经验保存在记忆中的,属于包含一定前瞻成分的回溯记忆。

专栏1-1

◎ 前瞻记忆是一个独立概念吗?

在前瞻记忆的性质方面,曾存在着不同的认识——有研究者怀疑前瞻记忆这一概念存在的逻辑性。例如Crowder认为,根据传统的心理学对记忆的理解,记忆必然是回溯性的,而"意向"必然是前瞻性的,将两者放在一起组成"前瞻记忆"这一术语,不免存在着难以解释的矛盾。另外,前瞻记忆包含了对意向内容的记忆与对意向的执行,但"记得"与"执行"并不属同一心理范畴,将两者结合在一起也显得牵强附会。最后,研究者以意向是否成功执行作为判断前瞻记忆成绩的依据也是有问题的,因为即使记得行动的意向,也不一定会成功执行,那些"不可能实现的意向",如"获得圆周率的确切值"等,就无法执行(Crowder,1996)。

Roediger也认为,从已有的研究结果看,研究者们发现前瞻记忆受回忆线索、认知资源、任务重要性等的影响,这与回溯记忆的影响因素如出一辙,前瞻记忆与回溯记忆之间并无令人信服的差别,它实际上也是一种情景记忆。此外,在前瞻记忆的一般含义中,"意向"的范围太广泛,包括了希望、愿望、梦想等,这显然超出了认知心理学研究的范围，应该严格地限定为"必须要执行的意向"（Roediger，1996）。

对前瞻记忆性质的争论有助于进一步明确辨析这一领域的研究范围，启发研究者对前瞻记忆概念的内涵与外延进行思考。但前瞻记忆与回溯记忆是否能明确分离，即前瞻记忆能否成为一个单独的研究领域，实证研究的结果无疑最有说服力——现有的涉及前瞻记忆与回溯记忆关系的研究大都得出了两者并无明显相关的结论。所以，近年来，研究者们不再热衷于对前瞻记忆的上位概念进行探讨，而是简单地把它与回溯记忆对应起来。

二、前瞻记忆的分类

Kvavilashvili 和 Ellis、Bobbs 和 Reeves 曾总结了构成前瞻记忆的意向的各种分类。但其中只有四种分类在有关文献中经常被提及。

1. 基于时间的前瞻记忆、基于事件的前瞻记忆和基于活动的前瞻记忆

这是现有文献中最常运用的分类。基于时间的前瞻记忆是指对将来特定时间要执行计划的记忆，如记得明天 15:00 要开会、后天上午 11:00 到机场接一位客人；基于事件的前瞻记忆是对"如果某一事件发生或条件满足，则执行某个行动"的记忆，如记得见到一位同事时向他借一本书，如果上班前时间允许就到邮局寄一封信等；基于活动的前瞻记忆则是对某一活动发生时执行另一行动的记忆，如记得吃饭前服药，入睡前定好闹钟等。但多数研究者都接受"两分法"，即分为基于时间和基于事件两种前瞻记忆，基于活动的前瞻记忆大致可归入基于事件的前瞻记忆。

Block 和 Zakay 认为，还存在着一种既基于时间又基于事件的"混合"前瞻记忆，这种混合前瞻记忆有下面两种情况。一种是遵循"或"规则的，比如某人在 8:00 时计划大约一小时后去做一件事，他为了保证自己不会忘记,还定好了闹钟提醒自己。在这种情况下,这种前瞻记忆可能是一种基于时间的(比如8:54分时记得了执行计划但没有依赖闹钟提醒),也可能是基于事件的(9:00时听到闹钟响去执行计划)。另一种是遵循"和"规则的,比如某人计划开车路过商场时购买物品(基于事件的前瞻记忆),但还有一个附加条件,就是等到一周后商场打折开始时再执行(基于时间的前瞻记忆)(Block & Zakay, 2006)。但这种混合前瞻记忆的机制至今几乎没有研究涉及(陈幼贞,黄希庭,袁宏,2010)。

2. 习惯性的前瞻记忆和情境性的前瞻记忆

习惯性的前瞻记忆是指对执行经常的有规律发生行动的记忆,如每天早晚刷牙、离开家时关好门窗和锁好房门等;情境性的前瞻记忆则是对偶然发生的或没有规律的将来计划的记忆,如记得明天给朋友打一个电话,后天交送实验报告等。相比之下,习惯性的前瞻记忆更不容易被忘记。

3. 瞬时的前瞻记忆、短时的前瞻记忆和长时的前瞻记忆

这是根据从意向的形成到执行之间延时的长短进行分类的。瞬时的前瞻记忆是指意向形成到执行之间的时间很短,只有不到一分钟甚至几秒钟的时间,例如去接电话时放下了手中的物品,接完电话后要记得带上物品不要遗落;短时的前瞻记忆的延时从几分钟到几小时不等,例如记得一小时后出发到机场接客人;长时的前瞻记忆的意向形成到执行之间的时间要超过数小时,例如三天后到干洗店取回衣服等。

4. 精确时间的前瞻记忆和参照时间的前瞻记忆

精确时间的前瞻记忆需要在将来某一个时间点执行,如"18:15出发去电影院","明天下午3:20参加会议";参照时间的前瞻记忆是指缺乏执行的精确的时间,而只有一个大致时间的前瞻记忆,如"明天抽空去一次图书馆""最近要去看一次牙医"等(Kvavilashvili & Ellis, 1996; Bobbs

& Reeves, 1996)。

三、前瞻记忆的心理成分与加工过程

研究者们还对前瞻记忆的心理成分和加工过程进行了探讨。在心理成分方面，上述前瞻记忆包含回溯成分和前瞻成分的观点被广泛接受（Ellis, 1996）。其中回溯成分是指记住构成意向的多个要素，如行动的内容与时间等；前瞻成分则是指意向的保持、激活和执行。Bobbs 和 Reeves 认为，前瞻记忆的心理成分包括以下几个方面：一是元知识，即顺利完成前瞻任务所需要的知识，如关于任务和自身能力的知识；二是作出计划，即形成明确的计划并以一定方式表达（一般以内部语言表达）；三是监控，指间歇地回忆起前瞻任务并判断执行的时机；四是内容的回忆，即记起要执行的前瞻任务；五是遵从，是指在正确时间完成任务的意愿；六是输出监视，即记住任务已完成（Bobbs & Reeves, 1996）。

其他研究者则更多地从加工过程的角度对前瞻记忆的心理成分进行分析。Brandimonte 认为这一过程分为六个阶段：建立意向、记住活动内容、记住执行时间、记得执行任务、实施行动、记住任务已执行（Brandimonte, 1991）。Kvaviashvili 和 Ellis 则将其分为四个阶段：编码（即意向的形成）、保持（意向保持在记忆中）、提取（在恰当的时间回忆起意向）、执行（即执行前瞻任务）。之所以将提取和执行分为两个阶段，是因为在有些情况下，即使能在恰当的时间回忆起意向，但也不一定执行（Kvaviashvili & Ellis, 1996）。Kliegel 等人提出的意向建立、意向保持、意向激活和意向的执行四个阶段的过程与此基本对应（Kliegel, Ropeter, & Mackinlay, 2006）。

在 Einstein 和 McDaniel 以及 Ellis 的划分中，前瞻记忆的加工过程分为五个阶段：①建立意向和行为的编码；②保持的间隔；③执行间隔；④启动和执行意向行为；⑤评估结果。例如，两天前决定今天中午 12:00 拜访一位朋友（建立意向），从那时起直到今天上午 9:00，可能都是保持的间隔阶段，因为这一计划并不会时时出现在头脑中。而今天早上 9:00 起，这一计划开始清晰地出现在意识中并着手准备,即进入了执行的间隔,直到阶段④——启动和执行意向。可见,在这里,"执行间隔"阶段相当于上述 Kvavilashvili 和 Ellis 的"提取"阶段(Einstein & McDaniel,1990;Ellis,1991)。

四、前瞻记忆研究的历史

1. 萌芽时期(1895—1970)

尽管古希腊的亚里士多德在其著作中所提及的"对未来的记忆"即是今天所指的前瞻记忆(Herrmann & Chaffin,1988),但前瞻记忆开始受到研究者的关注却是 1895 年 Ebbinghaus 开创了记忆的实验室研究之后的事。从那时起,前瞻记忆的研究进入了萌芽时期。在这一时期,记忆心理学的研究者们多沿袭了 Ebbinghaus 的研究范式,主要对符号与文字等信息的回溯记忆进行研究,并没有把前瞻记忆看成与回溯记忆相对应的独立记忆类型,只是偶尔会作为与其他记忆任务一样的普通任务在研究中出现。也就是说,研究者并不是头脑中先有前瞻记忆这一记忆类别的概念,然后再有意识地研究这种记忆,而是"无意"中在研究时涉及了前瞻记忆。

(1)Freud 的论述

从现有资料看,精神分析学派的创始人 Freud 在其 1901 年出版的经典著作《日常生活的精神病理学》(*The Psychopathology of Everyday Life*)一书中的有关内容,是心理学文献中第一次单独地对前瞻记忆进行关注并有意识地探讨。在此书第七章"印象及意向的遗忘"中,其中的 B 节"意向的遗忘"所论述的内容,从今天的眼光看,即是对日常生活中前瞻记忆(意向)遗忘的较深层次研究。在这里,Freud 给予了"意向"这个与当前公认的前瞻记忆定义很类似的界定:"意向就是做某件事的冲动,这种冲动已被认可,但行为的执行却要往后延迟至一个恰当的时机。"Freud 所描述的意向行动的特点,也和有关前瞻记忆的实现是"意向编码的自动提取(Craik,1986)"的解释相一致:

如果我在早晨决意在傍晚做某件事情，那么这一天里我必然时时会暗中自我提醒，这并不需要意识在一整天里都参与进来。而当意识向执行的时间越来越近，意识才会陡然冒出，以便来得及让我为其做好充分的准备。（Freud，1901，彭丽新等译）

当然，在这部著作中，Freud 是从精神分析理论出发，侧重于用潜意识活动对意向的遗忘作出解释。他认为这种遗忘主要与动机有关，即潜意识中不愿意去实现的意向（前瞻记忆）容易被遗忘，而愿意去实现的意向则不然。有趣的是，直到七十多年后，Meacham 和 Singer 在研究中用一定的报酬激发被试完成前瞻记忆的动机，表明高动机组的成绩优于低动机组（Meacham & Singer，1977），用实验部分证明了 Freud 的推断。

（2）Lewin 与 Birenbaum 的研究

在此之后，Lewin 也注意到了前瞻记忆这一记忆的种类，认为一个好的记忆能够再现知识和行动，但它不需要一直伴随着这种行动或计划的执行过程（Lewin，1926，转引自 Kvavilashvili，1987）。

一般认为，第一个前瞻记忆实验是 Lewin 的学生 Birenbaum 在 1930 年进行的。在实验中，她要求被试解决一些问题，并把每个问题的答案分别写在纸上，同时要求被试在写好答案后，在纸上签名。但研究者的目的主要不是了解被试回答问题的准确性，而是看被试是否记得签名。从今天的眼光看，这个实验符合标准的前瞻记忆实验研究的"双任务"范式，即要被试在完成当前任务（回答问题）的同时，也要记得完成前瞻记忆的任务（签名）（转引自 Kerns，2000）。

2. 日常范式研究阶段（1970—1990）

前瞻记忆概念的提出与日常范式的研究的开创与 20 世纪 70 年代开始，研究者对记忆研究领域的反思与力图改进的背景密不可分。20 世纪 70 年代初，研究者明确提出了前瞻记忆的概念，并把它作为和回溯记忆相对应的记忆研究的领域。从那时起到20世纪90年代初的二十年时间内，除问卷调查、访谈等常规研究方法外，研究者主要使用了让被试在日常生活中完成前瞻记忆任务的研究范式，即日常范式。

（1）日常范式的开创

在这一时期，研究者们已经把前瞻记忆作为一种与回溯记忆相对应的记忆类型进行研究，并注意到了可能对前瞻记忆成绩产生影响的一些因素，如年龄、延时、任务难度等。但由于研究手段的局限性，这一阶段的研究所采用的都是"日常范式"，即当前任务与前瞻记忆的任务都是在日常生活中完成的。

一般认为，最早有意识地把前瞻记忆看作单独的一种记忆类型并加以实验研究的是Loftus（Kvavilashvili & Ellis, 1996）。在实验中，Loftus让被试在完成一个问卷后，在问卷纸上写下自己的出生地。她把问卷的长度作为操纵的变量，发现如果问卷的项目是15个，那么被试完成前瞻记忆任务（写下出生地）的成绩显著地低于完成5个项目问卷的被试。由此，Loftus认为前瞻记忆的遗忘也遵循着与回溯记忆遗忘同样的规律，即保持量随时间而减少（Loftus, 1971）。但在Loftus的研究中，并没有出现"前瞻记忆"这一专有名词，而是称之为"意向记忆"（Memory for Intentions）。前瞻记忆这一名称是在几年后的1975年出现的（Kvavilashvili & Ellis, 1996）。至此，前瞻记忆的研究正式进入了日常范式研究的阶段。

（2）日常范式阶段的主要成果

在这一阶段，研究者们主要通过对日常生活中前瞻记忆的研究，探讨了意向形成到执行的时间（延时）、年龄、前瞻记忆类型、个体动机等因素对前瞻记忆的影响，以及前瞻记忆与回溯记忆的关系等，从而使人们对前瞻记忆的规律有了初步的认识。

延时的影响。在一项延时对前瞻记忆的研究中，研究者让一些被试在布置任务后的第2天到第36天后寄回明信片，结果发现，不同的延时时间对前瞻记忆没有影响，即被试并没有因时间的延长而更多地遗忘前瞻记忆任务（Wilkins, 1976, 转引自Hicks, Marsh, & Russell, 2000）。而在

Meacham 和 Leiman 的研究中，在没有提示的情况下，短期延时（1 到 4 天）的前瞻记忆成绩好于长期延时（5 天到 8 天），而在有提示的情况下则相反（Meacham & Leiman，1982）。

年龄的影响。West 让青年和老年被试在布置任务后的特定时间内寄明信片和打电话给实验者，结果发现，老年被试的成绩要好于青年被试（West，1988）。并且在其他日常生活范式的研究中，年龄效应的研究大都得出了与此一致的结论。

前瞻记忆的类型与动机的影响。Meacham 和 Singer 研究了两种不同类型的前瞻记忆——习惯性前瞻记忆与情境性前瞻记忆对成绩的影响，结果发现习惯性的前瞻记忆优于情境性前瞻记忆；研究者还利用一定的报酬激发被试完成前瞻记忆的动机，发现高动机组的前瞻记忆表现优于低动机组（Meacham & Singer，1977）。

提示的影响。Meacham 和 Leiman 研究了外部提示对前瞻记忆的影响。研究者要求被试在特定的日期给主试寄回明信片，在其中一部分被试的钥匙链上挂上彩色小棒作为这一任务的外部提示，结果发现，外部提示提高了前瞻记忆的成绩（Meacham & Leiman，1982）。

前瞻记忆与回溯记忆的关系。在上述 Meacham 和 Leiman 的研究中，研究者还让被试进行了一个自由回忆的测验，以测定他们的回溯记忆的水平，结果发现，前瞻记忆与回溯记忆的成绩没有相关。Wilkins 和 Baddeley 在研究中让被试随身携带一个微型时钟，在一周的时间内，每天四次在规定的时间按下时钟上的按钮，以他们的完成情况作为前瞻记忆的成绩。这些被试也接受了一个自由回忆的测试作为回溯记忆的成绩，结果发现自由回忆测验成绩高的被试前瞻记忆的成绩反而较低，表明前瞻记忆与回溯记忆似乎存在着负相关（Wilkins & Baddeley，1978）。

在这一阶段，前瞻记忆的研究经历了一个从开创到加速发展的历程。根据统计，到 1982 年，有史以来发表的前瞻记忆研究论文只有十多篇（Meacham，1982）。之所以造成这种现象，原因之一是心理学家们并不把这种记忆看作是与一般形式的记忆有区别的记忆种类，而只是在识记和保持信息的内容方面与一般形式的记忆有区别；原因之二是没有一种公认的实验室中的记忆研究方法适合研究这种记忆——当时研究者们认为，在前瞻记忆的研究中，为了满足生态效度的要求，必须让被试知道研究意图，而这样就会使研究结果无法解释（Kvavilashvili，1987）。但仅仅在 1982 年以后的十年中，研究的数量就多至以往总和的两倍——虽然这仍和日常生活中前瞻记忆所占比例不相适应（Kvavilashvili，1992）。

3. 实验室范式研究阶段

1990 年，Einstein 和 McDaniel 提出的前瞻记忆实验室范式的研究方法，成为前瞻记忆研究发展的重要里程碑。从那时起直到现在，运用这种范式的研究在这一领域中都占据着主导地位。

Einstein 和 McDaniel 提出的前瞻记忆实验室范式的研究方法的主要特点，是安排前瞻记忆任务与当前活动任务的"双任务"让被试完成，并使用个人电脑运行和展示活动任务（Einstein & McDaniel，1990）。这一研究范式一方面能使研究者方便有效地引入并操控影响前瞻记忆的各种变量，最大限度地排除了困扰日常范式的无关因素干扰的问题，另一方面，被试的与前瞻记忆有关的成绩，如当前任务与前瞻任务的正确与错误反应、反应时间等都能够被精确记录，大大提高了研究结果的精度。

在这一阶段，除了前瞻记忆研究的实验室范式的提出、前瞻记忆研究的数量逐年增加外，还产生了一些对前瞻记忆研究的发展意义深远的事件。

1996 年，第一部前瞻记忆研究的专著问世。在这部由 Brandimonte、Einstein 和 McDaniel 主编，名为《前瞻记忆：理论与应用》（*Prospective Memory：Theory and Applications*）的专著中，收录了对前瞻记忆的已有研究进行总结的论文 20 篇，并按内容分为四个主题：①前瞻记忆的编码、储存与回忆；②年龄与前瞻记忆；③前瞻记忆的神经心理学研究；④应用：在现实情境中使用和促进前瞻记忆。该书全面总结了二十多来来前瞻记忆的研究成果，它的出版被认为是前瞻记忆研究发展的里程碑式的事件

（Kvavilashvili & Ellis，1996）。

2000年7月，第一届前瞻记忆国际研讨会在英国的Hertfordshire大学召开，研究者共向大会提交论文50多篇，当年出版的学术刊物《应用认知心理学》（Applied Cognitive Psychology）第14卷还为这次大会出版了专刊。在本专刊的第一篇论文《2000年的前瞻记忆：过去、现在与未来方向》中，作者认为将来研究方向的重点是前瞻记忆的神经心理学的研究、更复杂的前瞻记忆任务情境下的研究以及老年前瞻记忆变化机制的研究等（Ellis & Kvavilashvili，2000）。这次会议还统一了双任务研究范式下与前瞻记忆任务相伴随的当前任务的名称，约定统一称为"Ongoing Task"（当前任务或进行中任务）。

2004年8月在北京举行的盛况空前的第28届世界心理学大会上，组织者设立了以前瞻记忆为主题的专题论坛，这一专题的口头报告和展板展示的研究报告达到40篇之多。

2005年8月，第二届前瞻记忆国际研讨会在瑞士苏黎世大学召开，大会的论文集共收录了研究者提交的80多篇论文，与会者有来自几十个国家和地区（包括中国）的200余人。这次会议除参会人数与提交论文数量较第一次会议有较大增加外，从论文整体看，也呈现出研究内容不断扩大，研究层次不断深入的趋势。这次会议上又约定了前瞻记忆与回溯记忆的统一英文缩写的名称——PM（Prospective Memory）[①]和RM（Retrospective Memory），不再使用ProM、Intention Memory等称谓。

第三届前瞻记忆国际研讨会于2010年8月在加拿大的British Columbia大学召开，有来自16个国家的近100位心理学家参加了会议。

从以上对前瞻记忆研究历史的回顾可以看出，在短短的三十多年的时间内，前瞻记忆经历了一个从萌芽、开创到快速发展的进程。但总的来说，

[①] 在记忆心理学的文献中，PM有时也指初级记忆（Primary Memory），即不经深度加工的记忆。这一概念由James在1890年提出，现已很少出现，且如果联系文献的上下文，一般不会产生与前瞻记忆的混淆。

与记忆研究的其他领域如工作记忆、内隐记忆等相比,前瞻记忆的研究还处在较不成熟的阶段,未来发展的潜力很大。

五、前瞻记忆的主要理论模型

既然如上所述,成功的前瞻记忆包括多个阶段的加工过程,那么,这一加工过程的特点、实质、规律和影响因素是什么?这即是前瞻记忆的心理机制问题,它是前瞻记忆研究要解决的基本问题。十多年来,研究者们在实验室实验的基础上,先后提出了几个前瞻记忆心理机制的模型。

1. 基于事件的前瞻记忆的理论模型

(1)简单激活模型

Craik最早提出前瞻记忆的完成是一种自动加工过程(Craik,1986)。Einstein和McDaine在有关研究的基础上,提出了前瞻记忆的简单激活模型(Simple Activation Model)。这一模型认为,被试在面对前瞻记忆任务时,会建立一个"线索—行动"的配对编码,当被试在进行其他活动时,这一编码会一直保存在意识水平之下,当指向目标行动的外部线索出现,或者前瞻记忆任务被内部的意识所激活时,这一配对的编码就回到意识阈限之上,前瞻记忆任务所指向的行为就能够完成。如果激活的水平低,那么编码回到意识阈限之上的可能性也会降低,前瞻记忆任务就不会完成。根据这一模型,前瞻记忆的完成取决于两个因素:一是目标事件出现时,"线索—行动"配对编码被激活的水平;二是目标事件的加工水平,加工水平越高,回到意识阈限之上的可能性越大(Einstein & McDaine,1996)。

这一模型显然受到了认知加工的ACT模型(Anderson,1983)的启发。根据ACT模型,认知活动中的激活会沿认知网络向相关的结点扩散,扩散的路径越多,则相关项目被激活的水平就越低,反之则高。这即是扩散效应。根据这一理论,熟悉的、非特异的刺激扩散路径多,在前瞻记忆中进入意识阈限之上的可能性就低于不熟悉的和特异的刺激。

简单激活模型符合我们在日常生活中一些情况下前瞻记忆完成的情况——前瞻任务的意向（如到超市买饮料）一旦形成后，并不是一直受我们的意识所关注的，在大多数时间内，它保存在意识阈限之下，只有当一定的内外线索出现（如感到口渴、看到桌上空的饮料瓶或经过超市等）时，这一任务才会被激活并得以完成。另外，这一模型也得到了一些实验结果的支持。主要的证据有以下三方面。第一，具有特异目标线索的前瞻记忆优于具有非特异目标线索的前瞻记忆。例如，一项研究发现，在前瞻记忆任务中，要求被试将特定的线索与行动进行配对编码（电脑屏幕上出现"美洲豹""狮子""老虎"这三个单词就按键）时，被试的成绩要好于将非特异的线索与行动进行编码（出现所有属于"动物"的名词就按键）。这是因为根据简单激活模型，特异的目标线索能引起"线索—行动"的更高水平的激活。第二，具有不熟悉目标事件的前瞻记忆优于具有熟悉目标事件的前瞻记忆，这是因为不熟悉的目标事件更具特异性，也引起了"线索—行动"编码的更高水平的激活（Einstein, McDaniel, Richardson, Guynn, & Cunfer, 1995）。这在 Brandimonte 和 Passolunghi 的研究中得到了证实（Brandimonte & Passolunghi, 1996）。而 McDainel 和 Einstein 的另一项研究同时验证了以上两个结论（McDainel & Einstein, 1993）。第三，当前任务的难度不影响前瞻记忆。如 Otani 等对当前任务的负载（难度）是否影响前瞻记忆成绩进行了实验。在实验中，不同组的被试在完成同样的前瞻记忆任务的同时，还需完成不同难度的当前记忆任务：第一组只学习并记忆屏幕上的单词，第二组除学习并记忆单词外，还要将一直重复一个简单音节"THE"作为额外任务，第三组的额外任务是重复一个三位数字，第四组的额外任务是重复一个六位数字。结果发现，这四组被试的前瞻记忆成绩没有区别。这说明前瞻记忆的意向编码一直是保存在意识阈限之下并能自动激活，并不像回溯记忆一样占用意识中的认知资源（Otani, Landau, Libkuman, Louis, Kazen, & Throne, 1997）。

（2）注意+搜索模型

注意+搜索模型（Noticing + Search Model）是由 Einstein 和 McDainel

在1996年发表的研究报告中提出的。根据这一模型,在前瞻记忆过程中,与目标事件有关的线索的出现会引起被试的熟悉感、知觉的顺利感或其他内部过程,从而出现对线索的注意。这种注意会引发对记忆的搜索,通过搜索,确定线索的意义,最后做出完成前瞻任务的行为。比如,确定了"要在超市购买一些食品"这一前瞻任务意向的人,在下班回家经过超市时,超市会使他产生"有什么事情与超市联系在一起"的感觉,从而引起了注意(注意过程),然后在记忆中搜索有关计划(搜索过程),确定了"要买一些食品"的任务,最终这一前瞻计划得到了完成。总之,注意+搜索模型认为前瞻记忆分为注意和搜索两个阶段,相对来说,前者以自动提取为主,后者则依赖更多的控制加工(Einstein & McDainel,1996)。

注意+搜索模型同样是得到认知理论启发的结果。Mandler曾分析了在一定情境下记忆提取的过程:在公共汽车上看到一个人,觉得一定在哪里见过他,然后在记忆场景中不断搜索,最终回忆起了这个人的身份(Mandler,1980)。可见,前瞻记忆的注意+搜索模型实际反映了同样的过程,只不过注意与搜索的内容换成了前瞻记忆有关的线索与任务。

注意+搜索模型同样能解释前述特异性、不熟悉的目标线索条件下,前瞻记忆优于非特异、熟悉条件下的现象:在编码阶段,当面对一个不熟悉的项目时,被试对项目认知的组织过程会增加,那么当在前瞻记忆过程中遇到这一项目时,它反而成为熟悉的,或者能引起更多的注意,那么就更容易被从记忆中搜索出来。而特异性本身也可看作是一种不熟悉。

根据注意+搜索模型,前瞻记忆成功完成的关键在于搜索阶段,而这一阶段的控制加工需要占用一定的认知资源,所以同样占用认知资源的当前任务的性质、难度等会影响前瞻记忆的成绩,这种推断和简单激活模型是相反的。当然这一结论也得到了一些研究的证实。如在Einstein等的实验中,增加当前任务要求的被试除了与不增加要求的被试一样完成对单词的评估外,还要监听录音机中播放的数字,并当听到"9"时按下计算器上的键。结果表明,增加要求组的不同年龄被试前瞻记忆成绩都低于不增加组（Einstein, Smith, McDaniel, & Shaw, 1997）。Kidder 等用对数字的记忆作为当前任务，通过增加数字的长度控制当前任务难度，也发现难度的增加导致了前瞻记忆成绩的降低（Kidder, Park, Hertzog, & Morrell, 1997）。Stone 等的研究也得出了类似的结论（Stone, Dismukes, & Remington, 2001）。

（3）多重加工模型

McDainel 和 Einstein 在 2000 年提出的多重加工模型（Multinomial Model），实际上是对简单激活模型和注意+搜索模型的综合。根据这一模型，前瞻记忆的提取既需要自动加工，也需要策略加工（注意需求的加工）。当前瞻记忆任务较简单、线索和目标联系密切时，前瞻记忆的完成只需要自动加工即可，这种自动加工涉及注意和记忆系统；而当前瞻记忆任务较复杂或者线索与目标联系不紧密时，在自发的自动加工启动之后，会有对记忆的控制性搜索出现，这即是策略加工。

多重加工模型几乎可以解释所有的基于事件的前瞻记忆的研究结果。比如，如果在实验中向被试强调前瞻记忆任务的重要性，被试的前瞻记忆成绩就会提高，这是因为被试对重要的任务更倾向于使用策略加工，而对不重要的任务倾向于进行自动加工；前瞻记忆任务线索的特异性强，成绩就较好的原因是特异线索下的自动加工不仅使注意力从当前任务转换到前瞻任务，而且能快速地辨别其意义；前瞻任务与当前任务有一定的一致性能提高前瞻成绩，是因为这样的前瞻任务需要更少的策略加工；不同个性特点的个体前瞻记忆的差异，不是由于个性本身引起，而是由于具有某些个性特点（如责任感与强迫较明显）的个体能主动对前瞻记忆任务进行更多的策略加工，而具有相反个性特点的个体策略加工较少（McDainel & Einstein, 2000）。总之，从前瞻记忆任务来看，对加工资源的需求越少（如只需进行自动加工），前瞻记忆成绩越好；从被试的认知加工的资源分配来看，认知资源在前瞻任务上分配得越多（如主动进行策略加工），前瞻记忆成绩也越好，反之就较差。

在多重加工模型的基础上，赵晋全和杨治良提出了三加工自动激活模型。这一模型通过引入"准意识"的概念对多重加工模型进行了补充，认为前瞻记忆的完成涉及三种加工，即意识对应的控制加工、准意识对应的策略加工和无意识对应的自动加工。其中，准意识是一种特殊的阈下激活状态，它介于意识和无意识之间，不能通达于意识但又需要一定的注意资源。根据这一模型，意识对应的控制加工负责前瞻记忆的意向和编码的形成；准意识对应的策略加工负责处理处于阈下激活状态的意向，它对目标线索的发现与提取作出判断；而无意识对应的自动加工处理意向编码、储存，并辅助策略加工完成前瞻记忆的提取过程，是一种不需注意资源的非常程序化的加工方式（赵晋全，杨治良，2002）。三加工自动激活模型中准意识概念的提出，为前瞻记忆机制的探索提供了一个新的思路。

（4）多项加工树状模型

Smith 和 Bayen 在预备注意加工和记忆加工理论（PAM）的基础上，提出了基于事件的前瞻记忆的多项加工树状模型（Multinomial Process Tree Model）。根据这一模型，前瞻记忆的成功完成始终需要非自动化的加工，其中前瞻记忆中的前瞻成分受预备注意加工控制，回溯成分则受记忆的控制。其中预备注意在意向形成后就一直存在，并占用一定的认知资源，即使目标刺激没有出现也是如此，而不是像简单激活模型和多重加工模型认为的那样，至少在一定条件下前瞻任务的完成依靠不占用认知资源的自动加工。而回溯成分依赖的记忆加工则能将目标刺激从非目标刺激中分辨出来，所以这一加工也需要占用认知资源。

Smith 和 Bayen 通过建立一个数学模型，即"多项加工树"来说明和验证这一理论。在多项加工树中，列出了被试在完成前瞻任务时所有可能的反应，并认为这些可能的反应中，有些需要准备注意加工，如被试正确地对目标刺激进行反应或没有目标刺激的情况下进行了前瞻反应，有些则需要对是否为目标刺激的辨认，即回溯记忆加工，如被试正确辨别出目标与非目标刺激的所有反应。

Smith 和 Bayen 通过实验数据，测量了准备注意与回溯记忆这两个参数与成功的前瞻记忆任务的关系，证明了两种加工都需要认知资源的占用。在他们的实验中，通过强调前瞻任务或当前任务的重要性来控制准备注意加工，发现在强调前瞻任务的条件下，被试前瞻成绩提高而当前任务的反应时却增加，这是因为被试在预备注意加工上分配了更多认知资源；通过控制意向编码的时间来操纵回溯记忆加工，发现意向编码的水平并不影响当前任务的反应时，说明准备注意加工与回溯记忆加工是两个独立的加工过程（Smith & Bayen，2004）。

以上四种前瞻记忆机制的模型是按提出的时间顺序排列的。这些模型对前瞻记忆机制的解释呈现出越来越重视注意加工参与的趋势：从简单激活模型认为不需要认知资源的参与，到注意＋搜索模型和多重加工模型中注意的部分参与，再到多项加工树状模型中注意的始终参与，明显看出这一发展的趋势。所以，前瞻记忆机制有关模型的这一发展轨迹，表明了研究者们对前瞻记忆的机制的探索是一个不断深化、不断接近这一机制本质的过程。

2. 基于时间的前瞻记忆的理论模型

基于时间的前瞻记忆不像基于事件的前瞻记忆那样有着具体明确的目标线索，它的目标线索更为抽象（即将来特定的某个时间），更多依赖内部加工过程而不是外部线索，所以它的意向从形成、保持、激活到提取和执行是一个更复杂、更内隐的过程。到目前为止，不考虑"借用"有关认知模型对基于时间前瞻记忆的解释，明确的针对基于时间前瞻记忆的理论模型共有两个，一是Harris和Wilkins提出的TWTE模型，二是Block和Zakay提出的注意闸门模型。

（1）TWTE模型

TWTE（Test-Wait-Test-Exit）即"检查—等待—检查—完成"模型。这一模型认为，在基于时间的前瞻记忆进行过程中，被试会通过"检查"来监视当前的时间，然后再"等待"这一时间点的到来，而"检查—等待"这一环节一般会反复进行，持续到意向执行的时间点，并完成意向任务。

Harris 和 Wilkins 以 29 名女性为被试，通过一个基于时间的前瞻记忆的测试结果来证明这一模型。测试的材料为两个电影片段和每张都写有一个时间的一些 A4 纸。被试的当前任务为认真观看两个电影片段并准备回答相关问题，前瞻任务为当电影播放到 A4 纸上所写的时间时，记下正在播放的内容，延迟的时间不超过 15 秒。结果发现，随着目标时间的临近，被试查看时间的频率也在增加，而一个目标时间过后，查看时间的次数明显减少，从而证明了这一模型的适合性（Harris & Wilkins，1982）。但这一模型只是对基于时间前瞻记忆完成的过程进行描述，并没有涉及其内部心理机制，例如，并没有回答当个体在等待时是否也在进行认知加工、下一次检查是如何被启动的、如何通过检查确定反应的适当时间等关键问题（陈幼贞，黄希庭，袁宏，2010）。

（2）注意闸门模型

注意闸门模型（Attentional-Gate Model，AGM）是在注意模型、信息加工模型和内部时钟模型等认知模型基础上提出的一个结合时间量化和信息加工、执行的模型。Block 和 Zakay 认为这一模型能解释基于时间前瞻记忆的机制（Block & Zakay，2006）。根据注意闸门模型，在信息加工模型的时钟阶段，节拍器（Pacemaker）以相对固定的频率发放脉冲（信号），信号会经过由执行功能所控制的注意闸门（Attentional Gate）。这个闸门的打开受到分配给时间的注意的控制：注意越多，闸门打开越大或打开频率越高，会有更多的时间信息经过。时间信号通过闸门后进入累加器（Accumulator）。累加器储存从时距估计开始至结束通过闸门的信号数量，这些数据随后转入工作记忆中。另外，标准的目标时距表征从长时记忆提取并保持在参照记忆中，进入工作记忆的信号数会与储存在参照记忆的目标时距的表征进行比较，这个认知比较的过程持续进行，直到确定获得了一个接近的匹配才结束。这时，个体会提取先前在长时记忆中编码的意向反应的表征，并作出目标反应。可见，注意闸门模型对基于时间前瞻记忆加工机制的解释主要是侧重其中的时间估计（邹枝玲，黄希庭，2007；陈幼贞，黄希庭，袁宏，2010）。

六、前瞻记忆研究的理论与实践意义

前瞻记忆的研究领域之所以在二十多年的时间里逐渐形成、发展并成为研究热点,是因为对这一领域的研究有着重要的理论与实践意义。这主要表现在以下三个方面。

1. 前瞻记忆研究对记忆乃至认知心理学的发展具有重要的理论意义

多数研究者都不否认,与回溯记忆相比,前瞻记忆在其编码、巩固、提取与遗忘等环节都存在着不同的加工过程。通过探讨前瞻记忆与回溯记忆的区别与联系、前瞻记忆的个体发展以及影响因素等问题,能使我们对人类记忆的认识更接近实质,从而不断完善记忆与认知心理的理论(Kliegel & Martin, 2003)。如在本章中介绍的前瞻记忆的几种心理机制的模型,不仅丰富了记忆心理学的理论,而且还引导研究者们在此基础上进行进一步的深入研究。

2. 前瞻记忆与日常生活密切相关

有关研究表明,日常生活中人类记忆的一半以上都可归为前瞻记忆,而 50%~70% 的记忆失败都发生在前瞻记忆中(Kvavilashvili, Messer, & Ebdon, 2001),这从本章开头所举的"一位公司职员的一天"的例子中也可体现出来。所以,前瞻记忆的失败,如忘记赴约、错过开会等,有时会给我们的日常生活与工作带来一定的负面影响,而在特殊情况下,甚至会造成重大的安全事故。据有关报道,仅仅在美国,平均每年会发生 30 多起因父母将幼童遗忘在汽车里而导致死亡的事故(Stenquist, 2010),这显然与前瞻记忆的失败有关。另外,一些需要实施确定计划的工种,如航管、医疗、行政等,对前瞻记忆能力也有较高的要求。

3. 前瞻记忆与临床心理学关系密切

有研究者检查了前瞻记忆和回溯记忆在元记忆方面的区别,发现有回溯记忆和前瞻记忆问题的被试在实际的任务中只表现出前瞻记忆的下降，却没有表现出回溯记忆的下降，这表明前瞻记忆与回溯记忆相比，是一个揭示记忆问题的更为敏感的指标（Mäntylä, 2003）。另外，已有的研究表明，很多精神和身体疾病、药物和酒精成瘾、脑损伤以及老化等往往都伴随着前瞻记忆方面的问题（见本书第七章有关内容），前瞻记忆能力可作为某些疾病（如精神分裂症）患者脑功能水平重要指标的观点正被越来越多的人所接受（Shum, Leung, Ungvari, & Tang, 2001）。

在此基础上，还出现了将前瞻记忆的研究成果运用于心理治疗的研究——Arbuthnott 和 Arbuthnott 在分析了诸多前瞻记忆研究的已有结论后，认为在心理治疗中，给来访者布置的与治疗有关的前瞻任务应当具有如下特点：应具有特异性和重要性、线索应自然和突出、较少使用身体活动线索等，这样才能改善来访者对治疗计划实施的前瞻记忆，从而优化治疗的效果（Arbuthnott & Arbuthnott, 1999）。

第二章 前瞻记忆：认知心理学与社会心理学的视野

> 心理学家不论是否使用实验方法，都不是简单地在与反应打交道，而是与人类打交道。其结果是实验者必须考虑普通个体的日常行为，并对他的被试在实验室内的反应情况提出报告。
>
> ——Frederic C. Bartlett，1932

- 记忆：认知心理学视野下的研究
- 记忆：社会心理学视野下的研究
- 前瞻记忆：认知心理学视野下的研究
- 前瞻记忆：社会心理学视野下的研究

记忆研究可以从认知心理学与社会心理学两个取向进行，前瞻记忆的研究也不例外。前瞻记忆的认知心理学取向主要通过严格控制的认知实验室研究，探索前瞻记忆的认知加工机制，如记忆信息的编码方式、保持特点、提取策略等，因而要尽量使用"纯净"的刺激或任务，例如，作为当前任务的记忆单词、判断词性等，作为前瞻记忆任务的遇到特定刺激按下个人电脑键盘上的某个键，并尽量排除环境和被试者个人的影响因素。而社会心理学的取向则不然，它探讨个人动机、任务意义、情绪与情感、归因等社会心理因素对前瞻记忆任务完成的影响，任务的安排和变量的设置尽量体现真实生活中的情境和价值，因而在研究方法上也更注重生态效度。但这两种研究取向并不是绝对对立的，社会认知的方法似乎是两种研究取向的有机结合。

一、记忆：认知心理学视野下的研究

记忆的认知心理学取向，指在实验室中采用意义性不强的刺激（如无意义章节、字母、符号等）进行记忆研究，以探明这一条件下记忆的编码、加工、提取的过程和特点。

1. Ebbinghaus 的研究

记忆的认知心理学取向的研究可追溯至 Ebbinghaus，他是第一个用实验法研究记忆的心理学家。

Ebbinghaus 认为，记忆实验的材料应当是无法产生联想并且性质也相同的，为此他发明了由两个辅音夹一个元音的无意义音节材料，如 bok、yat、kiv 等，共制作了 2300 个，所有实验的材料就从这些音节中随机抽取。例如，在著名的"遗忘进程"的研究中，Ebbinghaus 为计算达到完全复述后一段时间内对记忆材料的保持量，巧妙使用了"节省法"的计算方法，即以第二次学习再达到完全复述比第一次学习所节省的时间作为保持量的指标。经过以自己为被试的反复实验后发现，在记忆结束后最初的时间内，遗忘的速度最快，但之后会越来越慢。除此之外，Ebbinghaus 还探讨了其他变量对无意义音节记忆的影响，如无意义材料的保持比有意义材料保持的难度要高 9 倍、材料越长，达到保持所需要的重复的次数越多等。

Ebbinghaus 的研究对实验材料、实验情境等进行了严格的控制，不仅是认知心理学取向的记忆研究的开端，也是实验心理学的开创性工作之一。

2. 记忆的信息加工观点的研究

20 世纪 50 年代起，随着信息论、系统论、控制论以及计算机科学的发展，心理学领域兴起了以信息加工理论为基础的认知心理学研究的潮流，记忆研究首当其冲地被纳入到了这一研究框架之中。根据信息加工的观点，人类的记忆是一个由感觉记忆、短时记忆和长时记忆构成的对信息进行编码、加工、保持和提取的系统，其中感觉记忆（感觉登记）即是外部刺激短暂作用于感觉器官后在极短时间内的储存，是以信息的原始形式存在的；短时记忆是感觉记忆的信息经加工处理后所获得的对信息的短暂存贮，是一种以听觉编码为主且容量有限的记忆；而长时记忆是储存时间超过一分钟、信息主要以情景和语义编码存在的记忆形式。

直到目前为止，以记忆的信息加工视角进行的研究仍然是这一领域的大量研究的主题。其中的焦点之一是感觉记忆、短时记忆和长时记忆是否真的是独立存在的，即是否存在着"分离"。例如，在近期的一项研究中，研究者对短时记忆和长时记忆的"分离"进行了实验。实验任务是判断单词的大小写、音节和词的类别（代表加工程度的不同），任务中的单词分为 3 个一组和 8 个一组两种情况，最后的回忆测试也分为呈现后立即回忆（短时记忆）和延时回忆（长时记忆）。结果发现，在被试知道有回忆任务的条件下，加工深度对短时记忆没有影响，对长时记忆有影响；但在被试不知道要进行回忆测试的情况下，较难任务（8 个词为一组）组的短时记忆却出现加工深度效应。这说明短时记忆与长时记忆的"分离"与否，与是否激活了有意的保持过程、任务难度等有关（Rose & Craik，2012）。

在 2008 年的《心理学年鉴》中，Jonides 等人总结了短时记忆研究的相关问题：在短时记忆的结构方面，存在着短时记忆与长时记忆分离的多存储系统模型与两系统统一的单一模型之争；在加工过程方面，心理学家们的观点则非常一致，即包括编码、储存、提取三阶段；而关于短时记忆的遗忘，则有着消退理论和干扰理论的不同解释（Jonides, Lewis, Nee, Lustig, Berman, & Moore, 2008）。

3. 工作记忆

工作记忆（Working Memory，WM）的概念由 Baddeley 和 Hitch 在1974年提出，是指当前头脑中对信息的暂时性的存贮和操作加工，它在记忆、思维推理等认知操作过程中起着重要作用（Baddeley & Hitch, 1974）。工作记忆概念由短时记忆衍生而来，某些语境下这两个词可以换用，但在更多情况下，工作记忆更强调对信息的动态的处理和操作。

根据 Baddeley 和 Hitch 提出的模型，工作记忆是一个由视觉空间模板、语音环和中央执行系统构成的开放系统。其中视觉空间模板负责处理视觉的和空间的信息，而语音环则负责以声音为基础的信息的存储与控制，中央执行系统则负责各子系统之间的联系，同时也连通长时记忆。2000年，Baddeley 又提出了工作记忆模型的第四个成分——情景缓冲器，认为它是工作记忆各子系统和长时记忆之间的交界面，提供一个在系统之间的具有不同编码方式的容量有限的缓冲（Baddeley, 2000）。

在工作记忆模型提出后的一段时间内，心理学家们致力于通过实验研究，来证明模型各构成成分的存在。例如在随机生成任务中，任务频率的加快导致生成字母序列的随机性降低，说明中央执行系统与其他部分的分离；语音相似效应和词长效应则证明语音环的存在，领域特异性干扰效应则用于说明视觉空间模板的独立性等。

随着时间的推移，研究者们的关注点逐渐转向了工作记忆加工处理信息的特点、在复杂任务中的作用以及神经机制等研究主题。例如，在最近的一项研究中，Cowan 等鉴于以往的工作记忆理论模型研究多使用无关联的视觉序列刺激的状况，使用了有意义的且可以进行组块的语词（如皮革、公文包）作为工作记忆材料，让被试学习后进行再认测验。研究者控制了呈现语词的形式（单个词、配对词和三个有关联的词）和数量，并以再认准确性、回忆的位置效应和组块的水平作为因变量。通过将研究结果与工作记忆容量有关的模型进行匹配，发现在编码阶段，由于工作记忆的容量有限，会将已有的组块"解构"，如将"皮革公文包"（leather briefcase）解构为"皮革"（leather）和"公文包"（briefcase），而长时记忆的激活则是以组块的形式出现的，即符合"工作记忆解构＋长时记忆组块"的模型（Cowan，Rouder，Blume，& Saults，2012）。

4. 内隐记忆

内隐记忆（Implicit Memory，IM）是指在不需要意识或有意加工的情况下，个体的经验自动对当前任务产生影响而表现出来的记忆（杨治良，郭力平，王沛，陈宁，1999）。心理学最早对内隐记忆的研究起源于20世纪60年代，Warrington和Weiskrantz发现，虽然健忘症患者不能回忆或再认最近学习过的项目，但却能在诸如残词补全等间接测验中表现出记忆效果（Warrington & Weiskrantz，1974）。1985年，Graf和Schacter正式提出"内隐记忆"的概念，并将能有意识回忆的记忆称为"外显记忆"（Explicit Memory，EM）（Graf & Schacter，1985）。

内隐记忆的研究主要使用了基于实验性分离范式的方法。其基本思路是，如果同一群被试的不同测试、不同群体被试的同一测试产生差异（即实验性分离），则可认为存在着不同的记忆加工过程。从内隐记忆研究实际看，"任务分离"即比较两种不同测验任务的区别，是最常见的研究方法。例如，可以在内隐记忆实验中，通过指导语的操纵，造成两种记忆任务：一种是要求直接回忆或再认先前学习的内容（直接测验），一种是完成诸如补笔测验的任务（间接任务）。如果在同一学习内容下，这两种任务的完成情况出现差异，即产生了实验性分离，表明存在着两种认知加工过程：外显记忆和内隐记忆。

关于内隐记忆的理论，主要有多重记忆系统说和传输适当加工学说。

多重记忆系统说认为，内隐记忆和外显记忆现象分别代表了记忆的两种不同的子系统。这一观点能很好地解释健忘症病人的记忆分离现象，即这类病人与外显记忆相关的记忆子系统受到了损害，而与内隐记忆相关联的记忆子系统却是完好无损的。传输适当加工说则认为，记忆的实验性分离现象反映了两类测验所要求的加工过程不同，并不说明记忆系统存在着在机能上相独立的两个不同的子系统——外显记忆测验要求有意义的加工和精细编码，即概念驱动过程，而内隐记忆测验则要求受测者提取过去经验中的知觉成分，是一种材料驱动过程。

直到现在，内隐记忆仍是记忆心理学研究的热点之一，研究者们对内隐记忆的加工机制、脑机制、内隐社会认知、情绪与内隐记忆、内隐记忆与外显记忆的关系等问题进行了深入探讨。例如，一项近期的研究探讨了"回溯干扰"（Retroactive Interference）对内隐记忆的影响。所谓回溯干扰，是指后接触的信息对先接触信息在回忆时的干扰效应。通过以配对词为材料的实验表明，内隐记忆与外显记忆同样受到了回溯干扰的影响，这一结果并不支持多重记忆说的观点（Eakin & Smith，2012）。

二、记忆：社会心理学视野下的研究

1. Bartlett 的研究

记忆的社会心理学取向的研究始于英国心理学家 Bartlett。在其代表作《记忆：一个实验的与社会的心理学研究》（*Remembering: An Experimental and Social Study*）一书中，Bartlett 对 Ebbinghaus 使用无意义音节进行记忆实验的做法持否定态度，认为这类材料的实验实际上无法根本排除意义，并且会使记忆研究降低为建立和维持习惯的研究。他运用了图画、故事等比较接近日常生活的材料来研究记忆，并获得了一系列重要成果。

Bartlett 的突出贡献在于创造性地发展了一系列使用有意义材料进行记忆研究的方法，如描述、重复再现、象形文字、系列再现等。例如，他运用了"幽灵的战争""试图智胜父亲的儿子"等故事让被试进行重复再现（每隔一段时间复述一次）和系列再现（在被试间传递复述），结果发现在再现过程中的合理化、简略、细节的转换等效应（Bartlett，1932）。

2. 日常记忆运动

20世纪70年代以来，以Neisser等为代表的心理学家对传统的心理学研究提出了质疑，认为近百年来的心理学研究并没有解决记忆心理学的重要问题，因为传统的"记忆"概念来源于经典的心理学，研究者们试图在实验室中发现记忆的普遍规律。而实际上，并不存在一个一般意义上的"记忆"，记忆理论应反映人类的实际经验。

从这一观点出发，Neisser等心理学家主张进行日常记忆的研究。概括起来，他们在记忆心理学"研究什么""怎样研究"和"在哪里研究"三个方面与传统的心理学研究有着截然不同的观点。

在"研究什么"方面，他们主张应研究人们日常生活中的记忆，而不是像传统的记忆心理的研究一样，去着眼于对孤立内容的外显的认知与回忆的研究；在"怎样研究"方面，他们主张采取更加具有生态效度的研究方法，如自然观察法等，认为传统记忆研究过分强调严格控制的方法，忽略了许多有趣的记忆现象；至于"在哪里研究"，则主张走出实验室，在日常情境中开展记忆研究（Koriat & Goldsmith，1996）。

在这一理论背景下，许多心理学家开始关注对日常生活中记忆的研究，形成了"日常记忆研究运动"。他们开创了"自传体记忆""闪光灯记忆""行动记忆""面孔记忆"等新的记忆研究领域，前瞻记忆就是其中的一种。

3. 自传体记忆

在"日常记忆研究运动"中开创的诸多记忆研究类别中，自传体记忆是与日常活动和社会心理取向联系最为密切的研究领域。

自传体记忆（Autobiographical Memory）是指日常生活中自发产生的

与自我经验相联系的记忆，即个体对过去生活事件的记忆。从结构上看，自传体记忆的实质是在自我记忆系统内，自传体知识库（Autobiographical Memory Knowledge Base）和工作自我（Working Self）的当前目标的相互作用。从层次上看，自传体知识库的三种水平决定了它的三个层次：最高水平为生活片段（Life Time Periods），它是具有明确起止时间的某一生活片段的一般知识，如"当我在读大学时""当我在 X 公司工作时"等，即相当于"人生阶段"的记忆内容。中间水平为概括化事件（General Events），是被概括化了的重复发生事件或个别事件，如"复习迎考"和"参观上海世博会"等。最低水平为事件特异性知识（Event-Specific Knowledge），即独特事件的具体感知觉经验和情感体验，如"世博会非常拥挤，等候参观中国馆的队伍一眼望不到头，我很犹豫是否也加入这个队伍"。而上述自传体知识库的编码、提取等，是由工作自我控制的（Conway，2005）。

从已有的研究看，自传体记忆的研究热点集中在这一记忆种类的时间属性、组织形式、内容的鲜活性、情绪的影响、神经病理学的机制等方面。自传体记忆最常见的异常现象——过度概括化，即个体不能按要求回忆特定时间的具体事件或情节，而倾向于回忆相关的类别化或重复性事件的现象，也是研究者们感兴趣的问题。

三、前瞻记忆：认知心理学视野下的研究

1. "双任务"实验室研究范式

如前所述，认知心理学取向的记忆研究，一般是在实验室中，使用"纯净"的刺激对人类记忆编码、加工和提取的机制进行研究。在前瞻记忆的这一研究取向中，研究者一般都使用"双任务"的实验范式，这一范式也成为前瞻记忆实验室研究（包括部分日常研究）的经典范式。

在开创前瞻记忆实验室研究范式的实验中，Einstein 和 McDaniel 将前瞻记忆任务嵌入当前进行中的任务，这样就将"双任务"集成于一个研究

程序中，利用个人电脑的屏幕作为刺激呈现的媒介，使前瞻记忆的研究在实验室中就能完成。具体地说，在实验时，被试坐在电脑显示器前，阅读实验的指导语。在指导语中，要求被试完成一个"当前任务"——记住电脑屏幕上将要呈现的每一组单词并准备完成记忆测试，同时还要完成一个前瞻记忆任务：当任一组单词中出现 rake 这个词时，按下键盘上的某个键。接下来是一个 15 分钟左右的无关测试作为延时，然后实验正式开始，显示器上以 0.75 秒的时间呈现每组单词，随后单词消失，并出现"回忆"的指示，被试回忆单词并口头报告。在该研究中，研究者操控了年龄和外部提示这两个自变量，结果发现，青年组和老年组的前瞻记忆成绩没有显著差异（Einstein & McDaniel，1990）。

前瞻记忆的实验室实验法提出后，很快被其他研究者所接受，被公认为是最佳的前瞻记忆的研究范式，在研究中得到了最广泛的运用。从它诞生起直到目前为止的二十多年时间内，几乎所有前瞻记忆心理机制的研究都使用了这一方法。第一章中介绍的几种前瞻记忆心理机制的理论模型——简单激活模型和注意＋搜索模型、多重加工模型、多项加工树状模型等的提出，都是建立在实验室实验研究的结果之上的。例如，Einstein 等运用典型的实验室实验法，以判断屏幕上的单词是否配对作为当前任务，以遇到目标词时按规定的键作为前瞻记忆任务，通过控制目标词的数量、对任务的强调、有无前瞻任务实际出现等因素，证明了前瞻记忆的多重加工模型，即前瞻记忆的提取既需要自动加工，也需要注意参与的加工（Einstein，McDaniel，Thomas，Mayfield，Shank，Morrisette，et al.，2005）。在较近的一项研究中，研究者在实验一使用了判断剧照的来源片名并记住作为当前任务，前瞻记忆任务是当剧照中出现车辆或眼镜时作特殊反应。实验所操纵的变量是延时（即从实验开始到每一个前瞻记忆目标刺激出现时的时长）。结果发现，随着时长的延长，前瞻记忆成绩有所下降，但下降的速度并不均匀——开始时下降得快，后来则较慢。实验二的当前任务是词的类别判断，前瞻记忆任务为遇到特定的词时作特定反应。除了延时变量外，实验二还引入了聚焦的前瞻记忆任务（遇到单词"moose"

时作出反应）和非聚焦的前瞻记忆任务（遇到两个"O"连续出现的单词作出反应）这一变量。结果发现，虽然在任务开始后，非聚焦和聚焦的任务的成绩都会下降，但接下来的时间内，聚焦任务并没有连续下降，表明聚焦的前瞻记忆任务更多依赖于无意识的提取（McBride, Beckner, & Abney, 2011）。

不难看出，实验室实验法的精确、量化、易操纵变量的优点特别适合有关前瞻记忆心理机制和影响因素的认知心理学研究。所以，二十几年来，诸多研究者使用这一方法深入探讨了诸如年龄、延时、动机与情绪、外部线索、双任务的内容与性质等因素与前瞻记忆的关系，使人们对前瞻记忆的认识达到了新的高度。

当然，实验室实验的方法也存在着一定问题。一是失去了自然实验的生态效度，也就是说，在实验室中测量的前瞻记忆，是否与日常生活中的前瞻记忆同质，是值得怀疑的。这一点从前瞻记忆年龄效应的研究结果就可以看出：实验室范式的研究大多数得出了年轻被试的前瞻记忆成绩优于年老被试的结果，而日常范式的研究多数得出了相反的结论（见第八章内容），另外，也有研究表明，不同任务情境下的前瞻记忆没有一致性，即实验室中的前瞻记忆与自然情境中的前瞻记忆并不能相互预测（黎琳，王丽娟，刘伟，2012）。二是信度不高。例如，Kelemen 等让大学生被试在两天的时间内分别完成两个类似的置入问卷的前瞻记忆测验，每个测验的当前任务项目共 150 个，前瞻记忆的目标刺激为 6 个，内容是遇到"总统"一词或某位总统的名字作特定反应。结果发现，两次测验的成绩相关不显著。而当前瞻记忆刺激目标增加到 30 个时，两个前瞻记忆测验的成绩才表现出相关显著。有趣的是，当把前瞻记忆目标刺激由"总统"换成"动物"一词时，不论是 6 个还是 30 个目标刺激，两个对应的前瞻记忆测验成绩相关都显著。这表明实验室中的前瞻记忆测验成绩具有不稳定性，受诸多因素的影响（Kelemen, Weinberg, Alford, Mulvey, & Kaeochinda, 2006）。

另外，在实验室条件下，由于前瞻记忆加工过程的特殊性，使被试的前瞻记忆成绩很容易出现高限效应（天花板效应），这也是经常困扰研究者的一个问题。

2. 前瞻记忆的生理机制

随着事件相关电位（ERPs）技术、功能性能磁共振成像（fMRI）技术和正电子发射断层扫描（PET）技术等脑功能成像的方法应用于心理学研究（见专栏2-1），人们对各种心理现象的产生、发展和作用机制的认识有了突破性的进展。同样，这些尖端技术在前瞻记忆研究中的应用，使得前瞻记忆在皮层的定位、认知神经机制等的研究方面取得了突破。对前瞻记忆进行神经生理学和电生理学的研究，是认知心理学取向研究的重要内容，也是接近前瞻记忆认知加工实质的另一个有效途径。

专栏 2-1

◎ **ERPs、fMRI 和 PET：用于心理学研究的脑功能成像技术**

在心理学研究中，脑功成像技术能使研究者直接观察到大脑的认知活动过程，结合传统的行为实验的结果，能更加有效地确定心理活动发生与进行的机制。

一、事件相关电位技术

事件相关电位（event-related potentials，ERPs）技术所基于的原理为脑电。大脑工作时，神经细胞中的离子活动会产生电流，这时头皮表面也会有微弱的电位，使用高灵敏度电极和放大器探测并记录的这些电位，就形成通常所说的脑电图。如果给予大脑心理事件的刺激并记录电位，然后借助滤波和信号叠加技术，就可将与心理事件相关的电位从脑电信号中提取出来。事件相关电位技术的特点是时间分辨率极高，可达到毫秒级，但空间分辨率较低。

二、功能磁共振成像技术

功能磁共振成像技术（functional magnetic resonance imaging, fMRI）是基于神经元功能活动对局部氧耗量和脑血流影响程度不匹配所导致的局部磁场性质变化的原理——神经活动兴奋性水平增强时，局部脑组织血流、血流容积以及血氧消耗都会产生不同比例的增加，由于血流量增加超出了氧耗量的增加，使脑激活功能区的静脉血氧浓度升高，磁共振信号会明显强于其他区域，这即是血氧水平依赖效应（BOLD）。磁共振技术可将这一变化检测出来并形成图像。功能性磁共振成像技术的空间分辨率极高，能达毫米级，并且可以同时提供大脑结构和功能的图像。

三、正电子发射断层扫描技术

正电子发射断层扫描（positron emission tomography, PET）的机理是：将同位素示踪剂通过静脉注射到人体中，示踪剂随血液循环可到达全身，并持续发射正电子，正电子与人体内的电子相遇并湮灭，转化为一对 γ 光子，这对光子能被 PET 探测器捕捉，经计算机处理后产生图像。当认知活动在大脑特定部位进行时，运用 PET 技术就可确定与特定认知活动相关的激活区域。PET 的空间分辨率较高，但时间分辨率低，还要以被试同意接受放射性物质注射为条件。

一些研究者在前瞻记忆的研究中也使用了上述脑功能成像技术，为前瞻记忆生理心理机制的探索提供了有力证据。

Bisiacchi 认为，前瞻记忆的神经心理学的研究主要有三类方法：一是对脑损伤被试的研究，主要运用双重分离与单独分离的技术，二是对正常被试的研究，运用的具体技术是 PET 和 ERP 等脑成像技术，三是病理学的老化研究，将脑损伤被试与年老被试进行比较，以确定特定区域的脑功能（Bisiacchi, 1996）。但由于前瞻记忆的复杂性和脑科学研究进展水平、研究方法等的限制，这一领域的研究数量相对还较少。

(1) 前瞻记忆生理机制的理论观点

所谓前瞻记忆生理机制的理论观点，是指在前瞻记忆心理机制研究成果和脑功能研究成果基础上，对前瞻记忆的生理机制进行的理论推演。主要有额叶说和前额叶与丘脑相互作用说。

额叶说。Glisky 认为，控制前瞻记忆的脑区在额叶。主要证据有：根据已有研究，额叶的功能在于形成计划、监控非习惯性的行为，负责发起、监控行动，并对行动后果进行评价等，是控制工作记忆的核心。在这里，信息能够与以往经验结合，以便于在将来得到运用。另外，额叶的损伤往往导致患者与行为执行功能有关的病症，在完成包含前瞻记忆成分的一些测验中表现出困难。再从额叶与记忆的关系来看，有研究表明，额叶负责自由回忆任务中的组织与策略功能，特别是在缺乏回忆线索时更是如此。最后，在缺乏线索的前瞻记忆任务中，老年被试表现出成绩的下降，这也与额叶功能随年龄下降的趋势一致（Glisky，1996）。

前额叶与丘脑相互作用说。Cohen 和 O'reilly 提出了一个以前额叶与丘脑功能为基础的前瞻记忆生理机制的理论。根据这一理论，丘脑的功能在于建立一个用以引导行为的新联系，而前额叶则负责当前活动的安排，支持与任务有关的活动和抑制无关活动。所以，前瞻记忆任务的完成需要前额叶与丘脑的协同活动。为进一步说明前额叶与丘脑在前瞻记忆中的协同关系，Cohen 与 O'reilly 引入了"偏向"与"联结"的概念。"偏向"是用以表述前额叶对前瞻记忆的控制过程的，如果任务只要求瞬间计划的激活，或是具有优势的活动，就可以由前额叶单独完成，即需要很少的偏向，而如果任务是被打断的，就需要前额叶去竞争，即需要更多的偏向。"联结"是描述丘脑在前瞻记忆中的活动的，丘脑调节任务与经验的关系，如果任务很简单，即使有新成分存在，也不需要前额叶的参与；相反，复杂的系列任务则需要丘脑进行与前额叶皮层及非前额叶皮层的联结（Cohen & O'reilly，1996）。

(2) 前瞻记忆皮层定位的研究

从目前情况看，前瞻记忆生理机制的探索主要是通过对人脑的电生理学研究确定的。所得结论与上述生理机制的理论基本可以相互印证。这些研究结论主要包括如下。

前额叶与前瞻记忆。Schnyer 等发现，前额叶腹内侧损伤患者的前瞻记忆受损，而回溯记忆却保持完整（Schnyer, Verfaellie, Alexander, LaFleche, Nicholls, & Kaszniak, 2004）；Okuda 等运用 PET 技术，证明前瞻记忆的完成与右背外侧与腹外侧的前额叶部位、前额叶前部、前扣带回等区域的激活有关（Okuda, Fujii, Yamadori, Kawashima, Tsukiura, Fukatsu, et al., 1998）；Burges 等的 PET 研究也表明，前额叶边缘的布鲁德曼 10 区（BA10）的内侧抑制目的行为产生，外侧促进目的行为产生，前额叶的右外侧也与意向的维持有关（Burgess, Quayle, & Frith, 2001; Burgess, Scott, & Frith, 2003）。Den Ouden 等运用 fMRI 技术发现，前瞻记忆活动进行时，双侧布鲁德曼 10 区出现明显的激活，前额叶内侧的不同部位也产生了兴奋与抑制过程（Den Ouden, Frith, Frith, & Blakemore, 2005）。另外，运用事件相关电位技术（ERP）的研究发现，在前瞻记忆的意向维持阶段，出现了双侧额极的激活（West, Krompinger, & Bowry, 2005）。

丘脑与前瞻记忆。Okuda 等运用 fMRI 的研究结果证明，被试完成前瞻记忆任务时，出现双侧丘脑的激活，在目标频率高的情况下更是如此（Okuda, Fujii, Umetsu, Tsukiura, Suzuki, Nagasaka, et al., 2001）。Burgess 等通过 PET 研究发现，前瞻记忆条件下，丘脑（背内侧丘脑）出现了明显了激活，而同时前额叶的不同部位伴随着激活和抑制过程（Burgess, Quayle, & Frith, 2001; Burgess, Scott, & Frith, 2003），这也与前述 Cohen 与 O'reilly 的前额叶与丘脑说一致。另有研究表明，丘脑背内侧的损伤会导致目标行为的执行功能的障碍，这显然会直接影响前瞻记忆的完成（Van der Werf, Witter, Uylings, & Jolles, 2000; Van der Werf, Scheltens, Lindeboom, Witter, Uylings, & Jolles, 2003）。

大脑其他部位与前瞻记忆。有关研究表明，除前额叶与丘脑外，还有其他脑区也参与了前瞻记忆过程。如 Okuda 等的 PET 研究发现，前瞻记忆任务伴随着位于颞叶内侧的左侧海马的激活（Okuda，Fujii，Yamadori，Kawashima，Tsukiura，Fukatsu，et al.，1998）。Burgess 等发现了右顶叶、楔前叶、后扣带回等与前瞻记忆有关（Burgess，Quayle，& Frith，2001）。

由以上所列举的诸多电生理学研究结果可以看出，前额叶在完成前瞻记忆任务的过程起着最重要的作用，主要负责对意向与行为的监控，丘脑、颞叶内侧等也参与了前瞻记忆的加工处理。所以，前额叶的多个部位的相互作用、前额叶与丘脑、颞叶内侧等多个脑区的相互作用等，可能是完成前瞻记忆任务的神经基础（程怀东，汪凯，2006）。而多个脑区之间具体相互作用的机制与精确分工，还有待进一步研究来确定。

（3）前瞻记忆机制的脑功能成像技术研究

前瞻记忆机制的脑成像技术研究，是指通过 ERP、fMRI 等脑功能成像技术，探索前瞻记忆机制的研究。从目前的研究成果看，主要集中在前瞻记忆的编码和提取机制、前瞻记忆老化的机制等方面。

根据对前瞻记忆的编码的 ERP 研究，N2、P3 和前额叶慢波能表达前瞻记忆的编码加工，其中只有前额叶慢波具有明显的"后续记忆效应"，即相对于没有成功实施的前瞻任务，那些成功实施的前瞻任务在编码阶段的前额叶慢波更负（West & Ross-Munroe，2002）。与此相反，情景记忆（回溯记忆）的 ERP 研究表明，与成功的编码相联系的是更正的额叶慢波（Mangels，Picton，& Craik，2001）。这充分表明前瞻记忆与情景记忆是不同加工过程的两种记忆。

而在前瞻记忆的提取方面，West 参与的多项研究发现，有三个脑电成分与之相关联，即 N300、额叶正波和顶叶正波。其中 N300 和额叶正波与前瞻记忆线索的探查有关，顶叶正波则反映了三种成分：低可能性目标刺激的探查（以 P300b 脑波为指标）、前瞻记忆线索再认（表现为顶叶新旧效应），以及前瞻任务特有的波形——前瞻性正波（West，Herndon，& Crewdson，2001；West & Krompinger，2005；West & Ross-Munroe，2002）。

专栏 2-2

◎ 一起前瞻记忆失败造成的空难

1991年2月1日，太平洋标准时间18:07，一架全美航空的波音737-300飞机在洛杉矶国际机场降落时，在跑道上与天西航空一架小型客机发生相撞，小型客机的机身被波音客机完全压毁。随后两架客机都冲出跑道，撞上跑道旁的一栋空置建筑并起火。事故造成34人死亡，13人重伤。

事后调查得知，事故起因主要是机场塔台空管员的指挥失误——该空管员指挥小型客机在24L跑道等待起飞后，再去指挥别的班次飞机滑行和停靠，当全美航空的波音737-300请求降落时，空管员已经忘记了小型客机还在24L跑道等待起飞，错误地安排波音737-300飞机与之在同一跑道降落，造成了悲剧。

从记忆心理学角度看，这起空难事故是由空管员的一个前瞻记忆失败所导致。空管员在安排小型客机在24L跑道等待起飞后，头脑中即形成了"如果接下来有飞机要求降落，应避免安排在24跑道，直到24L跑道清空"的前瞻记忆（即意向计划），但由于种种原因，空管员忘记了这一记忆内容，没有正确执行前瞻记忆中的计划。

还有研究者将ERP用于前瞻记忆老化机制的研究。相关的研究表明，老年被试前瞻记忆编码与完成当前任务相比，N2、P3波的波幅更大，有研究者认为，这表明老年人在编码过程中比年轻人有着更高水平的视觉加工。与年轻人不同的是，上述前额叶慢波的"后继记忆效应"在老年被试中并不存在，即成功实施的前瞻任务与没有成功实施的任务在前额叶慢波上没有显著差别，但老年被试在颞顶叶慢波上却显示出了"后继记忆效应"，这表明了青年人与老年人在前瞻记忆编码阶段的神经机制也是不相同的

（West, Herndon, & Covell, 2003; West, Wymbs, Jakubek, & Herndon, 2003）。

最后，值得一提的是，除脑功能成像技术外，眼动追踪技术也被研究者用于前瞻记忆加工机制的探索。如一项研究以字母搜索为任务，对眼动数据进行了分析，并推测前瞻记忆目标的遗漏是由对线索的注视和策略加工的失败所导致的（West, Carlson, & Cohen, 2007）。另外，Peterson等、陈思佚和周仁来的研究也使用了眼动追踪技术（Peterson, Beck, & Vomela, 2007；陈思佚，周仁来，2010b）。

四、前瞻记忆：社会心理学视野下的研究

前瞻记忆的社会心理学取向，是指探讨日常生活中前瞻记忆的发展、特点、影响因素，或是影响前瞻记忆的个性、情绪与情感、行为动机以及个人价值观等社会心理因素。因此，前瞻记忆的社会心理学取向的研究，并不等同于日常生活情境中的研究，而应从研究内容、研究方法、研究结论等角度来看。

如前所述，前瞻记忆研究的开创，与记忆研究回归日常生活内容这一潮流的大背景密不可分。但在开创了一个新的研究领域后，有关的基础研究却是必不可少的。因此，在实验室范式提出后近二十年的研究中，这一领域中数量最多的就是在实验室中进行的有关前瞻记忆机制的基础研究，即认知心理学取向的前瞻记忆研究，多是通过诸如延时、任务性质、提示、年龄等因素的控制，探索前瞻记忆的心理机制，而从动机、人格等社会心理的角度探索相对较少。但由于前瞻记忆是一种与日常生活与活动密切相关的记忆种类，社会心理因素对前瞻记忆的影响无疑是深刻全面的。当代前瞻记忆研究开拓者之一的 Graf 曾总结了前瞻记忆领域最新的研究动向，其中多数都与社会心理学取向的研究有关。例如，个性对前瞻记忆表现的预测、强迫人格行为与前瞻记忆、对前瞻记忆失败的归因特点等（Graf, 2012）。

除此之外，现有研究中所涉及的以下几个方面也是属于社会心理学维度的研究。

1. 前瞻记忆的改进与训练

对于普通人群来说，并不需要针对性地提升与训练前瞻记忆能力，但有时在某些情况下，针对特定活动的前瞻记忆的改进也是必要的。例如，一些慢性疾病（如高血压、糖尿病等）患者能否坚持按时服药，往往是影响疾病治疗效果的重要因素。因此，关于按时服药，特别是老年患者按时服药及影响因素的研究是医学心理学研究中的常见课题（参见第八章），而遵医嘱按时服药，本身就是一种成功执行前瞻意向的行为。所以，从这个意义上说，日常情境中前瞻记忆的改进和训练的研究也是必要的。Schmidt 等通过对老年被试的内部策略与外部策略运用的训练，提高了被试的前瞻记忆成绩（Schmidt, Berg, & Deelman, 2001）。Vedhara 等（2004）研究了Ⅱ型糖尿病人服药情况与前瞻记忆的关系以及改进的方法，结果发现，能按时服药的病人在前瞻记忆中的测试成绩好于忘记按时服药的患者，并且听觉的提醒优于视觉提醒，而听觉和视觉双重提醒效果最好（Vedhara, Wadsworth, Norman, Searle, Mitchell, Macrae, et al., 2004）。还有研究者用录音机的声音提示改进前瞻记忆能力低下者的表现，结果表明也有较好的效果（Yasuda, Misu, Beckman, Watanabe, Ozawa, & Nakamura, 2002）。在另一项大型的研究中，研究者招募了115名老年被试，对他们进行了七个专题的培训，内容包括词表记忆的训练、情绪与记忆的讨论、放松练习、人名记忆的练习等，结果发现，在训练后，被试的前瞻记忆成绩比训练前有显著提高（Vilia & Abeles, 2000）。

2. 特定群体的前瞻记忆的特点

这类研究主要探讨了脑损伤（Schmitter-Edgecombe & Wright, 2004; Mathias & Mansfield, 2005）、酒精依赖（Heffernan, Moss, & Ling, 2002）、Parkinson 病人（Katai, Maruyama, Hashimoto, & Ikeda, 2003）、阿尔茨海

默病（Smith, Sala, Logie, & Maylor, 2000）、HIV 感染者（Carey, Woods, Rippeth, Heaton, Grant, & the HIV Neurobehavioral Research Center Group, 2006）、ADHD 儿童（Kliegel, Ropeter, & Mackinlay, 2006）等特定人群的前瞻记忆特点，研究结果都无一例外地表明，这些特定人群的前瞻记忆能力都不同程度地低于普通人群。但研究者对这些人群前瞻记忆减退的原因与机制、护理与康复等问题并没有进一步探索（见第七章内容）。

3. 情绪、个性、动机等对前瞻记忆的影响

这方面的研究结果主要有：前瞻记忆与焦虑情绪有显著的负相关，与抑郁情绪无关（Harris & Menzies, 1997）；病理性抑郁导致前瞻记忆下降（Rude, Hertel, Jarrold, Covich, & Hedlund, 1999）；社会心理的压力使基于时间的前瞻记忆提高（Nater, Okere, Stallkamp, Moor, Ehlert, & Kliegel, 2006）；A 型人格被试的前瞻记忆任务比 B 型人格完成得更好（Searleman, 1996）；艾森克人格量表测得的外向性被试比内向性被试的前瞻记忆任务完成得好（Heffernan & Ling, 2001）；场独立者的前瞻记忆成绩显著高于场依存者（李寿欣，丁兆叶，张利增，2005）等。但研究者往往探索的是实验室条件下而不是日常生活中的前瞻记忆与情绪、个性等的关系，这使研究的生态效度受到了极大影响（见第四章和第五章内容）。

一些使用情境模拟法和实验室范式的研究表明，被强调为重要的前瞻记忆任务完成得更好（Kvavilashvili, 1987; Cicogna & Nigro, 1998），显然，对任务重要性的认识调节了被试的执行动机，从而影响了前瞻记忆的表现。在日常生活情境的研究中，个体动机对前瞻记忆的影响同样得到了证明。例如，Jeong 和 Cranney 让大学生被试在 6 天中的特定时间向主试发送两次手机短信，给予高动机组被试一定的学分奖励，而控制组没有。结果表明，高动机组前瞻任务的完成率为 57.50%，是控制组（26.67%）的两倍多（Jeong & Cranney, 2009）。Kvavilashvili 和 Fisher 的研究也表明，在要求被试给主试在特定时间打电话的任务中，尽管强调重要性对被试实际产生的动机没有影响，但老年被试的实际动机高于年轻被试，且完成情况好于年轻被试，说明前瞻任务的完成与实际动机有关（Kvavilashvili & Fisher, 2007）。

Penningroth 等对动机（任务重要性）影响前瞻记忆表现的机制进行了探讨。研究发现，被试评价为"重要"的任务与评价为"社会性"高的任务具有一定的一致性，反之亦然，而被试也认为社会性高的任务更可能完成。由此，研究者认为，任务的"社会性"是影响前瞻记忆动机的关键因素。社会性越高，任务就越被评价为重要，动机也越强。在这里，"社会性"高的任务是指自己的行为涉及他人的任务，如践行承诺等（Penningroth, Scott, & Freuen, 2011）。

4. 将研究成果运用于实际的探索

尽管前瞻记忆研究开创的背景是让记忆接近现实，接近运用，但让人困惑的是，到目前为止，将前瞻记忆的研究成果运用于实际的探索可谓是少之又少。根据现有资料，仅有的这类研究有：在个人电脑的人类功效学研究方面，有研究者探讨了在计算机使用过程中，如何通过软件提示使用者记起尚未完成的任务（前瞻记忆任务）的问题（Lamming & Flynn, 1994）；Shapiro 和 Krishnan 通过让被试模拟消费者的购物过程，研究线索的关联性、外部提示等对前瞻记忆的影响因素，力图对商业消费领域的活动产生启发（Shapiro & Krishnan, 1999）。

从以上可以看出，前瞻记忆原理在实际中运用的研究刚处于起步阶段，实际上，多数的职业活动和日常生活都离不开前瞻记忆的参与，在有的职业如行政、复杂仪器操作等活动中这种能力更显得重要（见专栏2-2）。在前瞻记忆水平降低的特定人群中，这种记忆的改善也是很有意义的课题，并且前瞻记忆原理在实际中运用的研究也能反过来为前瞻记忆机制与规律的揭示提供启发和依据。这一领域大有可为。

第三章 前瞻记忆社会心理学的取向：研究与测量方法

　　任何对前瞻记忆的测评都要考虑到：前瞻记忆的成功执行包含了多种认知加工，如对要执行任务内容的提取，启动行为的能力、行为计划，以及对不匹配行为的抑制。

——Janet Cockburn，1996

- 自然实验法
- 情境模拟法
- 问卷法

作为记忆分类中的一种,前瞻记忆的研究并没有独特的方法,但具有相对独特的研究范式,即第一章中所提到的将前瞻任务置于当前任务之中的"双任务"范式。具体到社会心理学取向的前瞻记忆研究而言,也可以根据需要,使用认知心理学的各种研究方法。从目前的所发表的研究成果看,虽然实验室实验法在社会心理学取向的前瞻记忆研究中也有运用,但占优势的主要还是自然实验法、情境模拟法和问卷调查法。

一、自然实验法

自然实验法即是在日常生活中给被试布置前瞻记忆任务,并记录前瞻记忆成绩的方法。如让被试10天后给主试寄送明信片、3天后打一个电话等。在前瞻记忆实验研究的早期,研究者多使用此方法,并获得了一些一般性结论(见本书第一章相关内容)。由于这种方法对无关因素的控制性不强,因此随着前瞻记忆研究的深入,目前单独使用这一方法的前瞻记忆研究较少,多数是作为一种比较或辅助的方法出现。例如,在一项关于吸烟者前瞻记忆下降情况的研究中,研究者使用了一些真实场景中的前瞻记忆任务(Real World Prospective Memory Task,RWPMT)。根据任务安排,在实际测试时,主试会交给被试一张包括15项前瞻记忆任务的任务单用以说明任务,任务单上的任务都围绕着被试现实生活中的大学校园展开,且全部为基于事件的前瞻记忆任务,如"当到达学生中心时,问一下有没有工作机会""当到达运动中心时,弄清入会的价格"等。被试有一分半钟的时间去记住这些任务,然后由主试陪同,在大学校园中环游。在这一过程中,被试要在到达任务单中每个任务提到的地点时,口头回忆与这个地点相连的任务的内容。为了避免被试使用策略,任务单上任务顺序与实际经过的地点顺序是不同的。之外,还有一些没有出现在任务单上的任务,这些任务往往没有确定的地点,如"经过校园中的一家咖啡店"等。而在完成前瞻任务的间隔,主试会与被试聊一些大学生活的话题用以打断对任务的回忆,使之更符合日常生活中前瞻记忆的情境(Heffernan, O'Neill & Moss,

2012）。

从这一研究可以看出，在运用自然实验法时，研究者力图摆脱早期研究控制性不强的弱点，努力使这一方法更精确可控。这一趋势在两个借用辅助装置的自然实验法研究中表现得更为明显。Sellen 等在一项研究中，让被试随身携带一种名为"活动标记"（Active Badge）的具有红外发射功能的袖珍装置，它能通过传感器将信号传送到中心计算机的数据库中，被试按动此装置上按钮的动作及时间也能精确地被记录。在实验中，布置给被试的前瞻记忆任务有两类，一类是在到预先规定的时间或进入预先规定的地点时，按下装置上的按钮，一类是无论何时或何地点，只要想到前瞻任务时就按下按钮（Sellen, Louie, Harris, & Wilkins, 1997）。

在另一项研究中，研究者更是借助了 Palm 掌上电脑作为日常生活中前瞻记忆任务的呈现工具。参与者在两天时间内每天打开掌上电脑，在预先规定的时间完成自动呈现在屏幕上的任务。掌上电脑的时间标记功能保证被试的任务完成情况被精确地记录（Thompson, Henry, Withall, Rendell, & Brodaty, 2011）。

在以上两个研究中，由于前瞻任务是置入到日常生活之中的，且任务的延时时间较长（两天或以上），所以尽管使用了掌上电脑等电子装置，但仍是一种典型的自然实验法的任务。

二、情境模拟法

1. 情境模拟法概述

情境模拟法是营造一个由主试安排的、模拟日常生活活动的情境，将前瞻记忆任务植入这一模拟的情境中，从而对被试的前瞻记忆成绩进行考察的方法。实际上，前述 Loftus 的被公认为前瞻记忆的第一个实验研究就使用了这一方法。另外，情境模拟法还特别适合没有能力完成实验室任务的儿童的前瞻记忆的考察，如 Kvavilashvili 就设计了一个让儿童为一个名叫 Morris 的玩偶避开动物的故事情境，让儿童在图片命名时，完成遇到动物图片就将其放入一个盒子中的前瞻记忆任务（Kvavilashvili, 2001）。在诸多情境模拟法的研究中，Kvavilashvili 研究前瞻记忆中前瞻成分与回溯成分关系的实验设计堪称经典。在实验中，第一位主试先对被试进行了一些无关测验后，让被试到另一个房间去找第二位主试接受其他测验，当被试起身准备离去时，主试叫住被试，让他见到第二位主试时顺便问一下"昨天 Kandibadze 收集的数据"。当被试进入第另一个房间告诉第二位主试这个信息后，第二位主试决定先开始测试，并让被试在测试结束时提醒他关于"Kandibadze 收集的数据"这件事。研究者根据被试能否记住"Kandibadze"这个不常见的姓氏和是否记得提醒第二位主试，来确定被试在任务的回溯部分和前瞻部分的成绩，结果发现两者之间并无关联（Kvavilashvili, 1987）。

值得指出的是，有研究者还对情境模拟法进行了范式化的探索。Kliegel 等人认为，前瞻记忆的实验室范式中的任务与日常生活中个体在一段时间内需要同时面临一系列前瞻记忆任务的情境相去甚远，因此，他们发展了一个更接近日常生活前瞻记忆情境的研究范式。这一范式包括三个阶段。一是介绍、安排任务计划，包括安排一个 Rivermead 行为记忆测验中的物品取回任务，介绍将要完成的复杂前瞻记忆任务的要求等；接下来是第一次的延时，被试完成一个工作记忆测试。二是计划回忆，由被试回忆第一阶段所安排的计划任务；随后是第二次延时，进行 Stroop 任务等认知测试。三是启动和执行前瞻任务。前瞻记忆任务共六项，嵌入在单词搜索、数字运算和图片命名等当前任务之中。研究者认为，这一研究范式中的任务不仅更接近日常生活实际，而且还包括了对计划形成、计划保持和计划执行各环节的考察（Kliegel, McDaniel, & Einstein, 2000）。

2. 标准化的前瞻记忆情境模拟测验

情境模拟法的缺点在于，不同研究所模拟的情境差别很大，这就使研究结果之间没有可比性，不能相互参照。另外，情境模拟的过程也较费时费力。为此，一些研究者设计了标准化的前瞻记忆情境模拟测验，使不同研究中的情境模拟达到一致。这些测验主要有以下几种（按设计制作或发表的时间顺序排列）。

（1）Rivermead 行为记忆测验

Rivermead 行为记忆测验（Rivermead Behavioural Memory Test，RBMT）是由 Wilson，Cockburn 和 Baddeley 于 1985 年制作并发行的评估病患者记忆功能的测验。虽然 RBMT 制作者的初衷是针对"日常记忆"，而非针对前瞻记忆，但测验中包含了诸多测量前瞻记忆能力的项目，并且从现有文献看，它已成为涉及前瞻记忆的应用最广泛的测验。

Rivermead 行为记忆测验共包括以下 12 个项目：

①记名字（呈现一张面孔照片和姓名，要求被测者记住名字）；

②记得取回物品（将被测者的一件个人物品收走并放置在看不见的地方，要求受测者在测验结束时要回自己的物品）；

③延时回忆单词（要求被测者在20分钟后铃声响起时，说出一些单词）；

④对象再认任务（呈现 10 张物品图片，一段时间后让被测者从 20 张图片中再认出这 10 张图片）；

⑤面孔再认任务（与对象再认任务类似，不同之处为从 10 张面孔图片中再认出 5 张识记过的）；

⑥，⑦要求被试记住房间周围的路线图并实地行走一次（分为立即完成和延时完成两个任务）；

⑧，⑨送达信息任务。当完成路线图任务时，被试须将一封信放在指定地点（也相应分为立即完成和延时完成两个任务）；

⑩，⑪回忆一个小故事（分为立即完成和延时完成两个任务）；

方位和日期问题（Wilson，Cockburn，& Baddeley，1985）。

⑫ 2003 年，编制者对 Rivermead 行为记忆测验进行了修订，发布了第二版。与第一版相比，新版的改进之一是面孔记忆任务中的面孔照片改为包括多种族的面孔；改进之二是对路线记忆任务的评分进行了优化（郭华

珍，恽晓平，2007）。

从 Rivermead 行为记忆测验的任务构成可以看出，差不多一半以上的任务为前瞻记忆任务，或包括了前瞻记忆任务的成分。

（2）前瞻记忆筛选测验

前瞻记忆筛选测验（Memory for Intentions Screening Test，MIST）由 Raskin 和 Buckheit 于 1998 年制作发表。该测验是专门为评估疾病患者的脑功能状况而设计的，它要求受测者在 30 分钟内完成 8 个前瞻记忆任务，这些任务有着不同的线索（基于时间的和基于事件的）、不同的反应方式（以动作反应和以语词反应）以及不同延时时间（2 分钟和 15 分钟）（具体任务见表 3-1）。

表 3-1 前瞻记忆筛选测验的任务内容与类型

任务	类型
① 15 分钟后，告诉我休息的时间到了	基于时间、以语词反应、延时 15 分钟
② 当我给你一支红色笔时，将你的名字写在纸上	基于事件、以动作反应、延时 15 分钟
③ 2 分钟后，向我询问今天的测试何时结束	基于时间、以语词反应、延时 2 分钟
④ 当我给你一张明信片时，请将自己的地址写在上面	基于事件、以动作反应、延时 15 分钟
⑤ 当我给你一张问题记录表时，请把你的医生的名字写在上面	基于事件、以动作反应、延时 2 分钟
⑥ 15 分钟后，将你现在正在服药的数量写在单词搜索测试纸上	基于时间、以动作反应、延时 15 分钟
⑦ 当我给你一盒磁带时，提醒我要倒带	基于事件、以语词反应、延时 2 分钟
⑧ 2 分钟后，告诉我最近一周以来你所忘记做的两件事	基于时间、以语词反应、延时 2 分钟

（Woods, Moran, Dawson, Carey, Grant, & The HIV Neurobehavioral Research Center Group, 2008）

测试时，主试依次将 8 个前瞻记忆任务布置给被测者，而被测者的当前任务则是完成任一系列单词搜索测验。每个前瞻记忆任务的评分方法为：作出了正确反应得 1 分，作出反应的时间正确（误差 15% 以内）或对线索的反应正确得 1 分，否则得 0 分。例如，如果被测者在 3 分钟后才询问测试结束的时间（按要求应在 2 分钟后询问），则这一任务只能得 1 分，再如，如果被测者在明信片上写下自己的名字，而不是任务要求中的自己的地址，也只能得 1 分。

前瞻记忆筛选测验被证明具有较高的信度、效度和特异性。Woods 等以 67 名正常人为对象的测试表明，该测验的分半信度为 0.70（使用 Spearman-Brown 系数），单个项目的项目间信度较低（Cronbach's alpha 系数为 0.475），而这一系数在 6 种任务类型之间则达到了 0.886（Woods, Moran, Dawson, Carey, Grant & The HIV Neurobehavioral Research Center Group, 2008）。

虽然前瞻记忆筛选测验与自陈测验的相关很低，但却与日常生活中如服药之类的工具性行为关系密切（Woods, Moran, Carey, Dawson, Iudicello, Gibson, et al., 2008），也与学习能力、工作记忆等实用能力相关显著（Twamley, Woods, Zurhellen, Vertinski, Narvaez, Mausbach, et al., 2008）。

前瞻记忆筛选测验发布以来，在临床测验中得到了广泛应用。从已发表的研究成果看，遗忘型轻度认知障碍患者、HIV 感染者、脑损伤者、多发性硬化患者、精神分裂症患者、帕金森综合征患者以及正常人等，都曾在使用这一测验的研究中作为被测者（Raskin, 2009）。

（3）虚拟一周

虚拟一周（Virtual Week）是一个模拟日常生活情境的桌面游戏，是由 Rendell 和 Craik 为研究前瞻记忆的年龄效应而设计的。它所使用的工具由一个类似飞行棋游戏的棋盘、一叠"任务卡"、一只骰子和一个计时时钟组成（见图 3-1）。在游戏中，被试通过掷骰子获得点数后，让棋子按点数沿着木板上代表一天中时间的方格前进，在前进到表示特定事件或时间点

图 3-1　虚拟一周的设备

(Rendell & Craik, 2000)

的方格时，完成已布置的前瞻记忆任务。

具体地说，在测试开始前，主试向被测者宣布虚拟的一天中的前瞻记忆任务，如"购物时将衣物送去干洗""12点给银行打电话预约会面"等。游戏开始，受测者根据投掷出的骰子上的点数沿棋盘上的格子前进。当棋子经过或前进到标有"E（event）"的方格时，被测者要领取一张指定的"事件卡"并阅读，事件卡上写有一天中经历的一个事件，并有一个关于事件的选项供选择。例如，被测者取到的关于"早餐"的事件卡上除了写着"你正在吃早餐，同时还在看报"外，还列出一个有三个选项的选择题——你喜欢的早餐是：（a）吐司和咖啡；（b）培根和鸡蛋；（c）吐司和水果。被测者的选项不同，接下来前进的规则也不同，例如，选（a）就按掷出的任意点数继续前进，选（b）则按掷出的第一个奇数点前进，选（c）则需要掷出一个6点后再继续（这一规则在受测者作出选择后再宣布）。

以上的投掷骰子、作出选择并前进的任务，即是当前任务，而前瞻记忆任务则是当游戏过程中特定事件出现（如购物）或经过特定时间（如12点）时，说出测试开始前主试宣布的计划中要执行的任务，即"将衣物送去干洗"或"给银行打电话预约会面"。除了在游戏开始时布置的前瞻记忆任务外，有些前瞻记忆任务还植入到了游戏中，例如事件卡中会出现"早上一位邻居请你替他到图书馆还书"的描述，在后面出现"在图书馆"的事件描述时，受测者应记起替邻居还书的计划（Rendell & Craik, 2000）。

在"虚拟一周"中，设计者为每天的活动安排了三种不同类型共10个前瞻记忆任务，其中4个为周期性任务，如每天早晚服药等，4个为非周期性任务，如寄信等，另有2个为单纯的基于时间的前瞻记忆任务，被试需要通过查看时钟，在特定的时间点停止游戏转向指定的另一任务。三类任务中，基于时间和基于事件的前瞻记忆任务各占一半（Rendell & Henry, 2009）。

有研究者对"虚拟一周"的信度进行了探讨，根据对精神分裂症病人使用的结果，其分半信度为0.74（Henry, Rendell, Kliegel, & Altgassen, 2007），达到了较高水平。因此，这一测验在诸多研究中（特别是对特殊人群前瞻记忆的研究中）得到了应用。例如，测验的制作者在对摇头丸、冰毒等毒品使用者的前瞻记忆研究中运用了此工具，发现毒品使用者的前瞻记忆成绩有着不同程度的下降（Rendell, Gray, Henry, & Tolan, 2007; Rendell, Mazur, & Henry, 2009）；也有研究者对酒精滥用者（Leitz, Morgan, Bisby, Rendell, & Curran, 2009）、中度认知缺陷和阿尔茨海默病患者（Thompson, Henry, Rendell, Withall, & Brodaty, 2010）的前瞻记忆进行测量，也得出了同样的结果。

（4）前瞻记忆视频程序

Titov和Knight认为，一个好的前瞻记忆临床测验应具备四个特点：一是灵活性，可以操控任务的不同属性，如任务内容、提取线索的性质等，以控制任务的难度；二是足够的长度，这可以保证测试的信度，适合不同水平的被试，避免了天花板效应；三是可接受的效标效度，即能真正预测真实情境中类似任务的表现；四是生态效度高，任务和刺激能真正体现日常生活中的记忆行为。

基于以上考虑，Titov 和 Knight 制作了前瞻记忆视频程序（Prospective Remembering Video Procedure，PRVP）这一工具。它要求被测者观看一个视频，视频呈现的是一个人穿过商业区，完成一次购物之旅的过程。视频中的镜头主要呈现的是不同的商家，和一些行人、交通状况的画面。被测者所接受的每个任务都包含两部分：一是行动任务（购物），二是线索（启动行动的信息，即指定的商店）。如行动任务"买汉堡"的线索为"麦当劳店"。为了增加测验的难度，研发者还设计另外两类项目："执行"项目和"问题"项目。执行项目要求被测者在特定的位置作出特定的行为，如"询问保险公司的营业时间"，问题项目则要求被测者针对特定线索回答相关问题，如"Edinburgh News Shop 是否开业了"。

测试时，主试交给被测者写有前瞻任务项目的任务单（卡），被测者在规定时间内阅读并记忆后，即开始测试。每当视频中出现任务单中的项目的线索时，被测者应在答题纸上写下这一位置和应实施的行为。根据试用的结果，正常的被测者往往能正确完成多达 25 个以上的项目。

为考察这一测试工具的一致性效度，研发者以 35 名大学生为被试，让他们分别完成前瞻记忆视频程序中的任务、在拍摄视频的真实情境中的前瞻任务。结果发现，两种情境中的前瞻记忆成绩高度相关，相关系数达到了 0.71。另外，研究者还发现，视频中情境的熟悉性对前瞻记忆有显著影响，即对视频中的环境越熟悉，前瞻记忆任务就执行得越好（Titov & Knight，2001）。

由于研发者遵循了灵活性原则，所以前瞻记忆视频程序并不存在标准的视频内容，使用者可以根据实际需要进行拍摄制作并设计前瞻任务和当前任务。McDermott 和 Knight 的关于前瞻记忆年龄效应的研究（McDermott & Knight，2004）、Seed 等的饮食障碍对日常记忆影响的研究（Seed, Dahabra, Heffernan, Robertson, Foster, Venn, et al., 2004）以及 Heffernan 等的关于酒精滥用对青少年前瞻记忆影响的研究

(Heffernan, Clark, Bartholomew, Ling, & Stephens, 2010)中，就制作并使用了这一工具。

(5)剑桥前瞻记忆测验

剑桥前瞻记忆测验（Cambridge Prospective Memory Test, CAMPROMPT）由 Wilson 等人于 2005 年制作发行，它的硬件部分是一个工具包，包括 25 张记录纸、刺激卡、计时时钟、2 个数字厨房定时器和使用手册。

该测验由六个前瞻记忆任务构成，其中三个为基于时间的前瞻记忆，三个为基于事件的前瞻记忆。测试时，让被测者完成时长 20 分钟的构词或常识测验等分心任务（当前任务），同时记得完成前瞻记忆任务，在此过程中，受测者可以自由使用记事贴等方法辅助记忆。在三个基于时间的前瞻记忆中，两个可由计时器来提醒时间，分别为在测试结束前 7 分钟提醒主试不要忘记杯子或钥匙，以及在测试进行到 16 分钟时，主试会提醒受试者"离结束时间不到 7 分钟"，受试者应停止当时的任务而转向下一个。第三个基于时间的前瞻记忆由钟表时间作为线索——受测者要在特定的时间（如 11:10、开始测试后 5 分钟等）提醒主试给接待处或停车处打电话。基于事件的前瞻记忆为：①当在常识测试中回答到一个关于电视剧"东区人（EastEnders）"的问题时，将一本书还给主试；②当主试提醒还有 5 分钟结束测试时，要归还一个写有口信的信封；③当主试宣布测试结束时，要提醒主试带走在测试开始时放置的 5 件物品。

剑桥前瞻记忆测验的计分方法为：如果在没有帮助情况下成功完整地完成一个前瞻记忆测验，则计 6 分；如果在主试一次提示下能成功完成，计 4 分，如果同一提示重复两次，计 2 分；如果还需要追加新的提示才能完成，则计 1 分；如果提示后也没有完成计 0 分。这样，就能得出被测者基于时间和基于事件的前瞻记忆分数，每种前瞻记忆最高可得 18 分。分数越高，表明前瞻记忆能力越强（Wilson, Emslie, Foley, Shiel, Watson, Hawkins, et al., 2005）。

专栏 3-1

◎ 前瞻记忆研究新方法的探索：运用互联网

作为一门实验科学，心理学研究的突破往往得益于新的研究工具、方法的开发和引入。一些研究者尝试了运用互联网开展前瞻记忆的研究。

Logie 和 Maylor 运用互联网进行了一项成年人前瞻记忆发展的研究。研究者将前瞻记忆测试程序放置在开放的万维网网页上，任何一位网络浏览者都可以登录并作为被试完成实验。在前瞻记忆测试程序中，研究者使用的当前任务是完成一些认知测验，如特征捆绑测验、视觉模式广度测验、工作记忆广度测验、数字广度测验等；前瞻记忆任务为当屏幕上出现笑脸时，进行点击。研究者操纵的自变量有两个：一是在编码阶段是否呈现前瞻记忆的目标刺激（笑脸），二是告知被试笑脸将在"测验结束时"或"测验的后面部分"出现。而实际上，目标刺激是在所有当前任务都结束后出现的。

该研究共获得 73018 名有效被试的数据，这些被试年龄在 18～79 岁之间。结果表明，随着年龄的增长，前瞻记忆的成绩呈现下降趋势，呈现前瞻任务目标刺激组的成绩好于不呈现组，前瞻刺激的位置相对不确认组（告诉被试"笑脸"将在测验较后面位置出现）前瞻记忆好于相对确认组（告诉被试在结束时出现）（Logie & Maylor, 2009）。

另外，在 Heffernan 等的一项关于吸烟与前瞻记忆关系的研究中，研究者也使用互联网收集了 763 名参与者使用前瞻记忆问卷（PMQ）和日常记忆问卷（Everyday Memory Questionnaire, EMQ）进行自评的数据，并通过统计分析得出了结论（Heffernan, Ling, Parrott, Buchanan, Scholey & Rodgers, 2005）。Rodgers 等也使用了相似的方法研究新型毒品对前瞻记忆自评的影响（Rodgers, Buchanan, Scholey, Heffernan, Ling, & Parrott, 2001; Rodgers,

Buchanan, Scholey, Heffernan, Ling, & Parrott, 2003)。

可见，运用互联网进行的研究具有成本低、被试量大、不受时空限制等优点，但研究过程不能严格控制，影响了结果的精确性和说服力。

剑桥前瞻记忆测验在一些研究中得到了应用。例如，一项以脑外伤患者为对象的研究发现，患者的口述语义联想测验成绩、创伤后失忆的时间以及剑桥测验中策略的使用能很好地预测剑桥测验的基于时间和基于事件的前瞻记忆成绩（Fleming, Riley, Gill, Gullo, Strong, & Shum, 2008）。

（6）前瞻记忆生态测验

前瞻记忆生态测验（Ecological Test of Prospective Memory）是一个在电脑屏幕上显示的、以视频播放软件呈现的前瞻记忆情境模拟任务（Potvin, Rouleau, Audy, Charbonneau, & Giguère, 2011）。它实际上是一个20分钟的电影，影片会使被试产生在城市中驾驶汽车并经过商业区、居住区和工厂等的体验。在这一过程中，被试要完成这些与情境有关的10个基于事件的前瞻记忆任务和5个基于时间的前瞻记忆任务。基于事件的前瞻记忆任务由在不同商场的一系列行动构成，而基于时间的前瞻记忆任务则为在特定的时间为一个生日晚宴（版本A）或假期（版本B）做准备。在程序进行过程中，基于事件的前瞻记忆由影片中的线索引发，被试可以通过键盘调出时间信息，使之显示在屏幕的下端，作为完成基于时间的前瞻记忆的依据。

由于这一标准化的情境模拟测试近期才出现，所以除编制者外，目前尚无其他研究使用和检验这一工具。

（7）阿尔弗雷德王子前瞻记忆测试

阿尔弗雷德王子前瞻记忆测试（Royal Prince Alfred Prospective Memory Test, RPA-ProMem）由澳大利亚阿尔弗雷德王子医院的Miller等在2011年主持编制，用以测试脑损伤病人的前瞻记忆能力。

该测试由四个行为任务项目构成，包括了基于时间和基于事件的、长时和短时的前瞻记忆任务,其中每种行为项目包括三个类似的测试,由主试在使用时选择其中一个。测试的记分使用三点记分的方式(具体项目与计分方法见表3-2)。

测试开始时,主试布置前瞻记忆任务,让被测者在接下来的一段时间里完成,并告诉被测者可以使用任何可用的方法辅助完成。随后呈现两个短时前瞻记忆任务。在整个任务完成过程中,被测者身边都有一个时钟用以掌握时间,也可以用数字或符号记下任务的内容。被测者表示明白任务要求后,即正式开始任务。而此测试并没有统一规定当前任务的内容,主试可灵活使用诸如完成问卷之类的活动作为当前任务。

当短时前瞻记忆任务结束时,主试会布置给被测者长时前瞻记忆任务:给被测者一个电话号码和贴好邮票的明信片,要求被试在特定时间内打电话和邮寄卡片,并确认被测者明确了任务要求。

表3-2 阿尔弗雷德王子前瞻记忆测试的项目与计分方法

测试项目	记分方法
第一部分(基于时间的短时任务)	
① 请在15分钟后告诉我到了茶歇的时间 ② 15分钟后请停止手头的任务,并告诉我你今天吃过什么食物 ③ 15分钟后请提醒我去移车,以免被罚款	3分:正确反应,时间误差在2分钟内 2分:正确反应或反应有误,时间误差在2~5分钟 1分:正确反应,时间误差在5分钟以上 0分:错误反应且时间误差5分钟以上,或没有反应
第二部分(基于事件的短时任务)	
① 测试结束时记得问我要一张关于记笔记方法的材料 ② 闹钟响时,记得从我这里取回你的东西(一件个人物品,闹钟定在半小时后) ③ 当我的手机铃声响时,记得从我这里取走一杯饮料(铃声定在半小时后)	3分:能及时正确地反应 2分:及时但反应错误,或正确反应但有120~300秒的延时 1分:正确反应但延时长于300秒 0分:反应错误且延时长于300秒

续 表

测试项目	记分方法
第三部分（基于事件的长时任务） ① 今天回到家后，记得打我的电话，在语音信箱中留言，告诉我今天的天气 ② 今天回到家后，记得打我的电话，并在语音信箱中留言 ③ 今天回到家后，记得打我的电话，并在语音信箱中留言，告诉当时的时间	3分：在正确的时间打电话且留言也正确 2分：打电话时间正确但留言错误或时间错误但留言正确 1分：打电话时间错误且留言也错误 0分：两天内没有打电话 （注：正确时间是指和预计时间误差两小时的范围）
第四部分（基于时间的长时任务） ① 一周后将这张明信片写上你的名字和单词"HAWAII"并寄回 ② 一周后将这张明信片写上你的名字和对当天天气的描述并寄回 ③ 一周后将这张明信片写上你的名字和当天你晚餐的菜单并寄回	3分：寄出明信片的时间正确，书写的内容也正确 2分：寄出明信片的时间正确，书写内容不正确，或寄出明信片的时间不正确，但书写内容正确 1分：寄出明信片的时间不正确，书写内容也不正确 0分：没有寄出明信片（两周内没有收到）

（Radford，Lah，Say，Miller，2011）

阿尔弗雷德王子前瞻记忆测试的编制者对20名正常人和20名脑损伤疾病患者的测试表明，该测试的评分者间信度达到0.90，其三个版本之间的一致性水平也较高，延时替换信度为0.71。测试结果对脑损伤者前瞻记忆的下降也较为敏感（Radford，Lah，Say，Miller，2011）。

3. 情境模拟法的优势

很多使用情境模拟法测量前瞻记忆的工具最初是为了确定一些病患者的认知功能而设计制作的，但实际使用过程中，不少研究者发现，这类工具能在一定程度上解决自然实验法和实验室实验法在生态效度和实验过程控制性上存在的两难问题。所以他们在一般的情境模拟方法基础上，通过精心设计和改进，力图发展更为理想的前瞻记忆研究技术。如

Kvavilashvili（1992）认为，如果模拟情境中植入的前瞻记忆任务是"自然的"而非人为的，即让被试不觉得这种任务是刻意安排的（例如，让被试在完成问卷后，在问卷指定的地方签名就是自然的任务，而画一个与问卷无关的特殊符号就是人为的任务），那么，这样的研究在控制性、避免天花板效应、平衡被试动机、生态效度等方面都要优于其他研究方法。

由于兼顾了自然实验法与实验室实验法的优点，近年来使用情境模拟法的前瞻记忆的研究呈现增多的趋势，打破了实验室实验法一统天下的局面。如在前述 Carey 的研究中，研究者还模拟了一个心理测验的情境，并向被试布置了诸如"向主试询问测试何时结束""15 分钟后提醒主试测验结束"等前瞻记忆任务（Carey, Woods, Rippeth, Heaton, Grant, & the HIV Neurobehavioral Research Center Group, 2006）。正如 Kvavilashvili 所料，这些情境模拟法的实验研究都没有天花板效应的出现。

不仅如此，情境模拟还可以根据研究目的、研究内容的实际情况，在生态效度和精确性两个维度上灵活调节，因此它的适用范围更加广泛——如果实验目的是探索日常生活中前瞻记忆的表现与特点，可以将情境的模拟更接近真实的生活场景，同时又能对实验过程进行有效控制。而若要对前瞻记忆完成过程中被试各项活动指标如反应时间、错误种类等进行精确测量，以确定前瞻记忆的心理机制，可以把情境的模拟调节到更接近实验室实验的情景，又在一定程度上保持了实验的生态效度。所以，近年来，非标准化的情境模拟工具或对标准化情境模拟的灵活改进，越来越多地出现在实验研究中。如 Loft 等在研究中使用了一个"空中交通控制模拟"任务。该任务的界面是一个雷达画面，标明飞机飞行的轨迹以及请求信号、高度、速度、机型等信息并不断更新。被试的任务是担任一位空管员，避免飞机航线的冲突（如飞机高度不够或两架飞机距离过近），并使飞机到达目的地。因此，在这一任务中，当前任务为监视航线冲突的情况，以及安排飞机降落和起飞；前瞻任务是安排屏幕中新的目标飞机（Loft & Remington, 2010; Loft, Smith & Bhaskara, 2011）。这一模拟任务可有效地控制研究当前任务和前瞻的负载、前瞻任务的辅助线索等变量对前瞻记忆的影响。

与自然实验法与实验室实验法相比,情境模拟法是一种较有发展潜力的研究方法。这一方法近年来得到较多的关注与使用,体现了研究者们克服现存研究方法的不足,积极发展新的研究方法的努力。

三、问卷法

由于社会心理学取向的前瞻记忆研究多涉及个体在日常生活情境中的前瞻记忆,所以问卷法有时也被运用在这类研究中。从目前情况看,相关问卷多以日常生活中前瞻记忆能力的自我评价为内容。

1. 常用的前瞻记忆问卷

(1)前瞻记忆问卷

前瞻记忆问卷(Prospective Memory Questionnaire,PMQ)由 Hannon 等制作,是专门针对前瞻记忆测量的第一个问卷。它由 52 个项目构成,主要询问被试一段时间以来前瞻记忆失败的次数。问卷考察前瞻记忆的四个方面:一是长时情境性前瞻记忆,如"我忘记在别人的生日或纪念日寄贺卡";二是短时习惯性前瞻记忆,如"我在寄信时会忘记贴邮票";三是帮助前瞻记忆的技术,如"我会在显眼的地方放记事贴来提醒自己";四是内部线索,如"开车时我会一时忘记要去哪里"(Hannon, Gipson, Rebmann, Keneipp, Sattler, Lonero, et al., 1990)。

为检验前瞻记忆问卷的重测信度和内部一致性信度,Hannon 等使用此工具对 15 名脑损伤大学生、114 名正常年轻人和 27 名正常老年人进行了测验。结果表明,问卷的内部一致性系数达到 0.92,重测信度达到 0.88。在效度方面,个体在短时前瞻记忆任务中的表现与问卷总分和各分问卷相关显著,但长时前瞻记忆任务表现与问卷得分相关不显著(Hannon, Adams, Harrington, Fries-Dias, & Gipson, 1995)。

其他也有一些研究使用了这一问卷作为研究工具。例如,Heffernan 等使用此问卷对重度酒精依赖者与非依赖者进行调查,发现酒精依赖者在长时情境性前瞻记忆、短时习惯性前瞻记忆和内部线索使用方面都低于非依赖者（Heffernan，Moss，& Ling，2002）。

（2）前瞻记忆综合评定表

前瞻记忆综合评定表（Comprehensive Assessment of Prospective Memory，CAPM）是 Waugh 于 1999 年在研究中制作的评价前瞻记忆的自陈问卷。问卷由三部分构成，第一部分为前瞻记忆失败的频度，这部分由 39 个项目构成，这 39 个项目隐含着两个结构成分。一是日常生活基础活动项目（BADL），如"离家时忘记锁门""忘记从银行取钱"等；二是日常生活工具性活动项目（IADL），如"忘记关电熨斗""忘记和医生或咨询师的预约"等。第二部分为前瞻记忆失败的数量，同样有 39 个项目。第三部分为前瞻记忆成功或失败的原因，共有 42 个项目，如"我必须依赖别人的提醒才记住要做的事"。在问卷的每个项目后，都有表示频度的五点记分供被调查者选择，分别为"从不""很少（约一月一次）""有时（约一月两三次）""经常（一周一次）"和"经常（每天一次）"，以确定每个项目所描述的与前瞻记忆有关事件发生的频率（Waugh，1999）。

但在实际使用中，研究者多使用其中的某一部分作为前瞻记忆表现的指标。例如，在一项使用此评定表对脑外伤病人进行自陈评价和他人评价的研究中，研究者使用了第一部分（失败频度），结果表明，无论是自我评价还是他人评价，患者的日常生活工具性活动中的前瞻记忆失败都比日常生活基础性活动中的前瞻记忆失败要多（Roche，Fleming，& Shum，2002），而 Roche 等进行的一项关于脑损伤患者与非患者前瞻记忆自评与他评研究中，使用了评定表的第三部分（成功或失败原因）（Roche，Moody，Szabo，Fleming，& Shum，2007）。

根据编制者以正常人群为使用对象的统计分析，前瞻记忆综合评定表的信度较高：日常生活基础活动项目的 Cronbach's alpha 系数为 0.92，日常生活工具性活动项目则为 0.79。这两部分项目在对青年、中年、老年三个年龄组被试使用时，其结果具有明显的区别，说明这一测量工具也具有较高的效度（Waugh，1999）。

（3）前瞻记忆与回溯记忆问卷

前瞻记忆与回溯记忆问卷（Prospective and Retrospective Memory Questionnaire，PRMQ）是 Smith 等人在一项针对阿尔茨海默病患者的记忆研究中制作并使用的。问卷包括 16 个项目，其中涉及前瞻记忆的有 8 个项目，让被试回答日常生活中"是否经常忘记要做某事"等一般性的问题（具体项目见专栏 3-2）（Smith，Sala，Logie，& Maylor，2000）。

前瞻记忆与回溯记忆问卷在相关研究中得到了较广泛的应用。例如，在一项研究中，研究者以此问卷为工具，比较了抽烟、曾经抽烟和不抽烟者的前瞻记忆，结果发现，三组被调查者自我报告的前瞻记忆水平没有差别，但抽烟组在真实前瞻记忆任务中的表现低于其他两组（Heffernan，O'Neill，& Moss，2012）。

也有研究者对前瞻记忆与回溯记忆问卷的信度进行了分析。根据 Crawford 等的测算，以 Cronbach's alpha 系数为指标的问卷内部一致性信度为 0.89，其中前瞻记忆项目为 0.84，回溯记忆项目为 0.80（Crawford，Smith，Maylor，Della Sala，& Logie，2003）。而如果将其转换为他人评价的版本，这三个系数为 0.92、0.87 和 0.83（Crawford，Henry，Ward，& Blake，2006）。Gondo 等使用日语版对 459 名大学生和 2151 名老年被试的施测结果表明，前瞻记忆和回溯记忆两个分问卷的 Cronbach's alpha 系数分别达到了 0.84 和 0.85（Gondo，Renge，Ishioka，Kurokawa，Ueno，& Rendell，2010）。

专栏 3-2

◎ 前瞻记忆与回溯记忆问卷（PRMQ）

Smith 等制作的前瞻记忆与回溯记忆问卷（PRMQ）共包括以下 16 个项目。

1. 你是否打算几分钟后要做一件事，结果却忘记了？

2. 是否以前去过的地方再去时，还是不记得路？

3. 你是否会忘记计划好几分钟后要做的事，比如服药，关掉电水壶等——即使这些东西就在你面前，你也会忘记？

4. 是否别人几分钟前告诉你的事，你也会忘记？

5. 是否没有别人提醒或日程表的备忘，你会忘记一个约会？

6. 是否你以前在电视中看过某个主持人的节目，但后来在节目中再看到时，却不记得这位主持人了？

7. 即使你路过商店和超市，是否也会忘记去买本来打算要买的诸如贺卡之类的东西？

8. 是否最近几天发生的事也会忘记？

9. 你会将同一个笑话给某个人说两遍，因为你忘记了以前曾经对他说过。这种情况对你来说：＿＿＿＿＿

10. 你外出或离开一个地方时，会忘记刚刚还想到要带的东西，即使这些东西就在你面前。这种情况对你来说：＿＿＿＿＿

11. 你是否会转眼就忘记刚刚把东西放置的地方，如一本杂志，眼镜等？

12. 是否会忘记转交别人托你带的东西或忘记转告别人托你捎的口信？

13. 是否再次看到某样东西时，你没有意识到你其实刚刚看到过它？

14. 如果打电话暂时没有联系到要找的一位亲友，你是否会忘记过后再打一次电话去联系？

15. 你是否会忘记前一天在电视上看到的内容？

16. 是否几分钟前你还想起要告诉某人一件事，但几分钟后却忘记了？

每个项目后都有五点记分（从不发生、很少发生、有时发生、经常发生、总是发生），让受测者选择符合自己情况的一种。其中测试前瞻记忆的项目共8个，包括了内部线索短时（1和16）、环境线索短时（3 和 10）、内部线索长时（5 和 14）、环境线索长时（5 和 12）四类；测试回溯记忆的项目也为四类共 8 个，分别为内部线索短时（4 和 11）、环境线索短时（6 和 13）、内部线索长时（8 和 15）和环境线索长时（2 和 9）。

在另一项研究中，Kliegel 和 Jäger 考察了前瞻记忆与回溯记忆问卷测试结果与实验室中实际的前瞻记忆成绩的一致性。在前瞻记忆的实验室测试中，被试的当前任务是完成 n-back 的回溯记忆任务，即呈现几张图片后，出现比较图片，被试需判断比较图片是否与先前呈现的图片序列中的某张图片是否相同。基于事件的前瞻任务是动物图片出现时按下目标键；基于时间的前瞻记忆任务是，实验开始后，每隔两分钟按一次目标键，被试可通过空格键调取实验进行的准确时间。另外，除前瞻记忆与回溯记忆问卷外，被试还完成了包括 7 个分问卷，共 74 个项目的成人元记忆问卷（Metamemory in Adulthood Questionnaire）。

结果表明，前瞻记忆与回溯记忆问卷的总的信度（Cronbach's alpha 系数）为 0.86，前瞻记忆部分为 0.79，回溯记忆部分为 0.72。此外，被试在前瞻记忆问卷上的自评显著高于在回溯记忆上的自评。为了验证问卷得分是否能预测实验室中的前瞻记忆，对两个成绩进行了相关分析。结果表明，问卷的前瞻记忆部分的得分能很好地预测实验室任务的得分——特别是基于时间的前瞻记忆的得分，而问卷总分对回溯部分的得分却不能很好地预测（Kliegel & Jäger，2006）。

（4）时间线索前瞻记忆问卷

Cuttler 和 Graf 在 2009 年发表的论文中介绍了他们编制的时间线索前瞻记忆问卷（Time-Cued Prospective Memory Questionnaire，TCPMQ），在这里，"时间线索前瞻记忆"即是基于时间的前瞻记忆。

时间线索前瞻记忆问卷包括三部分。第一部分有 39 个项目，每个项目都描述了一个基于时间的前瞻记忆失败的事件，如"我忘记了去上课"，要求被测者在六个描述频度的选项中选取最符合自己情况的一种。六个选项为：不适用、从不、很少、有时、经常、很多。问卷的第二部分主要考察被测者的守时情况，这部分仍包括 39 个项目，每个项目描述了日常生活中的一个基于时间的前瞻记忆任务，如"我到达了教室"，仍要求被测者在"不适用、很早、有点早、按时、有点晚、很晚"这六个描述守时情况的选项中选取最符合的一个。问卷的第三部分涉及被测者在时间性前瞻记忆任务中策略的使用，共有 11 个项目，每个项目描述了一种策略使用的情况，如"我使用手机的闹钟功能提醒我按时完成要做的事"，每个项目下的六个选项与第一部分相同。根据编制者的验证，问卷三个部分的重测信度分别达到了 0.87、0.80 和 0.81（Cuttler & Graf，2009）。

根据现有资料，除编制者外，目前只一项研究使用了该工具（见 Uttl & Kibreab，2011）。但由于这一问卷填补了诸多研究工具中缺乏基于时间前瞻记忆测量工具的空白，可以预见，该工具在今后的研究中将会得到更多应用。

2. 使用问卷法应注意的问题

在心理学中，自陈量表（问卷）是否可靠，即信度和效度问题，一直是一个争议不断的问题。在一项对前瞻记忆自陈问卷的信效度进行考察的研究中，研究者使用了上述四个前瞻记忆问卷以及其他认知能力测量工具对 240 名大学生进行施测，并让他们完成一系列实验室的和自然情境中的前瞻记忆任务。统计结果发现，上述前瞻记忆自陈问卷具有较高的信度，各分问卷的 Cronbach's alphas 系数都在 0.75～0.92 这一较高范围内。但这些问卷的效度却不尽如人意——前瞻记忆问卷间的相关系数范围为 0.31～0.75，平均 0.58；前瞻记忆问卷与回溯记忆问卷之间的相关系数范围也达到了 0.28～0.73，平均为 0.52。表明回溯记忆与前瞻记忆或许具有相同的结构。另外，前瞻记忆问卷与实验室测量的成绩相关也很低，如 PRMQ 中的前瞻部分与实验室成绩的相关只有 -0.04，PMQ 中的基于事件的短时前瞻记忆与实验室成绩的相关为 -0.35，与自然情境中的前瞻任务成绩相关也不高（Uttl & Kibreab，2011）。也有其他研究者使用自编的前瞻记忆自我评价问卷进行研究发现，使用前瞻记忆问卷自评的结果与实验室中前瞻记忆的成绩并无关联（刘伟，2007）。

这说明,前瞻记忆自陈问卷所测得的很可能只是对前瞻记忆能力的"自评"，而非真正的前瞻记忆表现。因此在解释自陈问卷结果，特别是用以预测实验室和自然情境下前瞻记忆表现时，应慎之又慎。

第四章 前瞻记忆与个性

> 有些人是健忘者……他们会忘记作过的承诺,忘记接受过的指令,在小事上他们表现出不可靠的特点,同时还要求人们不要指责他们的这些小错,也就是说,他们不愿意让别人把这些错误归因为个性特点。
>
> ——Sigmund Frued,1901

- 记忆与个性
- 前瞻记忆与人格特质
- 前瞻记忆与具体个性特点
- 前瞻记忆与异常或特殊个性特点
- 总结

在日常生活中，有少数人会经常反复地表现出前瞻记忆的失败，如忘记开会、遗落物品等，人们会把这些做事丢三落四、漫不经心的人称作"马大哈"。而另一类人平时很少出现类似情况，这类人总是做事严谨，计划周密，有条不紊。也就是说，在一般人的心目中，"马大哈"之类的特点（前瞻记忆表现差）以及周密严谨的特点（前瞻记忆表现好）可能与人的个性特点有关，甚至本身就是个性特点的一部分。那么前瞻记忆表现与人的个性特点是一种怎样的关系呢？本章介绍研究者们对这一问题所进行的探讨。

一、记忆与个性

在早期的记忆心理学研究中，虽然对个性与记忆关系的问题有所涉及，但数量较少，并没有形成一个清晰的研究领域或热点。这是因为，首先，作为稳定态度和心理倾向的个性系统与记忆所在的认知加工系统是两个"平行"的系统，研究者们往往事先假定，这两个系统在严格控制的实验室情境中并不产生"交集"，即不同个性特征者在记忆的编码和提取等阶段不会有明显差异，所以，与个性相关的需要、兴趣、动机、认知风格等因素在记忆实验中成为了控制变量。其次，不难推断的是，在受个性特质影响的记忆任务（如特定内容或要求的情景记忆）中，个性特质对记忆往往是一种间接的影响，即通过一些诸如投入程度、情绪调节、自我效能等中介因素影响编码和提取。总之，与注意资源、记忆策略、情绪等相比，个性特征是一个相对较"弱"的影响记忆的因素。

1. 个性与内容的选择性记忆

早在20世纪二三十年代，研究者就已发现个性特征在影响记忆时具有内容的选择性，即个性特征会提升或降低特定内容的记忆成绩。如在Rosenzweig的研究中，布置给儿童一些难度不等的题目，被试只能成功完成其中的一部分，随后要求儿童回忆这些题目。结果发展，年长的和自尊水平高的被试能更多回忆出成功完成的题目，而年幼的和自尊水平低的被试则倾向于回忆出没能完成的题目（Rosenzweig，1938）。而 Zeigarnik 发现，抱负水平高的学生，比其他学生更多回忆出没能完成的任务（转引自 Schiffman & Greist-Bousquet，1992）。

但另一项研究使用了单词组句的任务，却没有发现个性特点对回忆不同完成情况任务的影响，只表现出在"引发更强自我意识"的任务情境下，被试能回忆出更多已完成任务，"引发弱自我意识"任务情境下则回忆出更多未完成任务（Alper，1948）。上述不同的结果可能与任务情境的不同有关。

2. 个性与情绪性内容的记忆

另一类涉及个性与记忆的研究主要聚焦于个性特征对不同情绪效价的内容记忆的影响。在一项早期的研究中，研究者让 62 名被试快速回忆出十个所知道的人的名字，隔一段时间后，再让这些被试按喜欢程度列出十个人的名字。结合事前对被试乐观、悲观和混合型的个性特征的评价，发现乐观组被试回忆出的名字中，72% 是自己喜欢的人的名字，15% 为不喜欢的人的名字；相反，悲观组被试的回忆中只有 27% 是自己喜欢的人的名字，45% 为不喜欢的人的名字；混合组则介于乐观组和悲观组之间。这说明在同样条件下，乐观者倾向于更多回忆出自己喜欢的人的名字，悲观者相反（Laird，1923）。

一些研究发现，负向的个性特质（如神经质）较明显的个体比不明显的个体回忆出更多的负情绪内容。例如，Young 和 Martin 发现，在同样条件下，神经质特征分数高者比低者能回忆出更多负性内容的单词（Young & Martin，1981）。与此对应的是，外向似乎作为一种正向的个性特征，与回忆出更多的正向情绪内容相关联。如 Rusting 在研究中让被试完成包含情绪效价的同音字默写和故事补全任务，然后再自由回忆。结合随后对被试进行的艾森克人格问卷等的测试，发现外向者倾向于更多回忆包含正向情绪的内容，神经质类型者则倾向于更多回忆包含负向情绪的内容

(Rusting, 1999)。同样,在最近的一项研究中,研究者使用简版人格五因素量表(NEO-FFI)确定被试个性特征,探讨个性特点与包含正负情绪效价的自传体记忆的关系。结果发现,外向特征能预测包含正向情绪的自传体回忆,且没有性别差异,而神经质特征则与男性包含负情绪的自传体回忆成绩成正比,也与女性负性情绪自传体回忆的频率相关显著(Denkova, Dolcos, & Dolcos, 2012)。

对于个性影响情绪性内容的记忆的现象,Gray给予了理论上的解释。他认为,外向和神经质代表了个体两种动机系统即行为激活系统(BAS)和行为抑制系统(BIS)的强度。行为激活系统在奖赏信号出现时用以调节行为,而行为抑制系统在惩罚信号出现时调节行为。神经质中的焦虑成分使行为抑制系统激活,对惩罚信号敏感;而外向中的冲动成分使行为激活系统激活,对奖励信号敏感。由于奖励和惩罚又分别与正性和负性情绪相关联,所以使个性特征影响了不同情绪效价内容的记忆(Larsen & Ketelaar, 1991)。

3. 个性与早期记忆

Jacob和Monica探讨了个体在对童年时的早期记忆与个性发展的关系,其中早期记忆的测定采取了让被试回忆最早能记得的两个场景和当时年龄的方法,而个性发展所用的指标为自我同一性状态,评价的维度有职业、信仰、政治观点和性别意识共四个。结果表明,自我同一性完成和停滞者,早期记忆发展水平更高,而丧失感和自我同一性混乱者早期记忆发展水平低(Jacob & Monica, 1986)。

二、前瞻记忆与人格特质

人格的特质理论研究起源于20世纪40年代的美国。主要代表人物是Allport和Cattell。特质理论认为,特质(Trait)是构成人格的元素,是人格的基本单位,它能支配人的行为,使个人在变化的环境中保持稳定一致的反应。经典的人格特质理论有 Cattell 的 16 种人格特质理论、五因素人格特质理论（参见专栏 4-1）、Eysenck 的人格三因素模型等。

随着前瞻记忆研究的源起和深入，前瞻记忆与人格特质的关系也受到一些研究者的关注。

1. 前瞻记忆与基于 Eysenck 人格三因素模型的人格特质

Eysenck 在分析人格构成要素时，通过因素分析抽取出两个维度：神经质（Neuroticism，又称情绪性、N 因素）和内外倾性（Extroversion，E 因素），后来又加入了精神质（Psychoticim，P 因素）。Eysenck 认为，神经质、内外倾性和精神质是决定人格的三个基本因素，人们在这三方面的不同倾向和不同的表现程度，便构成了不同的人格特征。以三因素模型为基础，Eysenck 夫妇编制了艾森克人格问卷（Eysenck Personality Questionnaire，EPQ），用以测量人格特质。

Heffernan 和 Ling 对 Eysenck 人格因素模型中的内外倾性与前瞻记忆的关系进行了研究，他们对 28 名外倾型和 28 名内倾型被试使用前瞻记忆问卷（PMQ）进行施测。结果发现，无论外倾型和内倾型，短时前瞻记忆任务的表现都好于长时前瞻记忆任务，但与内倾型相比，外倾型自我报告的前瞻记忆失败更少，且不管短时前瞻记忆和长时前瞻记忆均是如此（Heffernan & Ling，2001）。

根据 Eysenck 的解释，外倾型的人好交际，渴望刺激和冒险，情感易于冲动；内倾型者好静、富于内省，除了亲密的朋友之外，对一般人缄默冷淡，不喜欢刺激，喜欢有秩序的生活方式，情绪比较稳定（Eysenck & Eysenck，1969）。因此，研究者推测，外倾型报告较低的前瞻记忆失败，可能与外倾者参与的活动更多，需要更多规划将来的行为有关。

国内也有研究者使用艾森克人格量表和前瞻记忆问卷对大学生样本进行了调查。研究结果表明，精神质的得分和短时前瞻记忆、长时前瞻记忆失败都有着显著正相关（相关系数分别为 0.327 与 0.302）。神经质与短时前瞻记忆、长时前瞻记忆、内部线索的前瞻记忆失败也都有正相关，即神经质和精神质人格特征越明显,前瞻记忆表现就越差,但前瞻记忆与内外倾型人格特质之间没有显著相关性,这与上述Heffernan和Ling的研究结论不同,研究者认为这可能与被试的年龄与受教育程度等因素有关(崔凯,孙林岩,2010)。

同样,赵晋全以大学生为被试的研究也表明,前瞻记忆成绩与艾森克人格问卷中的几个因素均没有显著相关(赵晋全,2002)。

2. 前瞻记忆与A-B型人格特征

"A型人格说"(A-Type Personality)起源于美国心脏病学家Friedman和Rosenman于1959年提出的一种与冠心病风险有关联的行为模式,后经进一步的修订和标准化,这一行为模式被称为A型人格。A型人格者有强烈的时间紧迫感,对完成任务有强烈需求,能在最后期限前完成既定任务。他们做事效率较高、急躁、情绪不稳、争强、好胜、缺乏耐性。具有与A型特征相反特点的人格被称作B型人格,B型人格者的个体对任务的时间限制很少考虑,通常拖拉到最后期限才能完成既定任务,其他行为特点也与A型人格特征者相反(黄希庭,2002)。

从上述A-B型人格特征的描述可以推断,由于A型人格者具备较高的时间管理倾向,因此在同样条件下,可能会比B型人格者更好地完成前瞻记忆任务,特别是基于时间的前瞻记忆任务,因为基于时间的前瞻记忆任务的完成是以对时间的监视为基础的。那么事实是否如此呢?

Searleman对A-B型人格特征者在自然情境中的基于时间的前瞻记忆进行了比较,发现当执行有社会关系特征(如1分钟后提醒主试打个电话)或对被试个人有重要性(送还卡片)的基于时间的前瞻任务时,A型人格者成绩均好于B型人格者;但执行既无社会关系特征又无个人重要性的基于时间的前瞻记忆任务(如一周后给自动应答电话留言)时,两种人格特征者并没有表现出差异。可见,A型性格特征对前瞻记忆的促进似乎是以社会意义为条件的(Searleman,1996)。

专栏 4-1

◎ **词汇学的途径：16 种人格特质理论与人格五因素模型**

人格特质理论的创始人 Allport 倡导结合在个体所处文化背景中对有关人格的知识经验进行分析，以获得人格的关键特质。而由于在某一社会中长期使用的语言应能包含该文化中描述任何一个人所需要的概念和建构，因此，通过对词汇的分析和归纳，应能揭示出人格的基本特质，这即是人格研究的词汇学假设。

1936 年，Allport 和 Odbert 从 1925 年版的《韦伯斯特国际词典》中挑出了 17953 个能够区分人类行为差异的术语，并将它们分为四类：一是表示稳定的人格特质的术语 4504 个，占总词表的 25%；描述目前活动、心理和心境暂时状态的术语 4541 个，占总词表的 25%；对人格特征进行评价的词 5226 个，占总词表的 29%；不能归入以上三类的词 3682 个，占总词表的 21%。该词表及其分类为系统地研究人格结构所需建构的各种量表及问卷奠定了基础。

Cattell 依据 Allport 和 Odbert 的词表，使用聚类分析和因素分析的方法，将其中的特质术语压缩为 171 个丛类，并进一步缩减为 35 个特质变量（表面特质），再通过因素分析得到了 12 个主因素。在多年的系列研究基础上，提出了 16 种人格特质（根源特质）理论，并编制了人格测量工具。

基于对 Cattell 16 种人格因素理论的质疑，Tupes 和 Christal 使用同样的方法进行了重新分析，得到五个相对显著且稳定的因素：①精力充沛——健谈的、自信的、活跃的；②愉快——合作的、可信的、善良的；③可以信赖——正直的、负责任的、有条理的；④情绪稳定——安静、无神经质、不易怒；⑤文雅——明智的、有修养的、独立思考的。这即是人格五因素（"大五人格"）模型的雏形。

其他一些心理学家基于 Cattell 分类或另从词汇入手的研究都证实了人格五因素结构的存在。因此，从 20 世纪 80 年代起，五因素模型得到了广泛的认可，因素的名称内容也相对固定下来，即外倾性（Dxtraversion）、神经质（Neuroticism）、开放性（Openness）、宜人性（Agreeableness）和尽责性（Conscientiousness）（崔红，王登峰，2004）。

我国学者袁宏和黄希庭也对这一问题进行了研究，但该研究采用的是双任务实验室范式，当前任务和基于时间的前瞻记忆任务也换成了既无社会关系特征又无个人重要性的任务——分别为判断几何图形相对位置和每隔 2 分钟按下特定按键。结果表明，两种人格特征被试的前瞻记忆成绩并无显著差异，这与 Searleman 使用相似材料的研究结果一致，但 A 型人格者对当前任务的反应时间更短，这说明 A 型人格者由于执行前瞻记忆任务而对当前任务产生的干扰更小一些。而对两组被试为完成基于时间的前瞻记忆任务而查看时钟情况的统计看，A 型人格组在从任务开始到开始 1 分钟之间，查看时钟次数少于 B 型人格组，但在 1 分钟后，表现出越接近目标时间点，查看时钟的次数越多的趋势，即 A 型人格组被试查看时钟次数随着目标时间的接近而增加，B 型人格组没有表现出这一特点。另外，B 型人格者查看时钟的总次数比 A 型人格者多，但分布没有明确的规律。所以，上述结果能表明，A 型人格者的时间监视模式更为准确有效（袁宏，黄希庭，2011）。

另外，孙莹莹以小学、初中和高中学生为被试，也比较了 A 型和 B 型人格特征者的前瞻记忆。这一研究同样是经典的双任务实验室范式，所不同的是，研究者不仅比较了两类人格特征者基于时间前瞻记忆（每隔 2 分钟按键），也比较了基于事件的前瞻记忆（遇到特定单词按键）。结果表明，不管是哪种类型的前瞻记忆任务，都是 A 型人格组的成绩高于 B 型人格组（孙莹莹，2006）。

3. 前瞻记忆与 Cattell 16 种人格因素

Cattell 以 Allport 的人格特质概念为基础，也运用了因素分析的方法，把人格特质区分为表面特质和根源特质。其中表面特质是通过外部行为表现出来的能够观察得到的特质；根源特质是人格的内在因素，是人格结构中最重要的部分，对人的行为具有决定作用，即是一个人行为的最终根源，是人格的基本成分。Cattell 经过二十多年的艰苦工作，提出了人格的 16 种根源特质，即人格因素。他认为每个人的人格中都包括这 16 种因素，只是在不同人身上的表现有程度的差异。这 16 种人格因素和相应的代号分别是：乐群性（A）、聪慧性（B）、情绪稳定性（C）、恃强性（E）、兴奋性（F）、有恒性（G）、敢为性（H）、敏感性（I）、怀疑性（L）、幻想性（M）、世故性（N）、忧虑性（O）、实验性（Q1）、独立性（Q2）、自律性（Q3）、紧张性（Q4）。

国内外一些研究者对 Cattell 提出的 16 种人格特质与前瞻记忆的关系进行了研究。

赵晋全以大学生为被试，布置的当前任务为完成语音呈现的自陈问卷，前瞻任务（基于事件的）为对问卷中的某些特定字词进行反应。结果表明，前瞻记忆只与 16 种人格因素中的兴奋性（F 因素）有接近显著的相关。研究者认为，这也许是兴奋性特征能使个体更加专注于任务的原因（赵晋全，2002）。

在另一项研究中，研究者使用的当前任务为写出以幻灯片展示面孔的名人的名字、语词流畅性测验、选择性注意测试等纸笔测验，而基于时间和基于事件的前瞻记忆任务分别为每隔 5 分钟写下自己正在进行的任务、当呈现特定特征的名人（有胡子、戴眼镜等）时写下特定符号。结合 16PF-5 测试的结果表明，聪慧性、有恒性、自我控制（整体特征）能显著影响实验室中前瞻记忆任务的成绩（Arana, Meilan, & Perez, 2008）。

国内学者杨靖、郭秀艳和马芳的研究中，当前任务为完成瑞文推理测验等，前瞻记忆任务为基于事件的类型（进行到特定题目时作出特定反应）。结果发现，前瞻记忆与16种人格因素中的"乐群性"负相关，与次元人格因素中的"感情用事－安详机警"正相关。研究者认为，乐群性分数高者往往比较开朗、外向、喜欢和他人合作，容易接受别人的批评，因此，合作者很可能成为他们记住执行任务的提醒者，即使因为遗忘了做某事而被批评，他们也很容易接受，所以会产生完成前瞻任务时的"依赖感"，因而成绩较低；而乐群性分数低者缄默孤独、内向、不喜欢和他人合作，喜欢独自工作、独立思考，所以在完成计划任务时更多需要自我提醒，并且他们对批评比较敏感，更可能会努力使自己不因遗忘做某事而招致批评，因而他们的前瞻记忆能力得到了更多锻炼，成绩较好。而对于前瞻记忆与"感情用事－安详机警"的人格特点存在显著正相关，研究者认为，"感情用事－安详机警"得分高的被试往往对生活中的细节较为含蓄敏感，性格温和，讲究生活艺术，在采取行动之前再三思考，谨慎多虑，因而，他们更可能在脑中回忆、排演前瞻记忆任务，导致完成前瞻记忆任务的情况较好；而这一个性特征得分低的被试虽然具有果敢、刚毅的特点，但常常会忽视生活中的细微关系，做事情考虑不周、鲁莽、粗枝大叶，更容易表现出前瞻记忆的失败（杨靖，郭秀艳，马芳，2008）。

在近期的一项研究中，研究者使用了双任务范式测量了大学生被试的基于事件的前瞻记忆成绩，并使用前瞻记忆和回溯记忆问卷（PRMQ）获得了被试对自己日常生活中前瞻记忆水平的自评分数。结果发现，基于事件的前瞻记忆成绩与16PF中的聪慧性、自律性显著正相关，与幻想性、忧虑性负相关显著，表明实验室范式下的前瞻记忆成绩主要与个别认知与行为方面的人格因素（聪慧性、自律性）和情绪方面的人格因素（如幻想性、忧虑性）有关，而与个性中的乐群、独立等与社会心理密切的其他因素关系不大。而将前瞻记忆与回溯记忆自评的得分与16PF测验结果进行相关分析表明，前瞻记忆的自评分数与"世故性"负相关显著，与冒险性正相关显著。这似乎与日常生活中的一般经验相符：冒险性水平高的个体进取性强、敢于尝试，倾向于过高估计自己；"世故性"水平高的个体谨慎低调，倾向于较低估计自己的能力（武莹莹，王方方，叶洪力，刘伟，2012）。

从以上研究可以看出，16种人格特质中的某些因素确实与个体的前瞻记忆存在着关联，但这种关联较不稳定，表现为在不同的研究中，与前瞻记忆相关的特质并不一致。这主要是前瞻记忆任务的类型、难度、任务材料、被试群体特点等不同所造成的。

4. 前瞻记忆与人格五因素模型的人格特质

人格五因素模型（"大五人格"理论）认为，人格结构由外倾性、神经质、开放性、宜人性和尽责性五种特质构成（见专栏4-1）。从20世纪80年代起，人格五因素模型理论逐渐得到了广泛认可，一些心理学家不仅对此模型进行了验证与分析，还探讨了五种特质与个体行为和心理特点的关系，其中这些人格特质与前瞻记忆关系的研究也有所涉及。

Cuttler和Graf使用了人格五因素量表（NEOPI-R）等工具测量了81名18～81岁的被试，并布置了两个实验室中的和一个日常生活中的共三个前瞻记忆任务。一是"问卷任务"：让被试翻看一些问卷，并记得在最后一页写上自己最感兴趣的问卷的名字；二是"插回电话线"任务：在实验阶段开始时，主试拔下房间中的电话线，并声称这是为了保证实验过程不受干扰，并让被试在实验阶段结束时提醒自己插回电话线；三是"电话确认"任务：在实验结束前，告诉被试一周后要进行一个电话访谈，并让被试在电话访谈的前一天，给主试打电话确认访谈的具体事项。回归分析发现，人格五因素中的"尽责性"能预测一个实验室中的任务（插回电话线）和一个生活中的任务（电话确认）；"神经质"得分只能预测插回电话线任务。研究者认为，责任心强的人会更仔细地制订计划，所以前瞻任务成绩较好（Cuttler & Graf，2007）。

另一项研究的被试为330名18～89岁的成年人。实验中被试的前瞻记忆任务有四个。一是"红铅笔"任务：在实验的任何阶段，当主试在指导语中提到"红铅笔"这个词时，被试都要重复它一次；二是图画分类任务：被试的当前任务为对呈现的黑白图片中有生命的物体和无生命的物体以按键"0""1"进行分类，前瞻任务为当遇到特定内容图片时，按"2"键反应；三是概念确认任务：当前任务为一个类似人工概念形成的任务，向被试呈现不同形状、颜色、图形数量的图片，由被试分类并根据反馈形成正确概念，前瞻任务为遇到"四个绿色星形"图片时按特定键反应；四是连续任务：在六种背景下向被呈现单词，当前任务为追踪最近呈现的三个单词，前瞻任务为当单词为指定背景时，按下特定键反应。除前瞻记忆任务外，被试还完成一系列的认知和人格测试（包括人格五因素量表测验）。结果表明，前瞻记忆成绩只与人格五因素中的"宜人性"正相关显著（Salthouse, Berish, & Siedlecki, 2004）。

以上两项研究的结论之所以不同，Cuttler 和 Graf 认为是与前瞻记忆测量方式不同有关。Salthouse 等的研究中，四个任务全部是实验室情境中的前瞻记忆任务，主要是当屏幕上呈现特定刺激时按下目标按键，与社会生活没有关联，而 Cuttler 和 Graf 的研究中包含了一个真实生活情境中的前瞻记忆任务，这种任务具有更大的"自由度"，能影响这一任务的因素也更多（Cuttler & Graf, 2007）。

Uttl 和 Kibreab 在一项关于自陈法测量前瞻记忆的信效度研究中，也探讨了人格五因素测验结果与前瞻记忆的关系，发现"尽责性"与"情绪稳定性"能在一定程度上预测前瞻记忆问卷（PMQ）所测得的前瞻记忆水平（Uttl & Kibreab, 2011）。另有一项研究也涉及了五因素人格特质与前瞻记忆的关系。在这项研究中，被试的当前任务为词汇判断，即判断字母串是否为一个单词，前瞻记忆任务为字母串中包含某个音节时作出特定反应，仍以五因素人格量表确定被试的人格特征。结果表明，五因素中的"尽责性"与前瞻记忆正相关显著（Smith, Persyn, & Butler, 2011）。另外，Pearman 和 Storandt 也发现前瞻记忆任务完成较好的被试"尽责性"得分较高（Pearman & Storandt, 2005），Gondo 等的研究表明尽责性和神经质与各年龄段被试的自陈前瞻记忆错误（以前瞻记忆和回溯记忆问卷测量结果为指标）负相关显著（Gondo, Renge, Ishioka, Kurokawa, Ueno, &

Rendell，2010）。

可见，人格五因素模型中的有些因素，特别是"尽责性"特质，在某些任务情境中与前瞻记忆表现有着较稳定的关系。

5. 前瞻记忆与认知方式

认知方式（Cognitive Style）是指个体在认知过程中所表现出来的较为固定的模式，它既表现在知觉、记忆、思维等认知过程中，也表现在动机、态度、能力等非认知因素中。一般认为，认知方式多是在长期学习与生活中通过培养训练形成的，与个人的智力水平无相关或相关不显著。认知方式可按不同标准分为场独立型和场依存型、思索型和冲动型、整体型和分析型等。

认知方式的研究始于20世纪40年代，美国心理学家Witkin在研究飞行员的坐姿参照问题时，提出了场依存性－场独立性的认知方式，开创了这一领域的研究。近二十年来，认知方式的研究出现了突破和深化，主要表现为从整体上深入探讨认知方式的结构，发展出认知方式评估体系，并以评估结果为依据，对人们的学习和认知进行指导。

由于前瞻记忆也是日常生活中的一种重要的认知现象，所以也引起了研究者对认知方式是否影响以及在多大程度上影响前瞻记忆这一问题的兴趣。在诸多的认知方式分类中，场依存性—场独立性认知方式与前瞻记忆的关系是研究者们最多关注的课题。

场依存性—场独立性是依照个体在信息加工过程中依赖于外部参照或内部参照倾向而对认知方式进行的分类，其中场依存性的个体更多依赖外部参照进行信息加工，场独立性个体更多依赖内部参照进行信息加工。根据已有研究，场独立性个体在元认知技能、信息的提取和组织能力等方面超过场依存性个体。

李寿欣等人研究了场独立性和场依存性高中生和大学生的基于时间、基于事件的前瞻记忆。被试的当前任务为词语短时记忆，基于事件的前瞻记忆任务为对特定目标词进行指定的反应，基于时间的前瞻记忆任务为在指定时间进行反应（按下空格键）。结果表明，不同认知方式被试的当前任务（词语短时记忆）成绩没有明显差异，但前瞻记忆成绩却差异明显，场独立性被试好于场依存性被试，且基于时间的前瞻记忆成绩比基于事件前瞻记忆成绩差距更大。但在低熟悉性和与背景有区别的靶线索条件下，场依存被试对靶线索的注意监控更容易被激活，因而前瞻记忆成绩得到显著提高，与场独立被试的成绩接近（李寿欣，丁兆叶，张利增，2005）。

另外，其他一些研究也都表明，场独立性者的前瞻记忆优于场依存性者，且不受前瞻记忆任务的类型、靶线索特征、被试年龄等因素的影响（董立达，2007；郑元，2010）。这表明，认知方式确实是影响前瞻记忆水平的一个重要机体变量。

那么，认知方式影响前瞻记忆任务的机制是什么呢？李寿欣等认为可以从三方面加以说明。第一，前瞻记忆任务的成功实施，离不开个体的自主监控，以及在此基础上的注意力转移。场独立性者与场依存性者相比，元认知技能较高，注意监控技能占有优势，有利于自我监控和注意的转移。第二，场独立性者具有较高的认知重组技能，较易从背景材料中发现线索；而场依存性者心理分化水平和认知改组技能较低，较难从背景材料中觉察到线索，导致前瞻记忆水平明显低于场独立型者。第三，场依存性者在信息加工过程中主要依赖外部参照，因而在完成当前任务时会投入较多的认知资源，而对内部监控投入的资源相对不足，导致了前瞻记忆成绩的下降（李寿欣，丁兆叶，张利增，2005）。

如上所述，现有的这类研究全部聚焦于场独立性—场依存性认知方式，缺乏其他类型的认知方式与前瞻记忆关系的研究。

三、前瞻记忆与具体个性特点

除上述前瞻记忆与普遍的人格特质的关系外，研究者也对前瞻记忆与具体的个性和行为特点的关系进行了探讨。这些具体的个性与行为特点包括焦虑情绪、责任感、自我效能感、成就动机水平等。

1. 前瞻记忆与特质焦虑

焦虑是人们遇到某些情境如挑战、困难或危险时出现的一种正常的情绪反应。按照焦虑情绪的稳定性，可分为状态焦虑与特质焦虑。其中状态焦虑是个体随时间和情境变化的短暂的情绪状态，更多与个人在具体情境中的呼吸、心跳、血压等身体变化指标密切相关；特质焦虑是个人整体的、相对稳定的人格特征，具有这一人格特征者长期具有焦虑的心理和生理反应。

作为人格特征的焦虑是可以进行定量测量的。Cattell 的 16 种人格特质问卷中，就使用了情绪稳定性（C）、敢为性（H）、怀疑性（L）、忧虑性（O）、自律性（Q3）、紧张性（Q4）共六个因素推导出"焦虑"这一次元人格因素。而 Spielberger 于 1977 年编制、并于 1983 年修订的状态—特质焦虑自我评定问卷（STAI）则是当前使用最为广泛的测量特质焦虑和状态焦虑的工具。

焦虑情绪对认知过程的影响也是心理学中一个活跃的研究领域。研究者们对焦虑（特别是作为人格特点的特质焦虑）与前瞻记忆的关系也进行了探讨。

有研究者使用了状态—特质焦虑自我评定问卷确定被试的焦虑水平。在此实验中，被试为大学生，当前任务是完成个人电脑呈现的问卷，基于时间的前瞻任务为每隔 10 分钟按下特定按键，基于事件的前瞻任务为当每个问题呈现时，如果屏幕下方出现的图案为动物，则按下特定按键。但根据研究者所报告的结果，特质焦虑与前瞻记忆没有关系，只有状态焦虑的水平与前瞻记忆的时间精度有关联（Nigro & Cicogna, 1999, 转引自 Kliegel & Jäger, 2006）。

Harris 和 Menzies 研究了焦虑和抑郁对前瞻记忆和回溯记忆的影响。研究对象为 101 名大学生，除使用简缩版"抑郁－焦虑—压抑量表"（DASS）。测评内容除了被试的抑郁、焦虑和压力水平外，还让被试完成一个前瞻记忆任务，其中当前任务为对听到的单词进行语义联想，并在白纸上写下通过联想获得的一个关系最密切的词并记住，为随后的回忆测验作准备。前瞻记忆任务为听到特定的词（衣服或身体相关的）时在纸上画一个"叉"。结果发现，焦虑水平与前瞻记忆负相关显著，与自由回忆相关不显著，高焦虑者前瞻记忆成绩更低（Harris & Menzies, 1999）。

作为 Harris 和 Menzies 研究的一个后续，Harris 和 Cumming 让被试完成与之类似的前瞻记忆任务。所不同的是，被试事先学习了前瞻记忆的目标词，并且在听到目标词时不进行联想而是将词写在纸上。确定被试焦虑水平的工具换成了状态—特质焦虑自我评定问卷。研究结果表明，特质焦虑与前瞻记忆没有关系（Harris & Cumming, 2003）。上述两个研究结论的区别可能来源于所使用的焦虑测量工具——Harris 和 Menzies 使用的抑郁—焦虑—压力量表（DASS）主要用以评估情绪障碍，所测得的焦虑是一种包括了状态焦虑和特质焦虑的"混合"焦虑，而 Harris 和 Cumming 使用的状态—特质焦虑自我评定问卷则明确区分了这两类焦虑。

国内的一项研究同样使用了 Spielberger 的状态—特质焦虑自我评定问卷测定了初中生和大学生被试的焦虑情绪，而前瞻记忆的当前任务为完成自陈问卷，前瞻任务为遇到特定的问卷项目（含否定词"不"）时作出特定反应。研究发现无论是特质焦虑还是状态焦虑，对被试的前瞻记忆成绩均没有显著影响，但特质焦虑水平和前瞻记忆的自我评价负相关显著——特质焦虑水平越高，自我评价越低。说明主体对前瞻记忆的自我评价缺乏客观性，更多地受个性中的特质所支配（刘伟，王丽娟，2004）。另外，丁志刚使用实验室范式前瞻记忆任务的研究结果也表明，特质焦虑对前瞻记忆或回溯记忆都没有显著影响（丁志刚，2007）。

Kliegel 和 Jäger 在全面总结了以往负性情绪对前瞻记忆影响的研究后，进行了一个引入更多变量的研究。该研究以 87 名 18～91 岁的成年人为被试，测量焦虑等负性情绪的工具为医院焦虑抑郁量表（Hospital Anxiety and Depression Scale, HADS）。在实验中，被试需要完成三类前瞻记忆任务。第一个前瞻记忆任务为基于时间的前瞻任务：在测试过程中每隔两分钟按下特定按键，可以通过空格键查看虚拟时钟。第二个前瞻记忆任务为基于事件的前瞻任务：当任务中出现动物图片时，按下规定按键。这两种前瞻记忆在实验室中同时测量，其共同的当前任务为一个 n-back 任务——比较目标图片与之前某一位置呈现的图片是否一致。第三个前瞻记忆任务为日常情境中的前瞻任务：发给被试一份记忆能力自评表，要求被试带回家完成，并在一周后寄给主试。研究结果表明，焦虑水平与基于时间的前瞻记忆无关，与查看时钟的频率也没有关联；基于事件的前瞻记忆成绩却与焦虑水平呈反比，即焦虑水平低者前瞻记忆成绩更好。而对于自然情境中的前瞻任务则相反，焦虑水平高者前瞻成绩更好。这于这种焦虑因任务不同而作用相反的结果，研究者使用了加工效能理论（Processing Efficiency Theoy, Eysenck & Calvo, 1992）进行解释：焦虑被试会过多关注自己的强制思想、担忧和负面认知等焦虑反应。这种与当前任务无关的反应会分散个体的注意力，从而消耗有限的工作记忆资源，导致要么降低正确率，要么增加反应时间。所以,若当前任务和前瞻任务所要求的认知资源不多（如前述 Nigro 和 Cicogna 的研究），或者前瞻任务作为主注意的目标时，焦虑虽然消耗认知资源，但不至于明显削弱前瞻任务的表现；相反，若当前任务和前瞻任务所需要认知资源较多，或者前瞻任务不是主注意的目标时（如前述 Harris 和 Menzies 的研究），焦虑又消耗了一部分认知资源，会使被试的前瞻任务表现变差（Kliegel & Jäger, 2006）。

2. 前瞻记忆与成就动机

成就动机（Achivement Motivation）是个体追求自认为重要的有价值的工作，并使之达到完美状态的动机，即一种以高标准要求自己力求取得活动成功为目标的动机，同时也是一种较为稳定的个性特征。既然成就动机强的个体对完成任务、达到目标非常积极，并努力控制自己不受外界干扰，而前瞻记忆也指向未来任务的计划与完成，那么成就动机强的人是否更有可能成功完成前瞻记忆任务呢？

王红柳等让被试完成了不同的任务中断类型的前瞻记忆任务，结合被试使用成就动机量表测得的成就动机水平，发现成就动机与当前任务和前瞻任务都没有明显关联（王红柳，李征澜，余林，2010）。另外，Kliegel 和 Jäger 也曾以前瞻记忆和回溯记忆问卷（PRMQ）和成人元记忆问卷（MIA）对被试 87 名被试施测，其中成人元记忆问卷中包括了记忆的成就动机分量表，结果也表明，所测得的自陈前瞻记忆的水平与记忆成就动机无显著相关（Kliegel & Jäger，2006）。

以上两个研究的较为一致的结论，也许和实验任务难度不够，以及使用了实验室实验和用自陈问卷确定前瞻记忆水平等因素有关，因为在这些条件下，较难激发起被试高水平的成就动机。

3. 前瞻记忆与自我效能感

自我效能感（Self-Efficacy）由心理学家 Bandura 在 20 世纪 70 年代首次提出，是指一个人对自己能否成功完成某种活动的能力的主观判断或推测，它是人对自己特定能力的一种主观感受，并不是能力本身。自我效能感会影响人对活动的选择和实施，并进一步影响活动的结果，因为人们往往选择自己认为能够胜任的活动任务，避开那些自己认为肯定会失败的任务，即使不得不面对自己认为困难的或无法完成的任务，也会因缺少努力而失败。那么，作为与"执行""胜任感"等有密切联系的前瞻记忆是否与自我效能感有一定关系呢？

McDonald-Miszczak 等让 50 名 51～83 岁的老年人完成两项前瞻记忆任务和两项回溯记忆任务。其中两项前瞻记忆任务为：第一，让被试在实验室中完成其他任务的同时，还要记得在 20 分钟后提醒主试打一个电话（基于时间的前瞻记忆任务）；第二，主试在发给被试的诸多问卷中放入印刷模糊的纸张，要求被试在完成问卷过程中遇到印刷模糊的纸张时，应在纸张背后写下问卷的名称并交还给主试（基于事件的前瞻记忆任务）。而记忆自我效能感的测定则使用了前述的成人元记忆问卷（MIA）中四个分问卷（能力问卷、变化问卷、焦虑问卷和控制点问卷）。结果发现，记忆自我效能感对前瞻记忆有明显影响，但对回溯记忆影响不显著。具体地说，自我效能感中的能力评价、记忆保持的稳定性和焦虑的水平越高，基于时间的前瞻记忆成绩越好,而基于事件的前瞻记忆则和控制点有关:倾向于认为记忆由内部控制的被试成绩较好(McDonald-Miszczak, Gould, & Tychynski, 1999)。

国内的一项研究也探讨了自我效能感对前瞻记忆的影响。该研究首先以一般自我效能感量表(GSES)确定被试的自我效能感水平,并采用实验室范式确定前瞻记忆成绩,发现自我效能感较高组的前瞻记忆成绩显著优于自我效能感较低组,且自我效能感较高组的当前任务反应时也较短(刘占克,2012)。

虽然两项研究都得出了前瞻记忆与自我效能感关系密切的结论,但研究的任务特点甚至自我效能感的类型并不一致。要确定自我效能感与前瞻记忆的稳定的关系,显然还需要更多研究结果的支持。

四、前瞻记忆与异常或特殊个性特点

上述列举的前瞻记忆与人格特质、具体个性特点的研究都是以普通人群为对象的,也有一些研究涉及了异常或特殊个性特点与前瞻记忆的关系。

1. 前瞻记忆与分裂人格

分裂人格(Schizotypal Personality 或 Schizotypy)是人格障碍的一种,具有这种人格特征者会疏离社会、情感淡漠,同时具有关联感、偏执等异常思维,但并没有达到精神分裂症的诊断标准。Henry 等以 35 名低分裂人格特征者、36 名高分裂人格特征者、30 名精神分裂症患者以及 29 名控制组被试为对象,进行实验室范式的前瞻记忆任务测试。其中,当前任务为判断单词音节,前瞻任务为对指定的整个单词(突出性目标线索)或某个音节(非突出性目标线索)进行特定反应。除此之外,还使用"虚拟一周"对高、低分裂人格组进行了测试。结果表明,与控制组相比,无论何种前瞻记忆测试,高、低分裂人格组的前瞻记忆并没有区别,而精神分裂症组的前瞻记忆出现了下降。由于分裂人格者有可能发展成为精神分裂症患者，所以从本实验可看出，前瞻记忆下降并不能成为判断精神分裂症的"内在表型"，即易感特征（Henry, Rendell, Rogers, Altgassen, & Kliegel, 2012）。

Wang 等研究了分裂人格者的前瞻记忆是否稳定的问题。研究者使用分裂人格问卷（Schizotypal Personality Questionnaire），从 250 名大学生中筛选出 22 名得分最高者，进行以语词和知觉为材料的前瞻记忆实验室任务测试，并在 6 个月后进行了重复测量。结果表明，在五种前瞻记忆任务（语词材料基于时间的、语词材料基于事件的、知觉材料基于时间的、知觉材料基于事件的和基于活动的）中，语词材料基于时间和基于事件的前瞻记忆的前后测相关显著。这说明具有分裂人格特征者的前瞻记忆基本稳定，特别是语词材料的前瞻记忆更是如此（Wang, Chan, Cui, Yang, Deng, Gong, & Shum, 2011）。

2. 前瞻记忆与强迫性人格

强迫性人格（Obsessive-Compulsive Personality）也是一种常见的人格障碍类型。强迫性人格者行为刻板固执、墨守成规，遇事缺乏应变能力。这类人做任何事情都要求完美无缺、按部就班。他们常有不安全感，反复考虑计划是否恰当，反复核对检查，并且拘泥细节，经常表现出明显的"程序化"倾向。那么强迫性人格对前瞻记忆是否有影响呢？有研究者对这一问题也进行了探讨。

Marsh 等以强迫洗手倾向组、抑郁倾向组和控制组各 25 名大学生为被试，要求他们完成一个单词音节判断测试（当前任务），同时在遇到前瞻记忆线索词时按下指定按键。而前瞻记忆线索词分为两类，一类为中性词（动物或家具类），一类为情绪性词（体液有关的词）。结果发现，强迫洗手组在以中性词为目标线索的前瞻任务中，表现比另外两组差，而在以情绪性词为目标线索的前瞻任务中，与另外两组的表现没有显著差异。这表明，强迫洗手组的前瞻记忆有一定的退化，但在情绪性词为目标线索条件下，对线索的注意偏向弥补了这一退化（Marsh，Brewer，Jameson，Cook，Amir，& Hicks，2009）。

另一项以强迫检查倾向者为被试的研究中，研究者征集了64名高检查倾向和62名低检查倾向的大学生被试，使用前瞻记忆和回溯记忆问卷（PRMQ）和前瞻记忆问卷（PRQ）收集被试前瞻记忆自评结果，并使用Rivermead行为记忆测验（RBMT）中的"取回物品"任务确定被试在自然情境下的前瞻记忆水平。根据研究结果，高检查倾向组被试对前瞻记忆的自评较低，完成物品取回任务的平均成绩也较低。研究者认为，高检查倾向者前瞻记忆的退化是导致他们自评较低的原因，而较低的自评又反过来影响了前瞻记忆表现（Cuttler & Graf，2008）。

那么，强迫性人格者前瞻记忆的损害是源于前瞻成分还是回溯成分呢？Harris和Cranney以48名高强迫倾向者和44名低强迫倾向者为被试，进行实验室条件下的前瞻记忆测试，当前任务为语义联想，前瞻记忆任务为遇到指定的单词按下特定键，另外还测试了被试的回溯记忆。结果发现，两组被试的前瞻记忆差别明显，而回溯记忆差异不显著。表明强迫观念占用了前瞻记忆所需的认知资源，导致了强迫性人格者前瞻记忆的下降（Harris & Cranney，2012）。

3. 前瞻记忆与拖延

拖延（Procrastination）一般是指对任务的不必要的延迟，是一种相对"温和"的逃避。拖延无疑会影响个体工作效率和活动结果，但也有研究者认为它往往也与将来更恰当、更深思熟虑的策略相联系，这当然是与探讨这一问题的角度有关。拖延（特别是特质性拖延）也是一种人格特质。

在国内的一项研究中，研究者使用Aitken拖延问卷（Aitken Procrastination Inventory，API）筛选出30名高拖延者和30名低拖延者作为被试，完成实验室范式下的前瞻记忆任务。结果发现，两组被试基于事件和基于时间的前瞻记忆并没有显著差异，但高拖延组的当前任务与基于事件前瞻记忆任务的反应时较长。这表明拖延这一人格特质可能主要影响日常生活中的计划任务,而对实验室任务的完成没有明显影响(刘旭初,2012)。

五、总结

如上所述,对于个性与前瞻记忆的关系,并不存在一个统一的结论,在不同的研究中,即使同一种测量工具和同一种情境下的前瞻记忆之间的关系也不尽相同,甚至差别很大。那么究竟如何评估个性与前瞻记忆的关系?或者说,个性与前瞻记忆究竟有何关系,相关联的程度如何呢?Uttl在近期的一项研究也许能给出一些启发。

这项研究包括两部分,一是对以往关于个性(以人格五因素量表为测量工具)和前瞻记忆研究的一个元分析。分析发现,以往的研究多得出了人格五因素中的尽责性、开放性和宜人性与实验室条件下的前瞻记忆相关的结论,而自陈问卷所得出的前瞻记忆失败的状况则与尽责性和宜人性相关,但这种相关较为微弱。研究者认为,使用元分析的方法并不能达到清晰地把握前瞻记忆与个性关系的目标。这主要是因为:第一,以往的研究很少说明前瞻记忆测量工具和个性测量工具的信度,无法判断较低的相关是否由测量工具较低的信度引起;第二,前瞻记忆测量中往往存在天花板效应,这也在一定程度上影响了前瞻记忆与个性关系的确定;第三,不同研究中,被试的经验、年龄等不同,测量前瞻记忆与个性的工具也各不相同,即组间差异掩盖了要考察的关系;第四,以往研究在考察前瞻记忆与个性关系时,对前瞻记忆的"分解"不够,即缺乏对前瞻记忆的不同成分个性关系的考量。

研究的第二部分对400名大学生被试使用五因素人格量表、前瞻记忆和回溯记忆问卷(PRMQ)以及一系列认知能力测验等工具进行施测,并在测验过程中置入了不同性质的前瞻记忆任务。在避免了上述四方面误区的情况下,发现前瞻记忆与五种人格因素的任何一种相关都不显著,但对前瞻线索的警觉/监视能力与外向性和开放性相关显著，而语言智力与前瞻记忆和警觉/监视能力有较强的相关（Uttl，2013）。

总之，从 Uttl 的研究可以得出结论：由于测量方式、被试差异等原因，对"整体的"前瞻记忆与个性的关系进行探索的结论并不可靠，因为这种关系一方面取决于前瞻记忆的某一构成部分或环节，如对线索的探查等；另一方面取决于其他的更复杂的因素，如任务的性质、被试的特点等。

第五章 前瞻记忆与情绪

> 尽管结果并不完全一致,但已有研究都表明,非特定的负情绪、内部焦虑状态、抑郁都会干扰前瞻记忆。
>
> ——Matthias Kliegel & Theo Jäger,2006

- 情绪与记忆
- 前瞻记忆与主体正性情绪
- 前瞻记忆与主体负性情绪
- 前瞻记忆与材料的情绪性
- 情绪影响前瞻记忆的年龄差异
- 前瞻记忆的情绪一致性

已有研究表明，前瞻记忆任务的成功执行受许多因素的影响，如年龄、线索特征、延时间隔的长短等因素。日常生活中，人们在执行进行中任务的时候，可能会受到外界或者是任务本身的影响而激发个体的某种情绪，人们带着这种情绪进行工作时，工作的效率、质量会受到一定的影响。那么情绪是否是前瞻记忆的影响因素之一？如果情绪影响前瞻记忆的表现，那么各种不同情绪对前瞻记忆表现是起促进作用还是抑制作用？作用的机制是什么？目前已有一些研究涉及了这些问题。

一、情绪与记忆

心理学家认为，情绪和认知是信息加工过程中的两个子系统，所有信息加工过程都含有情绪成分。当然记忆也不例外。情绪性刺激可由两个维度进行划分：一是情绪的唤醒水平，即兴奋或平静的程度；二是情绪的效价，即积极的情绪或消极的情绪。已有的以人和动物为对象的研究都发现，改变情绪唤醒水平能有效地影响记忆。那么情绪效价（包括主体情绪效价、记忆对象的情绪效价或两者的混合）对记忆的影响又是如何呢？研究者们结合不同种类的记忆，对这一问题进行了探讨。

1. 情绪与工作记忆

早期关于情绪和工作记忆的研究主要集中在负性情绪对工作记忆的影响上，多数研究都得出了焦虑、抑郁等负性情绪损害工作记忆的结论。在此基础上，Eysenck 和 Calvo 提出了加工效能理论（Processing Efficiency Theory）。这一理论认为，焦虑的核心是"担忧"，并通过两种机制对工作记忆产生影响：一是会占用工作记忆存贮和加工的资源，从而降低分配在当前任务中的注意力；二是这种担忧向操作者传递了任务"很重要"的信息，并通过自我调节控制系统激发活动动机，增强并保持对工作任务的努力程度，但却导致效率下降（Eysenck & Calvo, 1992）。例如，在一项研究中，研究者让特质性考试焦虑水平高和水平低组的儿童完成心算测验，测验分为高工作记忆负载和低工作记忆负载两类,而测验的情境又分为有压力和无压力两种。结果发现,加工效率(以反应时为指标)受到了考试焦虑的影响,但行为效能(正确率)没有受到影响,这与加工效能理论一致(Ng & Lee,2010)。而 Hardy 和 Hutchinson 使用自然条件下任务(爬山)进行研究的结果,也在一定程度上支持了加工效能理论(Hardy & Hutchinson,2007)。

进一步的研究发现,情绪对工作记忆的影响程度和方向与任务性质有一定关系。例如,Shackman 等(2006)以电击威胁诱发正常被试的焦虑情绪,然后完成空间和言语工作记忆任务,结果表明,焦虑情绪仅使空间工作记忆任务成绩降低,但没有影响言语工作记忆任务。研究者认为这可能与负性情绪与空间工作记忆在右半球皮层的功能重叠有关(Shackman, Sarinopoulos, Maxwell, Pizzagalli, Lavric, & Davidson,2006)。而以特质焦虑者为被试的实验中则发现了相反的效应,即特质焦虑水平高的被试言语工作记忆表现更差(Ikeda, Iwanaga, & Seiwa,1996)。

从已有研究看,积极情绪与工作记忆关系的探讨较少。Gray 通过视频诱发了被试的正性、中性和负性情绪,然后完成空间和言语工作记忆任务,发现正性情绪损害了空间工作记忆但负性情绪能使之增强,而言语工作记忆则相反,即在正性情绪下得到增强,在负性情绪下受损(Gray,2001)。

2. 情绪与自传体记忆

自传体记忆是对个人信息或个人所经历的生活事件的回忆。这种记忆类型与个体情绪有着密切联系。

在已有的情绪与自传体记忆的研究中,情绪障碍个体特别是抑郁症患者的自传体记忆是这一领域研究的热点。研究表明,抑郁症患者的自传体记忆存在着不同程度的过度概括化现象,即在对自我相关事件的回忆中,不能按要求提取具体事件或情节,而只是回忆那些类别化、重复性的事件。例如,一项研究表明,抑郁症高风险者(以神经质分数为指标)以负性词为线索进行自传体回忆时,表现出更多的概括化,而抑郁症状的严重程度在其中起着调节作用。另外，曾患抑郁症组和未曾患抑郁症组相比，以负性词为线索进行自传体回忆时的概括化倾向更明显（Kuyken & Dalgleish, 2011）。

也有一些研究涉及了个体心境与自传体记忆的关系。Miranda 和 Kihlstrom 以 86 名大学生为被试，通过音乐诱发被试的高兴、悲伤或中性情绪，让被试根据不同情绪效价的线索词回忆童年时期和最近的自传体事件。结果表明，自传体的回忆出现了明显的情绪一致性效应，即愉快心境下回忆的内容更多被评价为快乐，正性效价线索词引发的回忆也更倾向于评价为快乐（Miranda & Kihlstrom, 2005）。Schulkind 和 Woldore 的研究也以音乐诱发情绪的效价（正和负）、唤醒度（高和低）为自变量，发现线索诱发的情绪效价会影响自传体回忆的效价，并且被试都有报告正向情绪相关自传体记忆的倾向，老年人更是如此（Schulkind & Woldore, 2005）。

3. 情绪与来源记忆

来源记忆（Source Memory, SM）是有关事件背景的记忆。例如，在"昨天收到有关下周开会事项的通知"这一记忆事件中，对从何人或何种途径得到通知的记忆就是来源记忆，它与项目记忆（下周开会）一起构成了情景记忆。情绪与来源记忆的关系同样是受关注的研究领域，但研究者们得出的结论并不相同。

一些研究结果支持情绪刺激增强来源记忆的结论。例如，Mather 和 Nesmith 考察了情绪刺激对空间来源记忆的影响。在编码阶段，向被试依次呈现在屏幕不同位置的正、负情绪图片或中性图片，而在提取阶段，被试须从每个图片的 3 个位置中选取编码阶段看到的此图片的位置（空间来源记忆）。结果发现，正、负情绪图片的空间来源记忆显著高于中性图片，这表明情绪刺激促进了空间来源记忆（Mather & Nesmith, 2008）。D'Argembeau 和 Linden 则对情绪词的背景来源记忆（单词颜色）和空间来源记忆（位置）进行了研究，结果发现，当不要求被试记住单词颜色，但在测试阶段却要求提取（即无意识学习条件）时，情绪词的成绩好于中性词，而空间来源记忆无论是在无意识学习还是有意识学习条件下，都表现出情绪词好于中性词的特点（D'Argembeau & Linden，2005）。

以上两项研究的情绪激活与记忆材料是结合在一起的，即探讨材料的情绪性对来源记忆的影响。而 Anderson 和 Shimamura 则对被试者的情绪进行激发，研究主体的不同效价情绪对来源记忆的影响，也得到了情绪因素增强来源记忆的结果。研究者让被试观看中性短片、正性短片、负性短片以及高激活度短片，以诱发被试情绪，同时聆听并记忆一些单词。在测试阶段，向被试呈现之前听过的单词，要求回忆每个词语所对应的短片类型。结果表明，对应高激活度短片单词的来源记忆要显著高于对应其他三种短片单词的来源记忆（Anderson & Shimamura，2005）。

也有一些研究得出了情绪会减弱来源记忆的结论。例如，Cook 等考察了情绪刺激对基于外源监控来源记忆的影响。研究者让被试学习正性、负性和中性单词，但未告知随后将进行记忆测试。一半单词以听觉方式呈现，另一半以视觉方式呈现，在提取阶段，要求被试对信息获取的感觉通道作出判断。结果表明，对负性单词的来源记忆成绩显著低于中性单词的来源记忆成绩，而正性单词与中性单词来源记忆之间没有显著差异。在随后的实验中，研究者又考察了混合条件（负性和中性词语组成的词表）和单一条件下（单纯负性、正性或中性词组成的词表）的来源记忆，结果都表明，对情绪词的来源记忆均显著低于中性词的来源记忆。研究者认为，这可能是因为单词的情绪效价吸引了被试的注意，导致了背景记忆的减弱（Cook, Hicks, & Marsh, 2007）。另外，Maddock 和 Frein 的研究也发现，无论是空间来源记忆或时间来源记忆，负情绪材料都明显低于正情绪材料和中性情绪材料（Maddock & Frein，2009）。

还有少数研究得出的结论为情绪刺激不影响来源记忆。例如，Sharot 和 Yonelinas 将负性和中性图片分四组呈现给被试，要求被试对图片的视觉复杂度进行评价。同时要求被试注意图片的颜色（颜色任务）或细节（细节任务）。来源记忆测试则要求被试回忆所呈现图片任务种类。结果发现，负性和中性图片的来源记忆没有显著差异。研究者认为这是由于情绪刺激相关的背景信息对个体没有适应性意义或价值造成的（Sharot & Yonelinas，2008）。

以上研究结果的差异，可能与学习方式、刺激材料、编码与提取之间的时间间隔、情绪诱发效果等有关。

4. 情绪与错误记忆

情绪对错误记忆影响的研究得出了较为一致的结论，即积极情绪比消极情绪会诱发更多的记忆错误。Storbeck 和 Clore 除发现以上结论外，还指出，情绪对错误记忆的影响主要是在编码而非提取阶段（Storbeck & Clore，2005）。在另一项研究中，研究者通过电影片断诱发被试的不同情绪反应，也发现只有学习之前诱发的消极情绪才能有效降低错误记忆，学习之后诱发的不能。同时，错误记忆只与情绪效价有关，但与唤醒度无关（Storbeck & Clore，2011）。

也有研究得出了错误记忆与情绪的关系取决于任务要求不同的结论，即在自由回忆的要求下，负性情绪才会减少错误记忆的发生，否则反而会增加错误记忆（Wright，Startup，& Mathews，2005）。

对于情绪与错误记忆效价的上述关系，一些研究者用情绪—信息等价假设（Affect-as-Information Hypothesis，见 Clore，Gasper，& Garvin，2001）进行解释。根据这一假设，正性情绪会促进对事物关系（即事物之间的联系及整体结构）的加工，而负性情绪主要促进对项目的加工，即对局部和细节的加工，后者更符合错误记忆测试时的要求。

5. 情绪与内隐记忆

情绪与内隐记忆的研究主要集中在病理或非病理性的负性情绪对情绪性材料内隐记忆的影响，即心境一致性效应。

Bradley 等对焦虑症组、抑郁症组和正常组呈现与焦虑和抑郁相关的情绪词，结果发现，抑郁组对抑郁相关词的阈上和阈下启动均强于其他两组，表明抑郁组有着内隐记忆的心境一致性效应（Bradley，Mogg，

& Williams，1995）。另一项研究的被试包括了非病理性的烦躁焦虑者，发现这部分被试也表现出内隐记忆的心境一致性（Bradley，Mogg，& Millar，1996）。另外，Ellwart 等以临床抑郁者和正常个体为被试，发现内隐记忆的心境一致性效应也是显著的（Ellwart，Rinck，& Becker，2003）。获得同样结果的还有钟玉芳和周爱保的研究（钟玉芳，周爱保，2009）。

也有一些研究得出了内隐记忆中心境一致性效应不显著的结论。例如 Bazin 等用词干补笔、线索回忆、自由联想和再认等任务对临床抑郁症患者和非抑郁者进行内隐和外显记忆的测量，结果发现两种任务都没有表现出情绪一致性效应（Bazin，Perruchet，De Bonis，& Feline，1994）。Danion 等也得到了同样结果（Danion，Kauffmann-Muller，Grange，Zimmerman & Greth，1995）。Caseley-Rondi 等让抑郁组和非抑郁组被试完成内隐（残词补全）和外显记忆任务（提示的残词补全），但结果并没有发现心境一致性效应。研究者认为这也许和实验设计特点有关（Caseley-Rondi，Gemar & Segal，2001）。与此类似，郭力平的研究也发现抑郁个体的内隐记忆不存在心境一致性倾向，而外显记忆则相反（郭力平，1997）。

在诸多研究中，Lang 和 Craske 得出了"混合"的结果：他们让非临床的低焦虑低抑郁者、高焦虑低抑郁者、高焦虑高抑郁者完成自由回忆和词干补笔任务。结果表明，只有焦虑被试表现出内隐记忆的情绪一致性，而抑郁被试没有产生这种情况（Lang & Craske，1997）。

关于内隐记忆情绪一致性效应的机制，李月婷等使用 ERP 进行研究的结果可用以说明——内隐提取对情绪性材料敏感，而外显提取对情绪性材料不敏感（李月婷，李琦，郭春彦，2010）。

二、前瞻记忆与主体正性情绪

与上述情绪和其他类型记忆关系的研究一样，以往情绪与前瞻记忆关系的研究多着眼于负性情绪，正性情绪的研究较少。

愉快情绪对前瞻记忆的影响方面，主要有国内以大学生和初中生为被试的几项研究。

侯杰考察了不同唤醒程度的愉快情绪对不同类型前瞻记忆的影响。研究者以100名大学生为被试，以情绪性图片分别激活高、中、低的愉快情绪，以中性材料激活控制组的中性情绪，然后让被试完成实验室范式的前瞻记忆任务。其中当前任务为判断屏幕上成对出现的词是否为反义词，基于事件的前瞻记忆任务为对目标词作出指定反应（按下B键），基于时间的前瞻记忆任务为在测验开始后的第1、4、7分钟作出指定反应。

专栏 5-1

◎ 情绪性材料更不容易忘记

在2005年获得奥斯卡最佳原创剧本奖的电影 *Eternal Sunshine of the Spotless Mind*（中译名《美丽心灵的永恒阳光》）中，有一家名为Lacuna的公司，能为客户有选择地删除头脑中的不愉快记忆，这在现实中当然是不可能的。那么，现实生活中的情绪与记忆有何关系，不愉快记忆能有意识地被遗忘吗？记忆心理学的一些研究涉及了这一问题。

尽管有研究者认为，强烈情绪色彩可能会使闪光灯记忆、自传体记忆发生较多的错误或遗忘，但严格控制的实验研究都表明，情绪能增强个体的记忆。例如，Ochsner使用情绪图片的研究发现，被试对情绪图片的回忆要好于中性图片，对唤醒度高的图片的回忆好于唤醒度低的图片（Ochsner, 2000）。而关于"定向遗忘"效应的研究更能从另一角度证明这一结论。

定向遗忘（Directed Forgetting）效应是指在记忆编码阶段，由"忘记"指令而引起的记忆受损现象，具体表现为"忘记"指令所指向内容较"记住"指令所指向内容在提取阶段成绩的降低。在有关情绪影响定向遗忘效应的研究中，多数以情绪图片为材料的研究都发现，对这一类型材料的记忆不存在定向遗忘效应，即无法有意地忘记。例如，在一项研究中，研究者将一些愉快图片、不愉快图片和中性图片呈现给被试，其中各有一半让被试有意地忘记。结果发现，被试并没有因为遗忘的指令而忘记愉快和不愉快图片，但中性图片却受到了遗忘指令的影响（Keith Payne & Corrigan，2007）。

与上述研究中的回溯记忆不同的是，前瞻记忆是对行动意向或将要执行计划的记忆，有时这种意向或计划也带有一定的情绪色彩，如与愉快相联系的意向和与不愉快相联系的意向，并且当前任务的情绪色彩也可能对前瞻记忆产生一定影响。目前，除了一项调查研究（Meacham & Kushner，1980，见本章正文中的介绍）外，尚未有设计严格的实验研究对这一问题进行探讨。

实验结果显示，低强度的愉快情绪对基于事件和基于时间的前瞻记忆均无影响；中等强度的愉快情绪能显著提高两种前瞻记忆，并且对基于时间前瞻记忆的促进作用更大；高强度的愉快情绪也显著提高了前瞻记忆的成绩，但是提高的程度小于中等强度愉快组。研究者认为，这可能因为愉快情绪能扩大注意范围、提高认知能力，但过高的激活度又干扰了认知活动（侯杰，2009）。

张丽静的研究中也涉及了愉快情绪。研究者通过情绪性的电影短片启动被试的高兴和悲伤情绪，控制组不启动情绪。前瞻记忆任务也为实验室范式的双任务，当前任务为对词进行归类，前瞻任务为对特定颜色的目标词反应。结果发现，正性情绪（高兴）组的前瞻记忆成绩显著高于中性情绪组，负性情绪（悲伤）组显著低于中性情绪组（张丽静，2010）。

在另一项研究中，研究者首先让初中生完成一个数学测验，然后教师当众表扬部分学生，称他们在测试中发挥较好、成绩超过平时水平，以诱发这部分学生的愉快情绪；而对其余学生既不表扬也不批评，以保持相对平静的情绪状态。经过情绪自评后，全体学生都完成一个实验室范式的前瞻记忆测试任务，结果表明，诱发愉快情绪对前瞻记忆有明显的促进作用，但对回溯记忆没有明显影响（丁志刚，2007）。

综合以上研究结果可以看出，与中性和负性情绪相比，正情绪（主要是愉快）总体会使前瞻记忆水平提高，但也与愉快情绪的唤醒度有一定关系。

三、前瞻记忆与主体负性情绪

最早探讨主体负情绪与前瞻记忆关系的是 Meacham 和 Kushner 进行的一项问卷调查研究。研究者提出了焦虑情绪与前瞻记忆关系的两种模型：一是根据弗洛伊德的理论，对于令人焦虑或不适的事件，更倾向于遗忘；二是根据日常经验，令人焦虑或不适的事件能更好地被记住，但会避免执行。例如，惧怕见牙医的人反而能清楚记得与牙医的约定，但会一再推脱或设法逃避。为验证哪一种模型更符合实际情况，研究者设计了一个问卷，让被调查者（73 名大学生）写出最近有计划却忘记执行的一件事、记得并成功执行的一件事和记得却由于各种原因没有执行的一件事，并分别对事件的重要性和感受进行评分。统计结果表明，上述第二种模型更符合日常生活中的实际状况，即个体并没有忘记负性情绪相关的前瞻任务，只是没有执行（Meacham & Kushner，1980）。

1. 状态焦虑对前瞻记忆的影响

在第四章（前瞻记忆与个性）中已经探讨了作为个性特征的特质焦虑对前瞻记忆的影响，而状态焦虑作为一种情境化的情绪状态，对前瞻记忆也可能产生一定影响，但已有的诸多研究的结论并不一致——有的研究结果表明高状态焦虑者的前瞻记忆水平更高，有的研究结论则相反。

（1）状态焦虑促进前瞻记忆

在较早的一项研究中，Cockburn 和 Smith 以 119 名老年人（79 人完成了测试）为对象，以 Rivermead 行为记忆测验（RBMT）确定前瞻记忆表现，并通过自陈问卷测量了状态焦虑水平。结果表明，高焦虑和低焦虑的被试前瞻记忆任务完成情况比较好，而中等焦虑水平被试前瞻记忆任务完成的成功率较低，即呈 U 形趋势。这可能是高焦虑者比中等焦虑者更频繁地检查、复述已经形成的意向，或者对意向进行更精心编码的原因。但研究者并没有解释为何低焦虑者的前瞻记忆表现也很好。研究者又将前瞻记忆失败分为两类，一类为"阻塞"失败，即能主动记起部分前瞻任务但不能顺利执行；另一类为"非阻塞"失败，即需要提示才能记起或即使提示也不能记得。研究者发现，随着焦虑水平的升高，"阻塞"失败增多，而"非阻塞"失败则随着焦虑水平的升高有降低趋势。研究者认为，这与焦虑情绪导致可使用的认知资源减少有关（Cockburn & Smith，1994）。

丁志刚的研究也表明，与低状态焦虑者相比，高状态焦虑者的前瞻记忆成绩较高，回溯记忆成绩更低（丁志刚，2007）。

（2）状态焦虑损害前瞻记忆

在前述 Harris 和 Cumming 探讨状态焦虑和特质焦虑对基于事件前瞻记忆影响的研究中，研究者使用状态—特质焦虑问卷（STAI）确定被试的两种焦虑水平，发现状态焦虑自评分数高的被试，其前瞻记忆成绩比低焦虑者和中等水平焦虑者都低，但状态焦虑与回溯记忆或工作记忆成绩无关。这说明，状态焦虑会降低前瞻记忆，而对回溯记忆没影响（Harris & Cumming，2003）。研究者认为，焦虑损害前瞻记忆的原因可用"加工效能理论"解释，即焦虑情绪会占用一定的认知资源，使可使用的认知资源减少，从而影响认知加工的成绩。而焦虑情绪之所以没有对回溯记忆产生影响，可能与焦虑主要对"次要的"而不是"主要的"任务产生损害有关。

（3）状态焦虑与前瞻记忆无关

刘伟和王丽娟对焦虑和前瞻记忆的关系进行了研究。研究以初生中为被试，使用了在状态—特质焦虑问卷等材料中嵌入前瞻记忆任务，并通过提及考试情境诱发焦虑情绪的方法。结果发现，前瞻记忆成绩与状态焦虑的关系不明显。研究者认为，这可能与学生对考试情境的耐受性较高、当前任务（完成自陈问卷）较简单，占用认知资源较少有关（刘伟，王丽娟，2004）。

2. 抑郁情绪对前瞻记忆影响

根据已有的抑郁情绪影响前瞻记忆的研究，病理性抑郁（抑郁症）对前瞻记忆有明显的损害，而非病理性抑郁对前瞻记忆的影响则随抑郁水平、任务性质等的不同而不同。

（1）非病理性抑郁与前瞻记忆

在上述 Harris 和 Menzies 的研究中，研究者还考察了大学生被试抑郁情绪与前瞻记忆的关系。结果发现，两者的相关并没有达到显著（Harris & Menzies, 1999）。Livner 等以老年人为对象，使用较大样本对抑郁与前瞻记忆的关系进行了研究。在 317 名被试中，绝大多数没有达到病理性抑郁的程度。研究者让被试完成的前瞻记忆任务是，在测试结束时提醒主试打一个重要电话。结果显示，抑郁只与前瞻记忆任务中的前瞻成分有关系，即降低了前瞻成分的成绩，但抑郁与回溯记忆的负相关显著（Livner, Jones, & Bäckman, 2005）。

前文提及的 Kliegel 和 Jäger 在 2006 年的研究探讨了焦虑和抑郁对三种不同前瞻记忆任务的影响。三种任务分别为：实验室中基于事件和基于时间的前瞻记忆、日常生活中的前瞻记忆。研究者从正常人群（大学生和社区居民）中征集 87 名 18～91 岁的被试，使用医院焦虑和抑郁量表（HADS）评估被试的焦虑和抑郁水平。前瞻记忆任务中的当前任务为一个 n-back 范式的认知任务，基于事件的前瞻记忆任务是要求被试在看到图片上显示的是动物时，按一个特殊键；基于时间的前瞻记务是要求被试在实验开始后每 2 分钟按下另一个特定键，实验进行的时间可以通过按下空格键调出；日常生活中的前瞻记忆任务是在实验结束后 7 天，把一张问卷填好后寄回给主试。研究结果表明，三种前瞻记忆任务中，基于时间的前瞻记忆与抑郁负相关显著,即抑郁降低了基于时间的前瞻记忆;日常生活中的前瞻记忆与抑郁水平有边缘显著水平的正相关,即存在着抑郁水平越高,日常生活中的前瞻记忆呈现越好的趋势;抑郁与基于事件的前瞻记忆相关不显著(Kliegel & Jäger,2006)。其中"抑郁与基于时间的前瞻记忆负相关显著,与基于事件的前瞻记忆相关不显著"的结论与吴静的研究结论一致。吴静使用了 SCL-90 和抑郁自评量表(SDS)筛选出抑郁倾向的大学生被试 43 名,前瞻记忆也采用了实验室双任务范式(吴静,2010)。

Jeong 和 Cranney 在研究中探讨了日常情境中基于时间的前瞻记忆与抑郁的关系。研究者以大学生为被试,让其在 6 天中于指定时间向主试发送两次手机短信。结合被试在抑郁—焦虑—压抑量表(DASS-21)中抑郁分量表的分数,发现抑郁水平与前瞻记忆成绩负相关,即抑郁水平高者成绩较低(Jeong & Cranney,2009)。

(2)病理性抑郁与前瞻记忆

Rude 等(1999)对 20 名抑郁症患者和 20 名对照组被试的基于时间的前瞻记忆进行了比较。前瞻记忆任务中的当前任务为在电脑上完成一些有关常识的多项选择题,基于时间的前瞻记忆任务是每 5 分钟按下一次 F8 键,被试可以通过按下 F1 键来查看时间。测试结果表明,抑郁症组被试的基于时间的前瞻记忆成绩显著低于控制组。在查看时间次数上,控制组明显多于抑郁症组,且更多分布在接近目标的时间段。研究者认为这与抑郁症患者自主加工和控制加工能力的降低有关(Rude,Hertel,Jarrold,Covich & Hedlund,1999)。

近期国内的一项研究比较了 31 位青少年期首发抑郁症患者与 21 位控制组被试的基于时间和基于事件的前瞻记忆。结果也发现,首发抑郁症患者组的基于时间的前瞻记忆显著低于控制组,但两组在基于事件前瞻记忆上的差异不显著,表明病理性抑郁主要损害了基于时间的前瞻记忆(刘冰,郭田友,赵永忠,陈宏,王维千,易艳红等,2013)。对晚发性抑郁症患者的研究则表明,患者基于事件和基于时间前瞻记忆均有明显损害,且前瞻记忆与临床症状存在相关性(王莹,王克永,张许来,吴庆,刘旺发,王莉等，2012）。上述研究得出了并不完全一致的结果，可能与抑郁症的类型、患者的病情和年龄、前瞻记忆测验试方法等有关。

3. 其他负性情绪与前瞻记忆

在负性情绪与前瞻记忆的关系方面，除上述焦虑与抑郁外，一些研究还涉及了其他负性情绪如悲伤、紧张等对前瞻记忆的影响。

（1）一般负性情绪与前瞻记忆

Schmidt 使用问卷法进行了一项有特色的研究。研究者对 493 名大学生进行了调查，内容是有关"9·11"恐怖袭击的自传体记忆。其中也涉及了前瞻记忆的内容，即询问被调查者：恐怖袭击发生的当天，你是否忘记了约会、上课或其他计划中的事？结合被试对当日情绪的自评可以看出，负性情绪唤醒度高的被试，更多地经历了前瞻记忆的失败。表明负性情绪会损害日常生活中的前瞻记忆（Schmidt，2004）。

国内学者王丽娟等在研究中探讨了中学生基于事件的前瞻记忆与情绪的关系，发现消极情绪状态和中性情绪状态下的成绩明显好于积极情绪状态下的成绩，但研究者并未阐明如何操控被试的情绪状态，以及诱发了被试的何种消极和积极情绪（王丽娟，吴韬，邱文威，叶媛，马薇薇，李霓，2010）。

（2）悲伤（难过）与前瞻记忆

Kliegel 等对被试的悲伤情绪与基于时间的前瞻记忆关系进行了研究。研究者使用时长为 6 分钟的两个视频片段分别启动被试的悲伤情绪和中性情绪，同时播放与电影片断一致的情绪性音乐，随后让被试完成一个前瞻记忆任务。其中当前任务为一个 n-back 任务，即判断屏幕上依次出现的每个关于动物的单词是否与倒数第二个出现的一致；基于时间的前瞻记忆任务是要求被试每隔 1 分钟按一下指定的键，被试可以通过按下空格键查看测试进行的时间。根据研究结果，电影片段能诱发出部分被试的悲伤情绪——根据自我评价，诱发情绪组 31 名被试中，有 14 名被试的悲伤情绪被诱发出来。虽然三个组（诱发成功组、诱发失败组和中性情绪组）的基于时间的前瞻记忆没有显著区别，但诱发成功组前一半的前瞻任务成绩显著低于中性情绪组，且前一半任务查看时钟时间与目标时间的偏离也显著高于中性组，即诱发的悲伤情绪主要损害了前一半的前瞻记忆表现，这可能与情绪诱发的时效性有关（Kliegel, Jäger, Phillips, Federspiel, Imfeld, Keller, & Zimprich, 2005）。

卢家楣等也研究了悲伤（难过）这一负性情绪对前瞻记忆的影响。研究对象为大学生，前瞻任务为实验室范式下的基于时间和基于事件的前瞻记忆，同样使用了视频片断诱发被试的悲伤（难过）情绪。结果表明，悲伤（难过）情绪干扰了被试的双任务，对当前任务、基于事件和基于时间的前瞻记忆都造成了一定的损害。研究者认为诱发的负性情绪占用了被试可以利用的认知资源，从而干扰了前瞻记忆，即符合资源分配理论（卢家楣，孙俊才，刘伟，2008）。

（3）紧张情绪与前瞻记忆

Nater等通过使用特里尔社会应激测试（Trier Social Stress Test, TSST）诱发实验组被试的紧张压力情绪。该测试的主要内容是一个模拟面试和一个口算作业。研究者还使用了唾液皮质醇分析的方法确定紧张水平。之后，实验组和控制组完成了基于时间的前瞻记忆任务，即每隔2分钟，按下目标按键，当前任务为对出现的单词进行分类。结果表明，紧张压力的情绪提高了基于时间的前瞻记忆（Nater, Okere, Stallkamp, Moor, Ehlert, & Kliegel, 2006）。

另有研究者以大学生为被试，通过完成当前任务的速度来操纵被试在完成前瞻记忆任务时紧张情绪的程度，探讨了紧张情绪与分心对基于事件前瞻记忆的影响。研究者使用的当前任务是判断屏幕上呈现的汉字的字形，前瞻任务是对特定偏旁的字作出特殊反应。结果表明，前瞻记忆的绩效随紧张程度增大而显著降低，但紧张状态下受分心的影响较小（赵晋全，秦金亮，周颖，2005）。

张晶晶和张茗的研究则以指导语（强调任务的重要性）和控制任务速度相结合的方式诱发实验组的紧张情绪，前瞻记忆的双任务分别为n-back

任务（字母一致判断）和对元音字母作特定反应。对124名大学生被试进行实验的结果也表明，紧张情绪会显著降低被试的前瞻记忆成绩（张晶晶，张茗，2011）。

可见，紧张情绪会在一定程度上损害前瞻记忆，这不仅是日常生活中个体的主观感受（如慌张时更容易丢三落四），也得到了上述研究结果的证实。

四、前瞻记忆与材料的情绪性

除了主体情绪与前瞻记忆外，一些研究还探讨了记忆材料的情绪效价与前瞻记忆的关系。

Clark-Foos等通过两个实验分别研究了具有一定情绪效价的材料作为前瞻线索和当前任务时对前瞻记忆的影响。在研究的实验一中，以词汇判断为当前任务，前瞻记忆目标词为一些引起正性或负性情绪效价的动物、情绪和天气的词，如蛆虫、悲伤、雷雨（负效价线索词）和小狗、高兴、下雪（正效价线索词）等。结果发现，以正效价词为目标词时，前瞻记忆成绩更好。实验二以正性、中性和负性情绪效价的句子作为实验材料，如"他们用鲜美多汁的水果解渴"（正效价）、"他们离开后，去喝了一些牛奶"（中性）和"有人因吃了腐败的牡蛎而腹泻"（负效价）；当前任务为对句子的效价进行判断，前瞻记忆线索为句子中有关车辆的词。结果表明，正效价句子比负效价句子中的前瞻线索能更好地被回忆并执行，但中性句子中的前瞻任务完成最好。研究者认为，这一结果表明，情绪效价材料的加工会占用额外的认知资源，其中负性情绪线索会引起更多自动化加工，成为一种干扰因素，所以正效价线索的前瞻记忆表现更好；而实验二中，情绪性语句不是作为线索出现的，所以干扰了前瞻线索的回忆，导致中性语句条件下前瞻记忆成绩较好（Clark-Foos, Brewer, Marsh, Meeks, & Cook, 2009）。

另一项研究与Clark-Foos等的研究较为类似，但结果只有部分相同。

May 等以 40 名大学生为被试，当前任务仍为单词选择，前瞻记忆任务为目标词出现时按下指定键。目标词包括中性词（如走廊）、正效价情绪词（如热情）和负效价情绪词（如凶手）三种。结果发现，以正效价词和负效价词为目标词的前瞻记忆之间没有明显差异，但两者都好于中性目标词的情况。但以当前任务反应时为指标的预备注意（监视）状况表明，当目标词为正性和负性情绪效价词时，预备注意加工的水平反而低于中性词时。这些结果说明，情绪效价能使线索词具有突出性，因此，只需较低的预备注意加工水平就可完成前瞻记忆任务（May, Owens, & Einstein, 2012）。

以上两个研究的结果似乎能表明，情绪性的前瞻记忆线索（即靶目标）能因其特异性强而增加前瞻记忆任务完成的概率，但情绪性的当前任务却对前瞻记忆起干扰作用。

五、情绪影响前瞻记忆的年龄差异

一些研究着眼于比较情绪对年轻人和老年人前瞻记忆影响的差异。

Rendell 等使用电脑程序化的"虚拟一周"这一前瞻记忆测试工具，对 30 名老年人和 30 名青年人的前瞻记忆进行比较。但研究者对任务中的随机事件进行了修订，并赋予了情绪效价，方法是将国际情绪图片系统（IAPS）的与事件相关的图片放置在测试程序中，根据图片的效价与唤醒度确定事件的情绪效价。这样，就将程序中的随机事件的前瞻记忆任务分为正情绪、负情绪与中性情绪的三类。例如，与"十点钟看牙医"一起呈现一个负性图片，作为负性情绪事件的前瞻任务；与"告诉凯特玛格丽特刚刚生了个女儿"一起呈现一个可爱婴儿图片作为正性情绪的前瞻记忆任务；而与"接弟弟的体操班同伴"一起呈现的是一个中性图片，作为中性前瞻任务。结果发现，和中性事件相比，老年组和年轻组都完成了更多的愉快情绪的前瞻记忆任务，尽管老年组完成前瞻记忆任务的能力不如年轻组，但正性情绪任务使老年组的前瞻记忆成绩得到了显著提升（Rendell,

Phillips, Henry, Brumby-Rendell, de la Piedad Garcia, Altgassen, et al., 2011)。

另一项研究则以年轻人和老年人各41名为被试,探讨前瞻任务靶目标的情绪效价对前瞻记忆的影响。前瞻记忆的当前任务以国际情绪图片系统(IAPS)中的正性、中性、负性图片为材料,让被试判断依次呈现的每一张图片是否与前一张相同;前瞻任务则是对6张目标图片(正情绪、负情绪与中性图片各2张)作特殊反应。结果表明,在以中性图片为靶目标的前瞻任务中,年轻组显著高于老年组;而以情绪性图片为靶目标的前瞻任务中,老年组与年轻组的成绩没有显著差异;并且年轻组在不同情绪靶目标下的前瞻记忆差异不大,而老年组差异显著,说明目标线索的情绪性大大提高了老年组的前瞻记忆,但对年轻组并没有影响(Altgassen, Phillips, Henry, Rendell, & Kliegel, 2010)。

在Schnitzspahn等的研究中,前瞻记忆的当前任务为颜色匹配,即屏幕上依次出现四个不同颜色的长方形,然后再呈现某一颜色的单词,让被试判断四个长方形中是否有与单词颜色一致的一个;前瞻任务为遇到目标单词时作出特定反应。这些单词(包括目标词)中,正情绪词、负情绪词和中性情绪词各占三分之一。实验的结果表明,在完成以情绪词为目标词的前瞻记忆任务时,老年人与年轻人的差距显著减少,而以中性词为目标的前瞻记忆则不然(Schnitzspahn, Horn, Bayen, & Kliegel, 2012)。

以上三项研究的结论非常一致,即情绪性线索能增强老年人的前瞻记忆,但对年轻人前瞻记忆的促进并不明显。这一现象与老年被试脑功能的老化有关,同时也可能包含着深刻的社会心理因素。

六、前瞻记忆的情绪一致性

情绪一致性记忆(Emotion Congruent Memory)又称心境一致性记忆(Mood Congruent Memory),是指个体对和自己情绪基调一致的材料比和自己情绪基调不一致的材料更容易记忆,即积极情绪背景下较倾向于对积极材料的编码和提取,反之亦然。在记忆心理学领域,有着大量的关于情绪一致性记忆的研究。例如,Howe 和 Bower 以 24 名重度抑郁患者和 24 名正常者(控制组)为被试,采用 DRM 范式,考察了错误记忆的情绪一致性效应,记忆材料包括了正性、中性、负性和抑郁相关的词表。结果表明,与控制组相比,重度抑郁者对抑郁相关词的再认发生了更多错误(Howe & Bower,2011)。

情绪一致记忆的研究不仅数量众多,而且研究者们还发展并检验了相关的理论模型,如联想网络模型、认知图式理论和迁移适当加工理论等。但到目前为止,国内外只有三项研究涉及了前瞻记忆的情绪一致性这一主题。

Altgassen 等对 30 名单一抑郁症患者和 29 名控制组被试的前瞻记忆进行了测试。其中当前任务为单词类别判断,即判断屏幕下方的两个单词是否属于上方的一个单词所标示的类别,前瞻任务是遇到特定目标词时,不进行类别判断,而是按下特定键。目标词分为三种情绪效价:中性(如苹果、兔子、冲浪板)、正性(如爱、美丽、幸福)和负性(如难过、疲倦、忧愁)。结果发现,控制组的前瞻记忆成绩显著高于单一抑郁症组;但结合目标词的情绪效价分析表明,只有在以正性词为目标词的条件下,控制组的前瞻记忆成绩才明显高于抑郁症组,而以中性词和负性词为目标词时,两组的成绩没有显著差异。该研究表明,正性材料更容易记住的"正效应"只在正常被试中出现,而抑郁症患者似乎没有表现出这种效应,也没有表现出对负性目标词前瞻记忆的情绪一致性效应(Altgassen,Henry,Bürgler,& Kliegel,2011)。

在近期的一项研究中,Rummel 等使用无声电影片断,分别诱发三组被试的悲伤、难过和高兴情绪;实验材料为 212 个不同情绪效价的单词(正性、中性和负性各占 1/3),以及 112 个通过调换两个音节制作而成的非词,也是三种效价各占 1/3,另有三种情绪效价的目标词各 4 个,混入相应的效价词中。被试需要完成的当前任务为词汇选择,即判断所呈现是词或非词,前瞻记忆任务遇到目标词时按下指定键(数字"7"键)。结果发现，尽管正性目标词的前瞻记忆成绩最好，但结合被试诱发的情绪效价看，并没有发现前瞻记忆的情绪一致性效应（Rummel, Hepp, Klein, & Silberleitner, 2012）。

　　国内的一项研究也探讨了前瞻记忆的情绪一致性。所不同的是，研究者根据前瞻记忆双任务的特点，对双任务的情绪一致性也进行了考察，即考察当前任务与前瞻任务的情绪一致与不一致的情况下，前瞻记忆的成绩是否有区别。前瞻记忆的当前任务是记忆积极情绪词的颜色，前瞻任务是遇到目标词时作出指定反应，而目标词具有正性、中性和负性的情绪效价。结果发现，当前任务的积极情绪效价并没有提升正情绪效价词为目标的前瞻记忆。研究者认为，这可能是当前任务（回溯记忆）与前瞻记忆任务的加工方式不同所致。另一个实验与和上述 Rummel 等的设计类似，但只使用视频诱发了被试的愉快情绪，前瞻记忆的当前任务是阅读几个历史故事并记住故事中的时间、地点、人物等以备回忆测验，前瞻任务为阅读中遇到目标词时按下 F4 键，目标词仍有正性、中性、负性三种情绪效价。结果显示，诱发积极情绪且完成积极目标词前瞻任务组的前瞻记忆成绩低于完成消极目标词前瞻任务组，即出现了"反情绪一致性"的效应。研究者的解释为，由于前瞻记忆目标词与诱发心境不同，从而使前瞻任务具有了一定的"特异性"，提高了前瞻记忆的成绩（李燕，2012）。

　　上述几项研究中，前瞻记忆情绪一致性效应不一致的原因，可能与实验材料、诱发情绪的方式、被试特点等有关。

第六章 日常情境中前瞻记忆失败的归因

　　近期研究的一个最有趣发现是：我们对回溯记忆和前瞻记忆失败的解释可能是不同的，那就是把前者归为认知的失败，把后者归为人品的缺陷。如果能够证实这一点，那也就证明了我们在头脑中存在着不同的加工"理论"，用以调节前瞻记忆和回溯记忆任务的完成。

——Peter Graf，2012

- 归因与归因理论简介
- 记忆失败归因的研究方法
- 日常情境中回溯记忆失败的归因
- 日常情境中前瞻记忆失败的归因

对记忆失败的归因研究也是记忆研究领域的一个重要方向。这是因为，归因不仅是简单的原因的归结，而且还会影响个体后续的态度和行为。例如，一位朋友答应第二天见面时给你带一本书，但却忘记了。如果你将这一前瞻记忆失败事件归因为他的"粗心"，就不会太在意这件事，但如果归因为他"不守信"的人品，则很可能产生对他的疏远。

实际上，在一些前瞻记忆的机制与影响因素的研究结果中，就包含着一定的"归因"因素，例如在第四章"前瞻记忆与个性"的探讨中，某些个性特征与前瞻记忆表现有关的研究结论，就包含着"前瞻记忆的表现由某些个性特征决定"的归因思想。当然，本章所涉及的日常情境中前瞻记忆失败的归因，只包括直接对这一问题所进行的研究，不包括从其他研究中引申而来的归因内容。

一、归因与归因理论简介

1. 归因的基本概念

归因（Attribution），即原因的归结。在心理学中，归因是指一个特定的心理过程，指个体根据行为或事件的结果，通过知觉、思维、推断等内部信息加工活动而确认造成该结果原因的认知过程（刘永芳，2010）。例如，一位平时学习成绩尚可的学生会将某次考试不及格的原因归为"运气不好"——考试中有几道题目不巧没有复习到；而教师可能会将原因归为这位同学"最近没有努力学习"。因此，心理学中所研究的归因，是指普通人对自己或他人个人生活有一定意义的事件结果进行确定原因的过程，而不是科学研究中以目标为导向的对原因的探究。

在心理学中，Heider 是对归因进行系统研究并提出相应理论的第一人。1958 年，他出版了《人际关系心理学》（*The Psychology of Interpersonal Relations*）一书，其中将个人行为的原因分为两个大的类别：一是内部原因，指个人主观方面的原因，如动机、情绪、性格、态度和能力等；二是外部原因，指来自环境的原因，如他人影响、奖励和惩罚措施、运气、任务难度等；并认为当某种因素与待解释结果的行为事件共同变化时，人们就倾向于将该因素确定为事件结果的原因，这即是"协变原则"，它是人们归因过程所遵循的最普遍原则。

2. Kelley 的方差分析归因理论

Kelley 在 Heider 的协变原则理论基础上发展了自己的归因理论。他认为，按照协变原则进行的归因与统计中方差分析的逻辑相似。具体地说，人们总是从以下三个方面获得归因的结果：一是个人原因，如情境、性格、态度等；二是环境原因，如他人影响等；三是活动对象的原因，如任务特点等。

归因的最终结果取决于个体获得的三方面信息。第一是一致性信息，即行为者的活动与多数人活动的一致性如何，如果一致性高，则为高一致性信息，这时人们多倾向于外部归因。例如，某天某单位大多数员工上班都迟到了，人们会首先想到把这一结果归因为交通状况。如果一致性低，则往往进行内部归因。例如，某次考试只有一位同学考得很差，人们自然会从这位学生身上去找原因。第二是区别性信息，指活动者的行为是否只由当前刺激所引起还是多种刺激都能引起。前者为高区别性信息，后者为低区别性信息。高区别性信息会引起客观归因，如一员工在工作中一贯严谨认真，偶尔的差错会被认为很可能由客观原因造成；低区别性信息引起主观归因，如一位经常丢三落四的员工在工作中的某次疏忽就很自然地被归结为个人特点造成的。第三是连贯性信息，即活动者是否稳定地由当前刺激产生同样的行为，即行为的一贯性。高连贯性信息导致内部归因，低连贯性信息导致外部归因。如果一位员工上班极少迟到（迟到行为的连贯性低），则容易被归因为客观原因造成；相反，如果某员工经常迟到（迟到行为的连贯性高），则更易被归因为主观原因造成。这样，三种信息的高低维度相组合，一共形成八种信息特征的结果，在此基础上，可以对归因结果作出预测。

3. Weiner 的归因理论

Weiner 也在 Heider 关于内部—外部归因类别的基础上对归因理论进行了进一步发展——加入了归因判断的稳定—不稳定类别。这样，所有的与成就有关的归因就可归类到这两种类别组成的四大类中：能力（内部稳定归因）、任务难度（外部稳定归因）、努力（内部不稳定归因）和运气（外部不稳定归因）（Weiner, Frieze, Kukla, Reed, Rest, & Rosenbaum, 1971）。

Weiner 提出了对归因结果的三个分类维度：第一，控制点，即内部和外部归因；第二，稳定性，即稳定不易变化的原因和不稳定易变化的原因；第三，可控性，即个体能控制和改变的原因以及不能控制和改变的原因。这样，就形成了一个 $2 \times 2 \times 2$ 的归因分类结构，共组合成 8 种归因，即内部—稳定—不可控制的原因、内部—稳定—可控制的原因、内部—不稳定—不可控制原因、内部—不稳定—可控制的原因、外部—稳定—不可控制的原因、外部—稳定—可控制的原因、外部—不稳定—不可控制的原因和外部—不稳定—可控制的原因（Weiner, 1986）。

二、记忆失败归因的研究方法

根据到目前为止的研究，日常记忆失败归因的研究方法主要使用了情境故事法和自我评价法。

1. 情境故事法

情境故事法，即根据研究目的，编制情境故事，并以此为材料进行心理学研究的方法。在对记忆进行的研究中，这一方法常被研究者运用。例如，在一项研究中，研究者以情境故事为材料，探讨强迫症患者对情境故事中单词的错误记忆（Klumpp, Amir, & Garfinkel, 2009）；另一项研究则聚焦于社交恐怖者对相关故事情境的回忆（Hertel, Brozovich, Joormann, & Gotlib, 2008）。再从以归因为主题的研究来看，情境故事法能用语言简单高效地营造出现实生活场景作为归因素材,是这类研究中常用的方法。例如,在一项研究中,研究者用情境故事描述了不同类型的性侵犯案件,用以研究影响对这类事件归因的因素(Grubb & Harrower, 2009)。

以往对回溯记忆失败归因的研究,几乎全都使用了情境故事法。这些研究一般是向被试呈现多个描述记忆失败情境的故事,然后在设定的归因类别中,让被试选择归因的类别和认同程度。例如,Erber等在一项记忆失败归因研究中使用了8个情境故事,其中的一个情境故事如下:

> 某位女士在购物中心办事时,发现来不及去办另一件计划中的事了——她答应了一位邻居送东西到她家。于是她决定打电话给这位邻居,告诉她要晚到几分钟。她在付费电话处查找公用电话号码簿上的号码后,投下一枚硬币,开始拨打电话。但当她按下号码的头三个数字后,却忘记了后面的数字。她不得不挂掉电话,拿起电话簿再查看一次。

在研究中,主试控制了被试的年龄变量(86名年轻被试和84名老年被试),以及故事中主角的年龄这一变量(告诉一半被试主角为23～32岁的年轻女子,告诉另一半被试主角为63～74岁的老年女子)。

在阅读每个情境故事后,都让被试对故事中主角的记忆失败进行归因,可供评估的归因类别共六种,分别为能力、努力、任务难度、运气、当时环境的干扰以及其他事情的干扰。每个归因类别后都有一个从"不可能"到"非常有可能"的七点记分量表供选择。另外,被试还对故事中的主角是否心智困难、是否需要记忆训练、是否需要对记忆进行专业评估等程度进行评估,使用的同样为一个七点记分量表,程度为"绝对没有"或"绝对不需要"到"确定有"或"确定需要"等(Erber, Szuchman, & Rothberg, 1990a)。

情境故事法用于记忆归因的研究具有两个明显的优势,一是使用简单方便,可以将有关研究变量(如主角年龄、事件严重程度等)灵活置入故事中;二是生态效度较高,故事内容是对日常生活中常见的与记忆有关事件的描述。

2. 自我评价法

自我评价法,是指让被试对自己的记忆失败(或成功)进行归因,而非对情境故事中的"他人"记忆结果归因。目前,使用这种方法进行记忆失败归因的研究只有一项,即 Blatt-Eisengart 和 Lachman 的研究。这项研究首先测试了年轻与老年被试的记忆,所使用的材料为包括 30 个单词的两个词表,两个词表的单词共有十个类别:金属、动物、树木、运动、花、亲属关系、果实、鸟、家具和武器。每次呈现 6 个单词,呈现 1 分钟后,由被试进行不限时间的自由回忆。

随后,要求被试对自己在词表回忆中的表现进行归因。方法是使用五点量表(从"完全不是"到"非常认同"),让被试判断各种因素对自己影响的程度。这些归因内容有:劳累、情绪、任务难度、努力、运气、记忆能力、年龄、对任务意义和重要性的认识、健康、焦虑水平、使用的策略、药物、遗传特点(Blatt-Eisengart & Lachman,2004)。

在对自身记忆成败进行归因时,个体往往更多地受与自我有关因素的干扰,如参照标准、自我评价水平、个性与情绪等,所以应通过严格的研究设计控制无关因素,或与客观的方法(如情境故事法)结合对照使用。

三、日常情境中回溯记忆失败的归因

由于前瞻记忆是一个相对较新的领域,迄今为止,大多数研究涉及的是日常生活中回溯记忆失败的归因。总结这一领域的有关研究的内容和结论,可以概括为以下几个方面。

1. 不同年龄归因主体的归因特点

归因主体,即对记忆失败进行归因的被试。几乎所有的已有研究都探讨了不同年龄(年轻和老年)被试作为记忆失败事件归因主体的特点。综合有关研究,主要得出了以下两个共同结论。

第一是老年被试倾向于将记忆失败归因为内部可控因素,年轻被试则倾向于归因为外部不可控因素。如 Cherry 和 Brigman 在研究中,让年轻和老年被试各 32 人对 8 个记忆失败情境故事进行归因,结果表明,老年被试倾向于将记忆失败归因为"不努力",年轻被试则倾向于归因为"运气"(Cherry & Brigman,2005)。相反,有研究发现,在记忆成功情境中,老年人更多将成功归为能力和努力(Bieman-Copland & Ryan,1998)。这与另一项研究的结论也类似,即中年和老年被试将记忆的高水平表现更多归为内部不可控因素(能力,性别),老年被试认为能力比策略使用更重要(Blatt-Eisengart & Lachman,2004)。

第二是老年被试比年轻被试在对记忆失败归因时更"宽容"。研究发现,与老年被试相比,年轻被试更倾向认为记忆失败是由"心智困难"这一严重缺陷所导致的,所以更多地建议记忆失败者进行记忆力的专业评估,特别是对超长时间记忆的失败,更是表现出不同年龄的宽容度的不同(Erber,Szuchman,& Rothberg,1990a;1990b)。Erber 和 Rothberg 的研究同样表明,老年被试比年轻被试对他人的记忆失败更宽容(Erber & Rothberg,1991)。

2. 对记忆失败归因的结果

多数研究在使用情境故事法进行调查时,都依据 Weiner 等提出的两维度四种归因的理论设置归因内容以供被试评估,即包括了内部和外部、稳定和不稳定等的归因。如在上述 Cherry 和 Brigman 的研究中,研究者设定了记忆力差、不用心、任务太难、运气不佳、别的事情的干扰以及头脑中想法的干扰等归因项让被试评估。结果发现,"别的事情的干扰"和"头脑中想法的干扰"是被试最倾向选择的失败归因。另外，在对成功记忆或高水平记忆表现进行归因时，被试更多地选择能力因素（Bieman-Copland & Ryan, 1998），以及除能力之外的策略使用、健康等归因项（Blatt-Eisengart & Lachman, 2004）。因此，以上研究结果可以总结为：对记忆失败倾向于不稳定因素的归因，特别是干扰；对记忆成功倾向于内部稳定因素的归因，特别是能力。

3. 归因对象特点的影响

归因对象，是指记忆失败事件中的主角，即失败记忆的执行者。归因对象的特点也是影响归因结果的一个重要因素。与归因主体的研究类似，已有的研究也主要比较了被试对老年人与年轻人的记忆失败的归因。例如，Bieman-Copland 和 Ryan 的研究表明，老年人的记忆失败更多地被主体归为能力原因（Bieman-Copland & Ryan, 1998）；而心智困难或心智水平，也是被试对老年人记忆失败常用的归因之一（Erber, Szuchman, & Rothberg, 1990a）。相反，年轻人的记忆失败多被归结为缺少努力和注意（Erber, Szuchman, & Rothberg, 1990b）。另外，Parr 和 Siegert 也发现，随着年龄增长，情境故事主角的记忆失败更多被认为由能力原因引起，更少被归结为缺少努力的原因（Parr & Siegert, 1993）。总之，认为老年人的记忆失败由能力造成，年轻人的记忆失败由努力不够造成，体现了归因主体认为记忆能力随着年龄增长而下降的观点。

除归因对象的年龄特点外，Erber 和 Rothberg 的研究还涉及了被试对外貌缺乏吸引力者与有吸引力者记忆失败归因的区别。结果发现，外貌有吸引力者的记忆失败被倾向于认为是缺少努力和注意的原因，外貌缺乏吸引力者的记忆失败多被判断为源于心智困难，需要进行进一步评估（Erber & Rothberg, 1991）。可见，外貌有吸引力者与缺乏吸引力者的记忆失败归因分别与青年、老年记忆失败归因的结果相似，即存在着"以龄取人"和"以貌取人"的倾向。

4. 任务相关的特点的影响

一些研究还探讨了任务相关的特点如记忆任务时长、记忆失败的后果严重性等对归因的影响。Erber 和 Rothberg 在情境故事中操纵了记忆的时长变量，结果表明，超长时记忆失败比短时、长时记忆的失败更多被归为心智困难，需要进一步评估（Erber & Rothberg, 1991）。在后果严重性方面，根据 Cherry 和 Brigman 的研究，记忆失败后果严重时（如因忘记支付账单导致住房被电力公司断电），被试倾向于用能力、努力和运气进行归因（Cherry & Brigman, 2005）；而 Erber 的研究也表明，后果严重的记忆失败被评判得更加严格（Erber, 1989）。

四、日常情境中前瞻记忆失败的归因

根据现有资料，到目前为止，国外针对日常情境中前瞻记忆失败归因的研究几乎是空白，只有 Graf 在一篇论文中介绍了一个并未单独公开发表的研究。这项研究以 20～80 岁的成年人为被试，也使用了情境故事法。其中情境故事中包含的记忆类型为前瞻记忆与回溯记忆、短时记忆与情景记忆、涉及他人的（社会情境中的）与不涉及他人的记忆失败等。如其中一个前瞻记忆失败的情境故事为：

> 一位普通的教师李女士，正要出门去办事时，看到自己要寄出的一封信还没有贴上邮票。她上了楼准备取邮票时，又在过道里看到一些要洗的衣物。李将衣物拿到楼下时并没有取邮票，当她再次看到那封信，这才又想起了邮票的事，不得不重新去楼上一次。

每个情境故事后，都会有 12 个陈述句，分别涉及记忆失败的严重性、记忆失败的可能原因、故事主角的人品特点，并使用六点量表进行评估。

研究结果表明，与回溯记忆相比，前瞻记忆失败更倾向于主角的动机不足和人品可靠性低的归因；在对别人承诺失信的情境故事中，回溯记忆失败比前瞻记忆失败更多归因为记忆有缺陷。另外，不同年龄被试的归因也有区别：年轻被试更多用人品缺陷这一内部因素来解释前瞻记忆失败，并把这种失败的影响最小化；而中年被试对承诺相关的前瞻记忆失败后果的评估比年轻被试更严重，但更少地归结为人品缺陷（Graf，2012）。

在这里，介绍我们的三个日常情境中前瞻记忆失败归因的研究。

1. 日常情境中前瞻记忆失败的归因：情境故事法的研究

本研究使用传统的情境故事法。研究所使用的每段故事都描述一个日常生活情境中前瞻记忆失败的事件，并将事件重要性、人际关系、记忆失败者身份三个变量置入故事之中，以探讨这三个因素对前瞻记忆归因的影响。其中人际关系是指事件中前瞻记忆失败者与因事件而受害者的关系，过错者是指前瞻记忆失败者自己，或是与自己有一定关系的他人。

（1）研究工具

为编制研究中所使用的情境故事，首先收集日常生活中前瞻记忆失败的例子与可能的原因，作为编制情境故事的素材。具体方法为：向49名大学生发放开放式问卷，让其列出两个日常生活中经历过的有人（自己或他人）因忘记计划中要做的事而造成不良后果的例子，其中一个是重要的或后果严重的，另一个则相反。并写出当事人之所以遗忘的可能原因。

将收集到的结果进行整理、合并，共得到71个样例，内容涵盖了大学生日常生活、学习、交往等各个方面。将所有样例中列出的前瞻记忆失败原因进行归类和整理，共得到记忆差、粗心、不情愿、临时有事、不重视、不可抗力共6大类。

另外，在被调查者提供的样例中，除按要求提供的重要性的判断外，经分析，还包含了前瞻记忆失败事件中的人际关系（即事件中的"自己"与别人的关系）、记忆失败者的身份（自己还是别人）等信息，这些也会影响对前瞻记忆失败的归因。所以，在确定最终情境故事的内容时，以前期收集到的71个样例为基础，将以上三个影响因素的各种情况都整合到故事中。其中事件重要性分为重要和不重要两类，以开放问卷中被调查者对事件重要性和严重性的分类为依据，前瞻记忆失败事件中的人际关系分为亲子关系（父母）、朋友或同学关系、陌生人三类，而事件中前瞻记忆失败的过错者身份则为"自己"与"对方"两类。这样，共组合为 12 个情境故事。例如，事件重要性为"重要"、事件中人际关系为"亲子"、过错者为"自己"的情境故事为：

> 因为种种原因，你在父亲（或母亲）生日那天忘记了通过电话等方式表示你的祝福，直到第二天才想起来。这件事让你很沮丧，因为你知道父亲（或母亲）是很在意你的生日祝福的。

在每个情境故事后，有 6 个陈述句分别描述上述 6 种不同类别的归因，如"在你看来，你忘记父亲（或母亲）生日是因为你的粗心"。此外，还有 2 个题项分别让被试判断这一前瞻记忆失败事件造成的后果是否严重（"在你看来，这件事的后果很严重"），以及前瞻记忆失败者是不是一个负责、可靠的人（"在你看来，这件事说明你是一个不可靠的人"）。最后 2 个题项是上述两个句子的反向表述，用以确认被试是否认真进行了判断。这样，每个情境故事后共有 10 个题项，每个题项后都通过"完全不符合"到"完全符合"的五级记分让被试判断与自己观点的符合程度。

（2）研究过程

在浙江和上海的两所大学本科一、二年级学生中招募 124 名被试，其中男生 31 人、女生 93 人，平均年龄 20.16 岁。这些学生来自工商管理、经济学和音乐学等专业，均没有参加过类似的研究。实施过程为：在教室中集体书面完成 12 个情境故事后的问题。下发问卷后，请被试认真阅读指导语，并特别强调：如果没有经历过场景中所描述的事件，就设想如果这件事发生了，自己会有怎样的想法和观点。

根据所得数据，尝试对通过前期调查得到的 6 种归因进行因素分析。因素分析结果显示，总体方差解释率为 71.535。将因子负荷 0.6 以上的筛选出，发现主要有 3 个因子，因子 1 为"粗心"和"记忆差"，因子 2 为"不重视"和"不情愿",因子3为"不可抗拒因素"和"临时有事"。对以上因子进行命名,将因子1命名为"主观无意",将因子2命名为"主观故意",将因子3命名为"客观原因"。

(3)前瞻记忆失败事件的归因结果

将每个情境故事中前瞻记忆失败的6方面归因各计算出总平均分数,按高低排列为粗心(3.760±0.993)、临时有事(3.357±1.108)、不重视(3.022±1.262)、记忆差(2.904±1.267)、不可抗拒因素(2.668±1.129)、不情愿(2.207±1.182)。为比较三个类别的前瞻记忆失败事件归因的情况,将3个类别归因的分数按大小排列,依次为:主观无意(6.705±1.801)、客观原因(6.091±1.952)与主观故意(5.232±1.983)。将3个归因类别的分数进行两两比较,发现任何两者之间均差异显著。

将本研究12个前瞻记忆失败的故事情境看成是2(重要性:重要,不重要)×3(人际关系:亲子、朋友或同学、陌生人)×2(过错者:自己,对方)的被试内设计,以因素分析获得的3类归因(主观无意、主观故意和客观原因)分数分别作为因变量,进行多因素方差分析和简单效应分析。结果发现:事件重要性在"主观无意"归因上的主效应显著,对照描述统计结果发现,被试将不重要事件前瞻记忆失败归因为主观无意;另外,人际关系在主观无意归因上的主效应显著,当前瞻记忆失败情境中的人际关系为朋友和陌生人关系时,被试更倾向于归因为"主观无意",亲子关系则不然。过错者身份在外部归因上的主效应显著,当过错者为自己时,倾向于将事件中前瞻记忆失败进行主观无意归因。事件重要性和人际关系的交互作用显著,事件重要性对陌生人关系前瞻记忆失败的"主观无意"归因没有影响,重要性与过错者交互作用显著,过错者为他人时,重要性影响明显,反之则不然。

在"主观故意"的归因方面,事件重要性的主效应显著,表现为将重要事件的前瞻记忆失败归因为主观故意;人际关系主效应显著,在三种人际关系中,包含亲子关系事件最不倾向于主观故意归因;过错者主效应显著,过错者为他人时,多进行主观故意归因;事件重要性与人际关系的交互作用显著，朋友关系的"主观故意"归因受重要性的影响最大。人际关系与过错者身份交互作用显著，表现为在过错者为他人时，陌生人与朋友关系的前瞻记忆失败更多地被归因为主观故意。

对于"客观原因"的归因，只有人际关系和过错者主效应显著，表现为将包含亲子关系的、他人过错的前瞻记忆失败归因为客观原因。

（4）后果严重性与人品可靠性的判断

以对前瞻记忆失败事件"后果严重性"的判断和对前瞻记忆失败者"人品可靠性"的判断为因变量，进行方差分析和简单主效应分析。结果表明，在"后果严重性"判断中，重要性主效应显著，即重要的事件被判断为后果严重；人际关系主效应显著，当事件中的人际关系为朋友和陌生人关系时，被试倾向于认为前瞻记忆失败事件的后果较严重，而亲子关系则不然；过错者主效应显著，即由于自己的前瞻记忆失败使他人受到伤害时，事件的后果被认为更严重；重要性与人际关系交互作用显著，当事件中包含朋友人际关系时，事件重要性对后果判断影响明显，而对亲子关系与陌生人关系的情况影响不明显。

在对前瞻记忆失败者的"人品可靠性"判断中，重要性主效应显著，被试认为不重要事件的记忆失败者更可靠；人际关系主效应显著，在前瞻记忆失败情境的三种关系中，亲子关系的前瞻记忆失败者被判断为可靠性最高，然后依次为朋友与陌生人；过错者主效应显著，过错者为他人时判断为更可靠一些；重要性与人际关系交互作用显著，重要性对朋友关系的人品判断影响最大，即重要事件判断为不可靠，但对亲子与陌生人关系影响小；人际关系与过错者身份交互作用显著，当过错者为自己时，人际关系对前瞻记忆失败者人品可靠性判断影响不大，而过错者为他人时，表现为与记忆失败者关系越疏远（亲子—朋友—陌生人），越怀疑其人品的可靠性。

（5）总结

首先，事件重要性、人际关系、过错者对前瞻记忆失败归因均有影响。不考虑不同的事件情境，只从前瞻记忆失败事件 6 种归因的平均分数高低排列来看,"粗心"列在第一位,"不情愿"列在最后一位,这也与日常生活中的实际感受相一致:当遇到自己或他人前瞻记忆任务失败的情况时,在第一时间归因的结果往往是"粗心",而"不情愿"的归因则是在了解当事人及事件的来龙去脉后才会作出的解释。

根据因素分析的结果,前瞻记忆失败事件的6种归因可分为"主观无意""主观故意"和"客观原因"3类,这也与日常生活中的经验相符,即往往用"有意"还是"无意"、"主观(可控)"还是"客观(不可控)"来区分前瞻记忆失败事件的起因。根据日常生活中的标准,"主观无意"(粗心和记忆差)原因导致的记忆失败是一种"过失"犯错,主体的责任较轻;而"主观故意"造成的失败则是一定程度上按主体意愿所形成的后果,主体应承担较多的责任;"客观原因"则意味着前瞻记忆的失败在一定程度上超出了主体可控制的范围,因而是责任最轻的一种归因。

专栏 6-1

◎ 如何提升日常生活中的前瞻记忆

当面对相对重要的前瞻记忆任务时,可适当使用一些提升前瞻记忆的技巧,以便更好地执行计划任务。McDaniel 和 Einstein 给出了一些建议。

1. 减少计划与执行间的延时

即使是短暂的延时,也会使前瞻记忆明显下降。例如,当某人打开电脑准备发送一封电子邮件时,他可能无意中先去浏览网页新闻,结果忘记发送邮件。因此,要养成"计划的事尽早完成"的好习惯。

2. 使用好的外部线索

具有突出性、特异性和吸引力的前瞻任务线索更有效,日常生活中应多使用这类线索。例如,提醒自己记住"买牛奶"任务时,在冰箱上粘记事贴就不如在厨房地板中央放置空奶瓶——记事贴因使用较多易被忽略，而后者较特异和突出。

3. 使用触发线索

触发线索是帮助联想前瞻任务的线索。例如，为牢记"到办公室后发送电子邮件"，可以想象自己走进办公室，拉开椅子，打开电脑并发送邮件的过程。此后，"办公室""椅子""电脑"就很可能成为触发线索，帮助记起这一任务。

4. 注意忙碌和高任务要求环境

当前任务较繁忙或要求很高，会使人忘记执行计划任务，在这类情境中特别要使用突出的外部线索提醒，如闹钟等。

5. 谨防任务中断的干扰

设想一位主妇准备在收拾好厨房后去整理衣柜，这时电话铃响了，她在接完电话后很可能忘记整理衣柜的计划。这是因为插入事件（接电话）改变了前瞻任务保持的情境，而新情境与意向形成与保持的情境并不匹配，干扰了前瞻任务的激活。

6. 注意习惯性前瞻记忆的困难

虽然习惯性前瞻记忆的执行总体上好于情境性前瞻记忆，但它也有特定的执行困难。首先，如果一直保持着任务已执行或还未执行的想法，就容易产生混淆。如有的患者虽记得每天服药，但却记错是否已经服过了当天的药。其次，有些习惯性前瞻记忆是自动化执行，导致记不清是否已经完成。解决的办法是增加习惯性前瞻记忆的外部线索，适当增加执行时行为的复杂性，以免记错。

7. 使用间隔回忆技术改进前瞻记忆

间隔回忆技术（详见第七章的介绍）的训练能有效改进前瞻记忆的水平（McDaniel & Einstein，2007）。

从三类归因的情况看，归因结果为"主观无意"和"主观有意"的情境有较强的互补性——从事件重要性看，将不重要的记忆失败事件归为主观无意，将重要归为主观故意，这是因为被调查者根据生活经验推测，重要的事件不会无意中被忽略或因客观原因而遗忘，而由不重视等主观故意原因导致遗忘的可能性较大。从过错者身份看，将自己过错的记忆失败事件归为主观无意，将他人过错的事件归为主观有意和客观原因，这表明了对他人过错归因缺乏线索，只能凭猜测，因而产生结果的矛盾。再从人际关系来看，朋友和陌生人关系归为主观无意，而亲子关系的情境下的前瞻记忆失败单纯归结为客观原因。亲子关系是故事情境包括的三种关系中最亲密的，客观归因则"推卸"了记忆失败者的责任。

最后，对前瞻记忆事件后果严重性和过错者品质的判断上，表现出对人宽容，对己自责的特点。被试对包含朋友和陌生人关系、过错者为自己这两类前瞻记忆失败事件判断为后果严重。与此相应的是，在人品可靠性判断方面，这两类事件中的过错者被倾向于认为人品更不可靠。这说明，被试将自己前瞻记忆失败造成对他人伤害的后果表现出"自责"的倾向，而对他人过错表现出宽容。另外，包含亲子关系的前瞻记忆失败事件的归因则表现出责任减轻倾向，即认为这类事件中的当事人（父母与子女）是可靠的、事件后果是不严重的。这显然也是因为亲子这一亲密关系作用的结果（李燕，祝春兰，刘伟，武莹莹，2012）。

2. 归因主体与行为主体的特征对前瞻记忆失败归因的影响：视频情境故事法的研究

上一研究所使用的文字呈现的情境故事，虽有简单易操作、生态效度高的特点，但由于文字材料需由被试通过内部加工转化为情境刺激，且故事中包含着"自己"这一特殊角色，可能存在着内容理解、个体经验等方面的差异。本研究将进一步改进研究材料，采用视频形式呈现情境故事，以增加研究的生态效度，最大化地消除对刺激材料理解的个体差异。另外，本研究所操控的自变量主要有归因主体的性别、行为主体的性别以及行为主体的年龄阶段,这与上一研究也有区别。

(1)研究工具与过程

首先,根据研究目标与研究变量,搜集日常生活中涉及前瞻记忆失败相关的电视剧、电影片段作为素材,并进行筛选。最后确定使用6段视频,其中的主角(行为主体)分别为老年男子、老年女子、中年男子、中年女子、少年男子和少年女子。最后根据需要重新配音,使用视频编辑软件"会声会影4"进行后期制作。制作完成的视频每段时间约三分钟,大致情节均为他人委托主角在一段时间后代买或捎带某件物品,而主角却由于种种原因忘记了,但视频中并没有说明或暗示忘记的原因。例如,主角为少年女子的视频故事脚本为:

> 少女小甲很喜欢少女小乙(主角,即行为主体)的一款纪念版手机链,可是到处询问都没有买到,于是小甲委托小乙去小乙所知道的商店帮她也买一款相同的手机链。而几天后,小甲再遇到小乙并问起这事件时,小乙却表示忘记了为对方买手机链。

本研究的被试为上海两所大学的本科一、二、三年级及研究生一年级学生共202人,平均年龄21.6岁,这些学生来自市场营销学、文学、物理学、会计学等专业,均没有参加过类似的研究。实验进行时,要求被试在安静的教室中认真观看视频,了解情境故事,并完成与视频相对应的问卷。使用SPSS15.0软件对收集的数据进行统计分析。

被试所完成问卷的内容是对每一段视频中主角前瞻记忆的失败进行归因。可供归因的内容与上一研究相同,即记忆力差、粗心、不重视、不情愿、不可抗力、临时有事共6个。每种归因都使用五点记分量表,让被试根据确认程度进行选择。如以上述故事为脚本的视频中对"不重视"归因的题项为"小乙忘记帮小甲代买手机链是因为她对这件事不重视",选项为完全符合、基本符合、介于符合与不符合之间、不完全符合、完全不符合。

（2）总体归因的倾向

本实验是2（归因主体性别：男，女）×2（行为主体性别：男，女）×3（行为主体年龄阶段：老年，中年，青年）的多因素混合设计，其中归因主体的性别为组间因素，行为主体的性别和年龄阶段为组内因素，因变量为对前瞻记忆失败的归因结果。数据处理和分析的结果表明，"不重视"（3.25±.31）是最倾向于选择的归因类型，余下依次为："临时有事"（3.26±.36）、"不可抗力"（3.28±.36）、"粗心"（3.31±.55）、"记忆力差"（3.55±.62）、"没必要"（3.63±.54）。即在对前瞻记忆的失败进行具体的归因时，人们最偏向于"不重视"。

将前瞻记忆失败事件归因的三种类别（见前一研究）的平均数由低到高进行排列，依次为：客观因素（3.30±.53）、主观无意（3.43±.54）、主观故意（3.44±.48）。表明在总体上，人们对前瞻记忆失败事件的归因倾向于客观因素。

（3）归因主体性别与归因结果

为探讨归因主体（即被试）性别对归因结果的影响，以归因主体的性别为组间因素，以归因结果的三种类型（主观无意，主观故意，客观因素）的分数作为因变量，进行方差分析和简单效应分析。根据方差分析的结果显示，归因主体的性别主效应显著，表明在对前瞻记忆失败事件进行归因时，归因主体上存在性别差异。进一步多重分析结果显示：男性更倾向于"主观无意"的归因，女性则更倾向于"主观故意"和"客观因素"的归因。另外，归因主体性别和行为主体年龄的交互作用显著，简单效应分析结果显示，不同性别的归因主体在对中年行为主体前瞻记忆失败事件归因时存在显著差异，女性在对中年人的前瞻记忆失败事件归因时，比男性归因主体更偏向于主观故意；女性在对老年人的前瞻记忆失败事件归因时，比男性更偏向于客观因素。

（4）行为主体的年龄、性别与归因结果

以行为主体（即情境故事中的主角）性别和年龄阶段为组内因素，以归因结果的三种类型（主观无意，主观故意，客观因素）分数为因变量，进行多因素方差分析和简单效应分析,以确定行为主体性别和年龄段对被试归因的影响。结果表明,行为主体的性别主效应显著——在对前瞻记忆失败事件归因时,女性行为主体与男性行为主体相比,更容易被归因为主观无意。

另外,行为主体的年龄主效应显著。进一步事后多重分析表明,在对前瞻记忆失败事件归因时,视频中的少年行为主体更容易被归因为主观无意,中年行为主体更容易被归因为主观故意,而老年行为主体则更容易被归因为客观因素;行为主体性别和年龄的交互作用显著,对少年女子行为主体偏向于主观无意,对中年男子行为主体偏向为主观故意,对老年男子行为主体偏向为客观因素。

(5)总结

在总体归因的倾向方面,本研究与前一研究的结论有所不同。首先,本研究中被试最具倾向的归因为"不重视",而前一研究的结果为"粗心"。其次,从归因的三种类型看,本研究中的被试最倾向于"客观因素",而前一研究为"主观无意"。究其原因,可能是因为在本研究中,前瞻记忆失败的事件全部是"承诺没有兑现"的情节,所以更倾向于归因为较"严重"的类型,而前一研究中的故事情节还包括了一些个人计划实现忘记执行的情节,而不涉及对他人的承诺。

在归因主体的性别差异方面,女性归因者表现出对老年行为主体较宽容,对中年行为主体较严格的倾向。这可能是由于男女两性社会认知特点的不同所致:女性更注重观察行为主体的外部的特点,如年龄,外貌和衣着等,而男性更注重内在的逻辑,如行为的原因与后果等。

再从行为主体性别对归因的影响来看,与男性主角相比,视频中女性主角的前瞻记忆失败更多被归因为记忆力差、粗心等主观无意因素,这可能与社会对男性和女性的角色期许差异有关——男性往往被认为是家庭的支柱,男性在生活中要拥有严谨的态度,被要求少犯错误和发展提升各种能力,以此才有能力承担起家庭、工作乃至社会的责任,而女性则往往被要求把重心放在家庭、人际关系等方面,对其能力要求相对较宽容(俞婧婧,

2011)。这说明在对行为者的前瞻记忆失败行为进行归因时,归因者在一定程度上把自己卷进了记忆失败事件中,并用社会对这一角色的期许对他们的记忆失败进行了归因。

最后,在行为主体的年龄阶段对归因的影响方面,表现为年轻主角的前瞻记忆失败更多被归因为记忆力差、粗心等主观无意因素,中年主角更多被归因为觉得没必要和不重视等主观故意因素,而老年主角更多被归因为临时有事和不可抗事件等客观因素。这也是被试在归因过程中受与年龄阶段特点相关的社会心理因素影响的结果。即个体在归因时,会结合归因对象的龄阶段及相应的记忆能力水平、承担社会角色特征等确定归因结果。在被试看来,年轻主角(在本研究的视频中为少男少女)涉世未深,处于学会如何增长社会能力和经验阶段;中年人(特别是中年男性)正处于事业的高峰,生活和工作压力大但社会经验丰富,理应具有更强的计划和执行能力;而老年人较清闲但记忆能力有所下降。所以在其他因素相同的情况下,被试对视频故事中不同年龄阶段的主角分别给予了不同倾向的归因。

3. 日常情境中前瞻记忆失败的归因:内隐联想测验法的研究

内隐社会认知是指在社会认知过程中,虽然行为者用自我报告法或内省法等不能回忆某一过去经验,但该经验潜在地对行为者的行为和判断产生影响(Greenwald & Banaji, 1995),是一种无意识状态下的自动化的加工过程。这一概念提出以来,研究者们主要进行了内隐态度、内隐自尊及内隐刻板印象等的研究。总体上看,内隐社会认知研究采用了间接测量的技术和方法,如内隐联想测验、内隐记忆的范式、反应时范式、启动效应、投射测验等。

内隐联想测验(Implicit Association Test,IAT)范式由 Greenwald 等在 1998 年提出。这一范式的基本形式是给被试一个快速反应条件下的反应竞争任务,即概念词和属性词之间联系的评价任务,并根据完成这一任务的反应时和正确率指标,判断难以用意识控制的内隐态度。

Greenwald等用此方法对黑人和白人进行了测验,结果发现了种族刻板印象的存在以及内隐刻板印象和相应的外显态度之间的独立(Greenwald, McGhee, & Schwartz, 1998)。随后该方法逐步在社会认知研究领域扩展开来。例如,在国内的一项研究中,研究者运用内隐联想测验对大学生的性别学科刻板印象进行了研究,表明性别—学科刻板印象普遍存在于不同性别和不同学科的学生的内隐态度之中(蔡华俭,周颖,史青海,2001)。

本章的上述两个研究中,采用了分别让被试对文字情境故事和视频情境故事中不同特点主角的前瞻记忆失败进行归因的方法,所测得的是一种外显的态度。考虑到个体在前瞻记忆失败归因或相关的态度上或许存在"文饰"作用,例如故意掩饰在回答这类问题上的性别和年龄倾向性,所以,本研究拟采用内隐社会认知研究中的内隐联想测验方法,并将结果与前两个研究结果相对照,进一步探明对前瞻记忆相关的归因倾向与规律。

(1)研究工具与过程

本研究的材料由三部分构成。一是前瞻记忆成功或失败相关词汇,其中包括能简易概括生活中前瞻记忆成功的词汇15个,如"如约而至""言出必果"等,以及能简易概括生活中前瞻记忆失败或没能执行的词汇15个,如"未赴约会""食言"等。二是人物图片,包括无明显表情的年轻和老年人物图片各20张,男女各占一半,悲伤表情的年轻与老年人物图片各10张,也是男女各占一半。三是能简易概括生活中前瞻记忆任务失败或没有执行的主观原因的词汇,分为"无意"(如"不凑巧""干扰"等)和"故意"(如"不乐意""没必要"等)两类,每类有6个,共12个。

材料制作时,请15名心理学研究生对上述第一种材料所代表的成功与否、第二种材料的人物年龄阶段和表情以及第三种材料所代表的"有意"或"无意"失败进行判断,只有被试判断的一致性达到95%以上时,才成为最后的测试材料。

正式实验时,在上海两所大学的本科各年级及研究生一年级学生中招募107名被试,其中男生21人,女生86人,平均年龄21.4岁。这些学生来自社会工作、物理学、历史学、心理学等专业,均没有参加过类似的实验。

实验分为三个阶段。

第一阶段,在让被试对两个年龄段(年轻人和老年人)的人物图片和对前瞻记忆任务完成与否的描述词(即上述第一种材料)建立固定联系后,再让其对这一固定搭配作快速操作反应,通过统计分析反应时和错误率的结果得出被试对不同年龄对象前瞻记忆能否顺利完成的内隐态度。同时,两个年龄段的人物图片中,"平静"和"悲伤"两种情绪状态各占一半(即上述第二种材料),以便对情绪状态与前瞻记忆成功与否的内隐态度进行考察。

第二阶段与第一阶段的设计思路一致,但在让被试对不同性别的两个年龄阶段人物图片(无明显表情的)和对前瞻记忆任务完成与否的描述词建立固定联系后,再让其对这一固定搭配作快速操作反应,通过统计分析反应时和错误率的结果,得出被试对不同性别对象前瞻记忆能否顺利完成的内隐态度。

第三阶段的人物图片与第二阶段相同,即无明显表情的老年和年轻人物图片,但词语改为上述第三种材料,即描述前瞻记忆失败的故意和无意两类归因的词。让被试对不同年龄的图片人物和对前瞻记忆失败归因的描述词建立固定联系后,再让其对这一固定搭配作快速操作反应,通过统计分析反应时和错误率的结果,得出被试对不同年龄对象前瞻记忆失败归因的内隐态度。

使用社会认知实验编程软件Inquisit 4.0将实验程序编入电脑,让被试对描述前瞻记忆结果或归因的词与不同年龄阶段或性别的人物图片进行反应。实验程序采用内隐社会认知的七阶段标准程序进行,以第一阶段实验为例,实验程序如表6-1所示。

表 6-1 研究三的内隐联想测验程序

阶段	1	2	3	4	5	6	7
任务	辨别人物图片年龄类别	辨别记忆目标词	相容的记忆—人物联合辨别	辨别记忆目标词	不相容的记忆—人物联合辨别	不相容的记忆—人物联合辨别	相容的记忆—人物联合辨别
操作	F年轻人 J老年人	F记忆成功 J记忆失败	F年轻人 F记忆成功 J老年人 J记忆失败	F记忆失败 J记忆成功	F年轻人 J记忆成功 J老年人 F记忆失败	F年轻人 J记忆成功 J老年人 F记忆失败	F年轻人 F记忆成功 J老年人 J记忆失败

实验进行时，屏幕中间会出现一个形容词或一个人物图片，例如在上表中阶段 3 时，如果是有关"记忆成功"的形容词或年轻人图片，按 F 键；如果是有关"记忆失败"的词或老年人图片，则按 J 键。如果判断错误，屏幕上会出现一个红色"X"，提示被试按下正确键后才能进入下一个。三个阶段的实验中，第一和第二阶段均以"老年人—前瞻记忆失败"和"年轻人—前瞻记忆成功"为相容条件，反之为不相容条件；在第三阶段则以"老年人—无意"和"年轻人—故意"为相容条件，反之为不相容条件。

（2）结果

在对反应时数据统计时，去除反应时小于 100ms 和大于 1500ms 之间的反应时数据，且只对正确反应情况下的反应时进行处理分析。

在对第一阶段的数据进行统计时，进行以图片中人物的年龄阶段（老年人、年轻人）和图片人物的表情（悲伤、平静）为自变量，以相容组与不相容组平均反应时之差和错误率为因变量的 2×2 方差分析。结果表明，以两组反应时之差为因变量时，年龄主效应显著，参照描述统计数据发现，被试对老年人物图片反应时之差大于年轻人物图片。结合相容组的老年人物图片反应时大于年轻人物图片，不相容组则小于年轻人图片等描述统计数据，可以推断，被试的内隐态度为老人与前瞻记忆成功词汇更匹配，即老人在前瞻记忆任务中更容易成功。

另外，图片人物情绪的主效应不显著，但无论是相容组还是不相容组，平静情绪图片人物的反应时均短于悲伤人物图片。而以错误率为因变量的 2×2 方差分析结果表明，只有图片人物的情绪主效应显著——当图片中人物为平静状态时，被试的错误率显著低于悲伤的状态。从这些结果可以看出，图片人物的情绪与对前瞻记忆失败与否的内隐态度无关，但悲伤人物的判断需要更多时间，且错误率较高。

对第二阶段实验的数据进行以图片人物的性别（男、女）和年龄阶段（老年人、年轻人）为自变量，以相容组与不相容组平均反应时之差和错误率为因变量的 2×2 方差分析。根据统计结果，以反应时之差为因变量时，图片中人物年龄的主效应显著，即被试对老年人物图片反应时之差大于年轻人物图片，这与第一阶段结果相同。但人物性别的主效应不显著。以错误率为因变量时，图片人物性别与年龄阶段的主效应均不显著。以上结果表明，图片人物性别与被试有关前瞻记忆成功与否的内隐态度无关。

对第三阶段数据统计分析时，以图片人物年龄阶段（老年人、年轻人）和前瞻记忆失败归因类别（有意归因、无意归因）为自变量，以被试在相容组与不相容组平均反应时之差和判断错误率为因变量进行 2×2 方差分析。结果表明，以在反应时之差为因变量时，年龄和归因类别的主效应均不显著，而以错误率为因变量时，图片人物的年龄主效应显著，事后多重分析的结果显示，图片人物为老年人时，被试的反应错误率更高。为进一步探明图片人物年龄阶段与归因内隐态度的关系，再以图片中人物的年龄阶段（老年人、年轻人）和反应阶段（相容、不相容）为自变量，以反应错误率为因变量进行方差分析，发现年龄主效应显著，图像人物为老年时反应错误率高；反应阶段主效应显著，不相容条件的反应错误率高于相容条件；年龄阶段与反应阶段的交互作用显著。进一步分析发现，对于老年人物图片，不相容条件下的错误率高于年轻人物图片。据此，可以推断，被试的内隐态度为：在前瞻记忆任务失败的情境中，老年人更多是无意的，而年轻人更多的是故意相关的原因。

（3）总结

本实验的三个阶段分别针对前瞻记忆表现（成功与否）和年龄阶段关系的内隐态度、和性别关系的内隐态度以及年龄阶段和前瞻记忆失败归因的内隐态度进行了研究。

从前瞻记忆表现与年龄阶段关系的内隐态度上看，在被试的内隐态度中，老年人前瞻记忆（根据本研究中的材料性质，主要是日常生活中的前瞻记忆）更多地与成功联系在一起。这种观点与已有相关研究中，多数研究得出的结果相一致，即日常情境中老年人前瞻记忆优于年轻人。这与老年人责任心较强、倾向于减缓当前任务以保证前瞻记忆任务、日常生活较有规律和结构化等因素有关（Cuttler & Graf，2007；Schnitzspahn, Ihle, Henry, Rendell, & Kliegel，2011；Freeman & Ellis，2003，详见第八章相关内容）。所以，本研究第一阶段的结果表明，"老年人日常生活中前瞻记忆优于年轻人"的现象不仅被相关研究所证实，而且也已成为了人们的一种内隐观念。这种内隐观念可能与外显观念存在一定的差距，甚至相互矛盾（比如，一些人的外显观念为老年人在日常生活中更多地遗忘或丢三落四），其中的原因和机制很值得进一步进行研究。

根据第二阶段实验的结果，被试在前瞻记忆的性别差异上，不存在与性别偏向有关的内隐态度。这一态度取向也与前瞻记忆的有关研究结果相一致——目前为止，没有任何一项研究表明前瞻记忆能力（包括日常生活中的与实验室中的）存在性别差异。

而第三阶段研究结果显示，虽然被试总体上倾向于认为前瞻记忆失败的原因由无意间的疏忽造成，但在对老年人前瞻记忆失败进行判断时，这种倾向尤其明显。这与本章介绍的第二个研究（视频情境故事法的研究）结果吻合，即把视频情境故事中老年主角前瞻记忆的失败归因为客观而非主观原因；也与前述回溯记忆失败归因的研究结果有一定相似——被试倾向于将老年人记忆失败归因为能力这一稳定因素，而非努力不够、注意力不集中等主观原因。这说明在对老年被试进行前瞻记忆失败归因时，人们往往会考虑到老年人认知能力下降等因素，存在着"责任减轻"的内隐归因倾向。

　　另外，第一阶段的实验还得出了图像人物的负情绪对前瞻记忆内隐态度没有影响，但却影响了判断的反应时间和准确性的结论。这一结果表明，带有一定情绪效价材料的加工会占用额外的认知资源。

第七章　前瞻记忆与身心疾病

　　有关神经心理疾病患者前瞻记忆表现的研究表明，一些神经的和精神的疾病会损害个体前瞻记忆，如单纯疱疹脑炎、健忘综合征、帕金森氏病、早期痴呆、精神分裂症、抑郁症等。

——Matthias Kliegel, Anne Eschen, & Angelika I.T. Thöne-Ottoc, 2004

- 外伤性脑损伤患者的前瞻记忆
- 阿尔茨海默病患者的前瞻记忆
- 帕金森综合征患者的前瞻记忆
- 精神分裂症患者的前瞻记忆
- HIV 感染者的前瞻记忆
- 其他疾病患者的前瞻记忆
- 成瘾（依赖）者的前瞻记忆
- 其他与身心健康有关的特殊群体的前瞻记忆

在我们的印象中，一些身心疾病会不同程度地影响患者的行为和活动。作为对将来活动和将要实施计划的记忆，前瞻记忆能力是人们正常生活和活动的保障。那么身心疾病会不会损害人的前瞻记忆能力？哪些身心疾病、在何种程度上会影响前瞻记忆？影响的原因和机制又是什么？对这类问题的研究，一方面能为前瞻记忆加工过程的探索提供另一个途径，另一方面，也能对某些身心疾病诊断标准的确定、新的康复与治疗方法的应用等提供诸多启发。因此，前瞻记忆与身心疾病的关系一直是前瞻记忆研究中最活跃、成果最丰富的领域。

一、外伤性脑损伤患者的前瞻记忆

外伤性脑损伤（Traumatic Brain Injury，TBI）指大脑从外部环境中获得的近距离伤害，如因枪击、车祸、坠落等引起的头部受伤以及爆炸造成的脑震荡等。外伤性脑损伤是一种常见的健康伤害，在美国，每年就有超过 200 万个病例（Povlishock & Katz，2005）。这种损伤能直接或间接地造成大脑前额叶、颞叶端等的局灶性损害，给患者的认知和行为带来一定影响。外伤性脑损伤对患者前瞻记忆的影响是一个热门课题。例如，Shum 等通过文献检索，共找到 30 项此类研究（截止到 2010 年 7 月），并把这些研究分为四类：一是使用了自评和他人评价方式来确定前瞻记忆的下降，共有 4 项研究，研究对象包括成年人、儿童和青少年；二是以成年人为对象的使用行为指标的实验研究，共有 14 项；三是针对儿童和青少年的使用行为指标的研究，共有 5 项；四是干预研究，即对前瞻记忆损害进行干预效果评价的实验研究和小组研究，这类研究包括了所有年龄阶段的患者，共有 7 项（Shum, Levin, & Chan, 2011）。

在此，以研究目的为分类标准对外伤性脑损伤患者前瞻记忆的有关研究进行介绍。

1. 外伤性脑损伤患者与非患者前瞻记忆的比较

一些研究单纯对外伤性脑损伤患者与非患者前瞻记忆功能进行了比较,这类研究都无一例外地得出了外伤性脑损伤患者前瞻记忆存在不同程度下降的结论。但比较的维度在各项研究中各不相同。例如,McCauley 和 Levin 使用双任务实验范式比较了不同严重程度的脑损伤患者的前瞻记忆。被试的当前任务为判断呈现的不同颜色的单词属于两个类别中的哪一个,前瞻任务为遇到蓝色单词时作出特定反应。尽管前瞻任务并不复杂,但几乎所有的患者都没能完成前瞻任务。随后,主试在任务中增加了对前瞻任务的提示,使中等程度脑损伤患者的前瞻记忆成绩得到了提高,但严重脑损伤患者的成绩仍没有改善(McCauley & Levin, 2004)。McCauley 等进行的另一项研究同样也比较了不同程度脑损伤与前瞻记忆的关系,但此项研究以脑损伤 3 个月后的 7～16 岁儿童为对象,并且引入了不同水平的激励因素。结果发现,中度脑损伤患者在高激励条件下的前瞻记忆优于低激励条件,但重度脑损伤者在两种条件下的前瞻记忆没有区别(McCauley, Pedroza, Chapman, Cook, Vásquez, & Levin, 2011)。

另一项研究则对外伤性脑损伤组、正常组和老年组被试在前瞻记忆不同阶段(意向的编码、保存、激活和执行)的加工机能进行了比较。研究者将前瞻记忆任务放置在一系列当前任务(纸笔测验,包括搜索单词、完成运算题、图片命名等)之中,并测试前瞻任务不同阶段被试的表现。结果发现,脑损伤组、正常组和老年组被试在意向的保持上得到较高的分数,脑损伤组在意向执行阶段表现较差,而老年组在意向编码、激活和执行阶段都低于健康组(Kliegel, Eschen, & Thöne-Ottoc, 2004)。而在一项对外伤性脑损伤组和正常组前瞻记忆各阶段加工机能进行比较的研究中,研究者使用了问卷的方法,即让 38 名脑损伤者和 34 名控制组被试使用前瞻记忆综合评价量表(CAPM)的 C 部分(主要涉及前瞻记忆成功或失败的原因)进行自评,同时请关系密切的人使用"他评版"对被试进行评价。将评价结果使用前瞻记忆五阶段模型(建立意向和行为的编码、保持间隔、执行间隔、启动和执行意向行为、评估结果）进行分析，表明外伤性脑损伤者主要在前瞻记忆的编码、行为间隔和执行阶段出现了能力的下降（Roche, Moody, Szabo, Fleming, & Shum, 2007）。

另外，还有一些研究单纯对控制组与外伤性脑损伤组被试的前瞻记忆自我评价和他人评价的结果进行了比较。Roche, Fleming 和 Shum 对 33 名外伤性脑损伤患者和 29 名控制组被试进行了研究，使用与上述 Roche 等在 2007 年进行的研究中相同的工具和方法，即让被试使用前瞻记忆综合评价量表自评，让关系密切的人用"他评版"评价被试。结果发现，控制组和脑损伤组在自我评价上并无差别，但脑损伤组的他人评价低于自我评价，说明外伤性脑损伤患者倾向于高估自己的前瞻记忆（Roche, Fleming, & Shum, 2002）。Knight 等的研究得出了相同的结论（Knight, Harnett, & Titov, 2005）。

另有研究对不同认知负载下控制组与外伤性脑损伤组被试的前瞻记忆进行了比较，发现随着认知负载的增加，脑损伤病人的前瞻记忆会产生更大的下降。如 Maujean 等以外伤性脑损伤者和控制组各 14 人为被试，实施双任务范式的实验。其中被试的当前任务为词汇判断，并且操纵了低认知负载与高认知负载两个水平。结果发现，高认知负载下，脑损伤患者的前瞻记忆水平比控制组低，但低认知负载下两组相当（Maujean, Shum, & McQueen, 2003）。与此类似，Ward 等的研究以 14 名儿童和 14 名青少年脑损伤患者以及相应年龄的控制组为被试，当前任务仍为词汇判断，以词的长度控制认知负载。结果也同样是脑损伤患者的前瞻记忆较差，与控制组相比，高认知负载并没有导致外伤性脑损伤儿童组的前瞻记忆下降，但使青少年脑损伤患者组下降明显（Ward, Shum, McKinlay, Baker, & Wallace, 2007）。另外，还有研究通过加入干扰的方式增加认知负载——研究者使用照片、声音和视频片断营造了一个虚拟的购物街场景，并且将街道分为两半，即低干扰区域和高干扰区域（以视觉和听觉干扰的数量区分），被试在这一虚拟情境中完成当前任务和前瞻记忆任务。结果表明，外伤性脑损伤患者两种任务的成绩均低于控制组，且在受干扰情境下的降低更为明显（Knight，Titov，& Crawford，2006）。

2. 外伤性脑损伤患者前瞻记忆受损的机制

为什么外伤性脑损伤患者的前瞻记忆水平会产生不同程度的下降？也有研究者试图通过研究发现其中的机制。

（1）外伤性脑损伤患者前瞻记忆下降的一般机制

在近期的一项研究中，研究者让17名外伤性脑损伤患者与对照组被试完成实验室范式的双任务，并使用多项加工树模型的思想，对被试前瞻记忆的前瞻成分和回溯成分进行分离。分析结果表明，两组被试的前瞻成分差异显著，表明控制组被试比脑损伤组被试在前瞻记忆任务中分配了更多的准备注意资源，即脑损伤患者在执行过程中，区分前瞻记忆的靶目标和非靶目标较困难（Pavawalla，Schmitter-Edgecombe，& Smith，2012）。

Henry等则从前瞻记忆任务的不同成分角度探索了外伤性脑损伤患者成绩下降的机制。研究对象为16名外伤性脑损伤者和15名控制组正常被试，当前任务是对单词的短时记忆，前瞻任务为对特定的单词进行特定反应。研究中操纵前瞻任务靶目标的数量（1个或4个）。结果发现，不管靶目标是1个还是4个，脑损伤组的前瞻记忆均差于控制组。但靶目标增加为4个时，脑损伤组前瞻记忆的下降程度与控制组并无区别。这表明，外伤性脑损伤者前瞻记忆下降的机制与前瞻记忆中回溯成分难度增加无关（Henry，Phillips，Crawford，Kliegel，Theodorou，& Summers，2007）。

（2）外伤性脑损伤患者前瞻记忆下降的脑机制

Umeda等对74名前额叶到颞叶部位损伤患者进行了13项神经心理测试，并完成前瞻记忆任务。为分析影响前瞻记忆的脑区分布，研究者使用了判别函数分析的方式，发现有三个区域与前瞻记忆关系密切：右后外侧额叶、右腹内侧额叶和左后内侧额叶（Umeda，Kurosaki，Terasawa，Kato，& Miyahara，2011）。另一项研究则关注了脑容积。该研究的对象为 7～17 岁、中等或严重外伤性脑损伤后 3 个月的个体。研究者通过脑成像技术记录研究对象的脑容积数据，同时让他们完成一个基于事件的前瞻记忆任务。其中当前任务为完成一系列测试，前瞻任务为对主试在测试指导语中说出的指定的一句话作出反应。结果表明，皮层厚度与前瞻记忆成绩相关显著；根据使用磁共振成像技术的结果分析，带状束、左内侧眶白质和勾束都是调节基于事件前瞻记忆的重要白质（McCauley，Wilde，Merkley，Schnelle，Bigler，Hunter，et al，2010）。

（3）外伤性脑损伤患者前瞻记忆的提升

也有研究涉及了提升外伤性脑损伤者前瞻记忆的方法、策略和效果。例如，Sohlberg 等对 51 名老年男性脑损伤患者进行了前瞻记忆提升训练，主要方法是反复进行完成前瞻任务的训练，并系统延长任务布置到执行之间的延时时间（即间隔回忆的方法，见专栏 7-1），使这些患者的前瞻记忆得到了显著提高（Sohlberg，White，Evans，& Mateer，1992）。Fleming 等也发展了一个历时 8 周的训练计划，主要内容包括自我了解训练、选择合适的提醒工具、组织策略、概括等。通过实施这一计划，3 名外伤性脑损伤被试的前瞻记忆测试水平得到了提高（Fleming，Shum，Strong，& Lightbody，2005）。而另一项促进项目则反复训练受训者在将来指定时间完成指定行为（基于时间的前瞻记忆）的能力，结果使一名外伤性脑损伤者的前瞻记忆的时长范围从 1 分钟延长到 5 分钟，另一名则从 2 分钟延长到了 10 分钟（Raskin & Sohlberg，1996）。

专栏 7-1

◎ 间隔回忆技术：一种有效促进早期阿尔茨海默病患者前瞻记忆的方法

Camps 等曾介绍了一个使用间隔回忆（Spaced-Retrieval）的方法训练早期阿尔茨海默病患者前瞻记忆的研究。训练的目的是，让患者记得每天查看日程表,以确定并完成每天计划要完成的任务。训练对象为23名早期阿尔茨海默病患者,根据前期调查,他们在此之前都不能完成记住查看日程表的任务。

训练分为两个阶段。在第一阶段开始训练时,训练者即要求患者要记得每天查看日程表,以确定并完成当天要做的事。20秒后,训练者提问:"你怎样才能记得每天要做的事?"如果患者正确地回答出"每天查看日程表",则下一次的提问增加延时20秒,即40秒后再次提问同样的问题。如果患者忘记了答案,训练者应再次告知他,并继续进行训练。如此循环下去,直到两次提问之间的间隔达到4分钟且受训者仍能正确回答时,即结束第一阶段训练。

在第二阶段,训练者交给患者一个共七页的日程表,每页上都有两项每天要完成的任务。其中一项每天相同,即在日程表上"签到",另一项由患者的照看者布置。成功完成的标准为:两个任务各完成七页中的至少四页。一周过后,对于成功完成任务的患者,训练者收回日程表,并且再交给患者另外一个七页的日程表。受训者若再次成功完成,则训练结束。如果受训者没有完成日程表任务,则再回到第一阶段的间隔回忆训练。

结果表明,23名早期阿尔茨海默病患者中,87%的被试能通过第一周的间隔回忆训练,而其中75%的人完成了第二阶段的训练。说明间隔回忆是一种行之有效的训练早期阿尔茨海默病患者前瞻记忆的方法(Camp, Foss, Stevens, & O'Hanlon, 1996)。

二、阿尔茨海默病患者的前瞻记忆

阿尔茨海默病(Alzheimer Disease,AD)曾被称为老年痴呆症,因德国医生Alois Alzheimer于1906年最早描述而得名。阿尔茨海默病发生于老年个体，是一种进行性发展的致死性神经退行性疾病，临床表现为认知和记忆功能不断恶化、日常生活能力进行性减退，并有各种神经精神症状和行为障碍。阿尔茨海默病的患病率随年龄增长而增高。根据国外的统计资料，65岁以上人群中发病率约5%，85岁以上人群中约20%。根据中国阿尔茨海默病协会2011年的调查结果，我国65岁以上的老人患病率达6.6%以上，85岁以老人患病率达30%以上。阿尔茨海默病严重危害老年人的身心健康和生活质量，给病人造成深重的痛苦，给家庭和社会带来沉重的负担，已成为严重的社会问题，引起各国政府和医学界的普遍关注。

阿尔茨海默病的病情发展大致可分为早、中、晚三个时期。早期即健忘期，主要表现为记忆力明显下降、行为紊乱、活动范围缩小，但日常生活能够自理；中期即精神紊乱期，除记忆力和智能下降外，还出现注意力分散、不能用语言清晰表达思想、动作笨拙、生活逐渐不能自理等症状；晚期即严重痴呆期，病人失去辨认能力，生活完全不能自理。目前，最为常用的阿尔茨海默病评价工具为临床痴呆量表（CDR）。

阿尔茨海默病患者的神经系统功能的衰退在多大程度上影响了前瞻记忆？影响的机制是什么？前瞻记忆能否作为评价阿尔茨海默病病情的参照标准？近年来，一些学者围绕这些问题进行了研究。

1. 阿尔茨海默病患者前瞻记忆的下降

关于阿尔茨海默病患者的前瞻记忆研究，多数是对病患者和同年龄非病患者（或其他病的患者）的前瞻记忆进行比较，以确定阿尔茨海默病与前瞻记忆功能的关系。例如，这一主题的首个研究使用Rivermead行为记忆测验（RBMT）对轻度、中度阿尔茨海默病患者和正常老年人进行了测试，发现轻度组与中度组的前瞻记忆成绩很接近，都低于正常组，这表明前瞻记忆功能是表达早期阿尔茨海默病的敏感指标（Huppert & Beardsall, 1993）。在另一项研究中，研究者将中度阿尔茨海默病患者与全部老年人群的前瞻记忆退化情况进行了比较，发现只有8%的中度阿尔茨海默病患者能完成调查中的前瞻记忆任务，而全部人群中有 54% 能完成（Huppert, Johnson, & Nickson, 2000）。

也有研究将阿尔茨海默病患者的前瞻记忆与回溯记忆结合，与控制组进行了比较。Martins 和 Damasceno 使用 Rey 听觉语词学习测验（Rey Auditory Verbal Learning Test，RAVLT）确定被试的回溯记忆水平，使用 Rivermead 行为记忆测验和两个自制测试确定前瞻记忆成绩。结果表明，阿尔茨海默病患者在前瞻记忆和回溯记忆上都低于正常组，但回溯记忆落后更多（Martins & Damasceno，2008）。另一项类似的研究以"测试结束时提醒主试打电话"作为前瞻任务，以记忆词表作为回溯记忆任务，也发现阿尔茨海默病患者的前瞻记忆与回溯记忆都低于控制组。回归分析表明，对于阿尔茨海默病来说，前瞻记忆是比回溯记忆更强的独立预测因素，而在前瞻记忆内部，前瞻成分与回溯成分在阿尔茨海默病患者身上也同样降低了（Jones, Livner, & Bäckman，2006）。

2. 前瞻记忆与阿尔茨海默病的遗传表达

生物遗传学的研究表明，阿尔茨海默病的发病和进展与多个蛋白有关，其中载脂蛋白 ApoEε-4 是此病的主要遗传风险因子，大约有 65% 的阿尔茨海默病患者携带 ApoEε-4 的等位基因。进一步研究发现，携带二个 ApoEε-4 等位基因者比只携带一个者发生阿尔茨海默病的年龄早，比不携带者发生此病症的年龄更早。

Duchek 等的研究探讨了前瞻记忆成绩在中度阿尔茨海默病患者与阿尔茨海默病高风险者（携带 ApoEε-4 等位基因者）之间是否有区别。被试分为四组：年轻组、年轻老年控制组、年老老年控制组、中度阿尔茨海默病组。各组被试完成置入知识测验任务之中的前瞻记忆任务。结果表明，阿尔茨海默病患者组的前瞻任务成绩明显低于同年龄的控制组，且患者组中，ApoEε-4 阳性者的前瞻任务成绩低于阴性者。但在年轻老年控制组，前瞻记忆成绩并未受 ApoE-4 等位基因的影响，而且在年老老年控制组，ApoEε-4 阳性者的前瞻记忆反而好于阴性者（Duchek, Balota

& Cortese，2006）。

在另一项类似研究中，研究者使用的被试是 33 名早期阿尔茨海默病患者和 35 名正常老年人（两组中 ApoEε-4 阳性者各占一半），而前瞻任务有两种，即聚焦性的和非聚焦性的。结果表明，患者组的聚焦性前瞻记忆比非聚焦性前瞻记忆成绩更差，但 ApoEε-4 却与前瞻记忆表现无关（McDaniel，Shelton，Breneiser，Moynan，& Balota，2011）。

可见，前瞻记忆与 ApoEε-4 携带之间并不存在稳定的关系。

3. 对早期阿尔茨海默病患者前瞻记忆的促进

（1）使用间隔回忆技术的促进

间隔回忆是对记忆障碍进行干预的一种技术，它的基本程序是，让受训者每隔一段时间就回忆所记忆项目，并且相隔的时间逐渐延长，最后达到记忆巩固的目标。Landauer 和 Bjork 最早提出了间隔回忆技术，并使用这一技术对外显记忆损伤者进行了面孔—人名联合记忆的训练（Landauer & Bjork，1978）。间隔回忆技术操作简单且行之有效，被广泛应用在各种记忆和认知功能缺陷者的训练中（见专栏 7-1）。

Camps 最早对间隔回忆技术进行了改进，用于训练早期阿尔茨海默病人的前瞻记忆（Camps，1989）。随后的一些研究者也使用了这一技术并对训练效果进行了评估。

McKitrick 等使用间隔回忆技术对阿尔茨海默病患者进行前瞻记忆训练时，在第一阶段，要求参与者在干扰物中找出一种彩色奖券，并在一周后交还训练主持者。一周后，进入第二阶段，任务与第一阶段相同，但改变了目标奖券种类。结果发现所有患者都能成功完成第二阶段任务（McKitrick，Camp & Black，1992）。

Kinsella 等对 14 名早期阿尔茨海默病患者和 14 名正常老年人使用了置入文本阅读中的前瞻记忆任务进行测试。这一任务要求被试朗读文本（当前任务），并且在遇到特定单词时用另一单词代替（前瞻记忆任务）。结果表明，病患组前瞻记忆水平显著较低。随后的实验中，研究者引导两组被试在两种条件下完成前瞻任务：一是使用间隔回忆技术的条件，即每隔一段时间即向被试提问前瞻记忆任务，二是精编码与间隔回忆并存的条件。所谓精编码，是指被试在任务开始前，先进行一个与前瞻任务有关的练习（将一段文字中的某个词用另一词代替）。结果发现，与单纯的间隔回忆条件相比，精编码与间隔回忆并存条件组的成绩更好——有63%的阿尔茨海默病患者的前瞻记忆有了提高（Kinsella, Ong, Storey, Wallace, & Hester, 2007）。

（2）使用辅助设备的促进

在日常生活和临床治疗中，人们很早就运用了记事贴、日程表等帮助阿尔茨海默病患者提高日常前瞻记忆，以改进生活质量。Oriani等对电子提醒设备提高患者前瞻记忆的效果进行了研究。研究者在设备里设定好前瞻任务的执行时间和执行事项，在使用时，这一电子设备会像闹钟一样，在设定好的时间点会自动发出提示音，使用者听到提示音后按键，这时电子设备会语音报告需要执行任务的内容。研究结果显示，患者使用自由回忆和记事本的方式对前瞻记忆并无改善，但电子提醒设备则展现出了很好的训练价值（Oriani, Moniz-Cook, Binetti, Zanieri, Frisoni, et al., 2003）。

三、帕金森综合征患者的前瞻记忆

帕金森综合征（Parkinson's Disease，PD）是主要发生于中年以上人群中的一种神经系统变性疾病。1817年，英国医生James Parkinson发表了《关于震颤麻痹的研究》一文，帕金森综合征也因其发现者而得名。

帕金森综合征的起病较缓慢，呈进行性加重，主要症状有：姿势、步态与面容呆板，头部前倾，头部和四肢震颤，明显的运动障碍，易激动，偶有冲动行为等。帕金森综合征一般在50～65岁开始发病，发病率随年龄增长而逐渐增加。据统计，60岁人群的发病率约为1‰，70岁时达3‰～5‰。根据医学研究，该病与脑组织中多巴胺含量减少、乙酰胆碱功能相对亢进有关。另外，一氧化碳中毒、大脑感染、抗精神病药物、脑动脉硬化等都可能引发帕金森综合征。所以，遗传获得的患病易感性、环境因素以及衰老的相互作用是帕金森综合征产生的原因。

一些研究者也关注了帕金森综合征与前瞻记忆的关系，相关研究主要集中在病患者与正常者不同前瞻任务（基于时间的与基于事件的）以及前瞻记忆不同成分、不同阶段等的比较上。

1. 帕金森综合征患者基于时间与基于事件的前瞻记忆下降的比较

这类研究多数都得出了帕金森综合征患者基于时间的前瞻记忆比基于事件的前瞻记忆下降更明显的结论。例如，在一项使用实验室范式的研究中，研究者安排的当前任务是判断呈现词的熟悉度和愉悦度，基于事件的前瞻记忆任务为对动物类的词进行特殊反应，基于时间的前瞻记忆为实验进行到15和20分钟时，按下指定的按键。结果发现，与控制组相比，帕金森综合征患者基于事件的前瞻记忆并没有衰退，但基于时间的前瞻记忆成绩却明显较低（Smith, Souchay, & Moulin, 2011）。Raskin等的研究结论同样是病患组基于时间的前瞻记忆降低更多，研究中的前瞻记忆任务来自于第三章中介绍的前瞻记忆筛选测验（MIST）。研究者认为，这一结果与病患者执行控制功能的下降有关（Raskin, Woods, Poquette, McTaggart, Sethna, Williams, et al., 2011）。

得出相同结论的还有Costa等的研究。被试的基于时间的前瞻任务为20分钟后作出三个特定反应，基于事件的前瞻记忆为听到闹钟响后作出指定反应。结果表明，与控制组相比，在基于时间前瞻记忆的前瞻成分（即对意向的正确执行）上，帕金森综合征患者表现较差，而基于事件前瞻记忆的这一成分上两组相当。两种任务的回溯成分（即对意向的正确回忆）上，都是病患组表现较差（Costa, Peppe, Caltagirone, & Carlesimo, 2011）。

在诸多这类研究中，Katai等的结论却与上述研究相反。研究者以20名帕金森综合征患者和20名年龄相当的正常人为被试，基于事件的前瞻记忆为当完成一个单词分类任务时，遇到指定的单词作出特定的反应（拍桌子），基于时间的前瞻记忆为在测验开始后指定的时间（10分钟和15分钟后）作出拍桌子的动作。结果发现，帕金森综合征患者基于事件的前瞻任务成绩低于控制组，但基于时间的前瞻记忆成绩与控制组相当。研究者进一步分析发现，患者基于事件前瞻记忆衰退的原因并非是忘记了前瞻任务的内容，而是在目标出现时无法及时回忆出来（Katai, Maruyama, Hashimoto, & Ikeda, 2003）。这一研究之所以和以上多个研究的结论相反，可能与研究中任务的性质和难度安排有关。

2. 其他有关前瞻记忆成绩的比较

（1）前瞻记忆的前瞻成分与回溯成分的比较

Pagni等对41名刚确诊为帕金森综合征但并未接受治疗的被试和40名控制组被试进行了基于事件前瞻记忆的测试。测试任务与上述Katai等的研究中的任务类似，即在完成单词分类任务中遇到指定的两个单词时作出拍桌子的反应。结果表明，两组被试在前瞻记忆的前瞻成分（正确执行意向行为）上有边缘显著差异，帕金森综合征组患者较低，而在前瞻记忆的回溯成分（对意向内容的回忆）上没有差异，表明病患者前瞻记忆损害的主要原因为执行机能的退化（Pagni, Frosini, Ceravolo, Giunti, Unti, Poletti, et al., 2011）。在另一项研究中，研究者使用"虚拟一周"任务对24名帕金森综合征患者和28名健康老年人进行测试，并控制了回溯成分难度（规律性任务和无规律任务）和前瞻记忆线索性质（聚焦线索任务和非聚焦线索任务）。结果发现，对于规律性前瞻记忆任务，非聚焦线索下，帕金森综合征患者的表现较差；而对于无规律前瞻任务，无论何种线索，帕金森综合征患者都表现较差。这说明，回溯成分难度小（规律性任务）时，患者的前瞻记忆能得益于聚焦性线索，这是由于在这种情况下，对意向提取的执行控制要求较少；回溯成分难度大（无规律任务）时，患者较低水平的执行控制功能使前瞻记忆产生下降（Foster, Rose, McDaniel, & Rendell, 2013）。

（2）聚焦性与非聚焦性前瞻记忆任务的比较

Foster 等的研究比较了帕金森综合征患者组和控制组聚焦性和非聚焦性前瞻记忆的成绩。当前任务为单词归类判断，即判断成对出现的两个名词是否有归属关系，而聚焦性的前瞻任务为遇到指定的单词作出特定反应，非聚焦性任务为对包含音节"com"和"rad"的所有单词作出特定反应。结果表明，帕金森综合征患者组在非聚焦任务上的表现低于控制组，但两组在聚焦任务上没有显著区别（Foster, McDaniel, Repovš, & Hershey, 2009）。

（3）患者组和控制组前瞻记忆自评的比较

上述 Foster 等在 2009 年的研究还比较了帕金森综合征患者组和控制组对日常生活中前瞻记忆失败的自我评价。发现患者组比控制组报告了更多的内部线索前瞻记忆的失败，但外部线索前瞻记忆失败的频率与控制组相同。这表明病患者需要高水平执行控制功能才能提取的前瞻记忆首先受到了损伤（Foster, McDaniel, Repovš, & Hershey, 2009）。

（4）前瞻记忆不同阶段的比较

在 Kliegel 等的研究中，研究者让病患组和控制组被试在一系列复杂当前任务中完成前瞻记忆任务。结果发现，帕金森综合征患者在意向形成和意向启动阶段低于正常组，这与工作记忆的衰退有关。在保持意向的回忆和执行计划的准确性方面，两组之间并没有区别（Kliegel, Phillips, Lemke, & Kopp, 2005）。

3. 帕金森综合征患者前瞻记忆的调节与促进

多数研究者都认为，从心理机制上看，帕金森综合征患者记忆的衰退是大脑执行功能的下降导致的，而从生理上看，此病的发病机理与多巴胺黑质纹状体系统的变性有关。因此，多巴胺能药物是治疗此病的常用药。Costa 等研究了多巴胺能药物 α- 甲基多巴（Levodopa）对帕金森综合征患者前瞻记忆的调节——研究者将 20 名帕金森综合征患者分为服用 α- 甲基多巴组和未服药组，然后让两组被试完成基于时间的前瞻记忆任务，即在一系列纸笔测验过程中,每隔10分钟做出一个特定行为,如提醒主试打开电脑、在纸上写下自己名字等。结果发现,α-甲基多巴确实促进了患者的前瞻记忆,并且主要表现在对前瞻记忆任务中的前瞻成分的促进(Costa, Peppe, Brusab, Caltagirone, Gatto, & Carlesimo, 2008a)。研究者在另一项研究中增加了未患病者为对照组,也得出了相同结论(Costa, Peppe, Brusab, Caltagirone, Gatto, & Carlesimo, 2008b)。

四、精神分裂症患者的前瞻记忆

精神分裂症(Schizophrenia)是一种常见的精神疾病,主要症状包括:思维联想障碍,表现为思维联想过程缺乏连贯性和逻辑性,这也是该病最具有特征性的症状;妄想,如关系妄想、被害妄想等;幻觉,如幻听、视幻觉、触幻觉等;情感障碍,表现对周围事物情感反应缺失,情感与周围环境不协调等;意志行为障碍,表现为孤僻退缩,对工作、学习和交往没有兴趣,社会功能受损;自知力障碍,即患者不能认识到自己精神活动有问题。总之,精神分裂症会表现出感知、思维、情感、意志行为等多方面的障碍,精神活动与周围环境和内心体验不协调,脱离现实,可能出现注意、工作记忆、抽象思维和信息整合等认知功能的损害,但一般不会有意识障碍和严重智能障碍。在《中国精神障碍分类与诊断标准(第3版)》(CCM-3)中,根据精神分裂症主导的临床表现,将此病分为偏执型、青春型、紧张型、单纯型和末定型几种类型。

精神分裂症的发病病因和机理目前并未完全明了。一般认为,遗传、神经递质功能异常、脑组织萎缩等神经生物学因素以及不良生活事件等社会心理因素共同作用导致了该病的发生。如果得到及时、规范的治疗,患者绝大部分症状都可以缓解。

Wang等人对有关精神分裂症患者前瞻记忆的11项研究进行了元分析。结果表明,精神分裂症患者在基于时间、基于事件和基于活动的前瞻记忆上都表现出下降。基于时间的前瞻记忆下降最明显,而且前瞻记忆与阴性症状[①]、一般精神病理、病程、年龄负相关显著，与教育程度、智商分数、发病前的智商分数等呈现明显正相关（Wang, Cui, Chan, Deng, Shi, Hong, et al., 2009）。

1. 精神分裂症患者与控制组前瞻记忆水平的比较

一些研究对精神分裂症患者与控制组（非患者）的前瞻记忆进行了比较，都得出了患者前瞻记忆下降的结论。例如，Elvevåg等对患者和控制组的习惯性前瞻记忆（即对固定时间反复出现意向的记忆，如定时服药）进行了比较。研究者采用了计算机模拟的前瞻记忆任务，其中当前任务为完成一个名为Kongman的电脑小游戏，前瞻任务为当游戏进行到特定阶段（背景颜色改变）时，翻转一个筹码。任务进行完毕，被试还需回忆并报告自己是否完成了前瞻记忆任务。结果表明，患者组的前瞻任务遗漏高于控制组，并且对于遗漏的前瞻任务，比控制组更多地虚报为已经执行。对于已经执行前瞻任务但报告没有执行（漏报）的错误，两组并没有差别。这表明患者在意向激活和实际执行两方面都出现了衰退（Elvevåg, Maylor, & Gilbert, 2003）。

另一项研究则将基于事件的前瞻记忆作为比较对象。研究者以精神分裂症患者和控制组各42人为被试，当前任务为完成以常识性测验为内容的选择题，前瞻任务为当题目中出现特定词时，进行拍桌子的动作。结果显示，精神分裂症患者的前瞻记忆较控制组差，但患者前瞻记忆的水平与病情有关的因素（发病年龄、病程、病情指标等）没有相关（Kumar, Nizamie, & Jahan, 2005）。

Wang等采用实验室范式，全方位比较了精神分裂症患者与控制组的基于时间、基于事件和基于活动的前瞻记忆。结果也表明，控制组的每种

[①] 阴性症状，指中枢神经系统损害造成正常功能降低或缺失而导致的精神病理学或神经病学上的缺陷症状。在精神病学中，通常被认为是阴性症状的有言语贫乏、注意缺陷、情感迟钝、情感淡漠和社会性退缩等。

前瞻记忆成绩都好于患者组,并且患者组基于时间的前瞻记忆比基于事件的前瞻记忆表现更差(Wang, Chan, Hong, Ma, Yang, Guo, et al., 2008),这与 Shum 等对患者与控制组三种前瞻记忆比较研究的结果一致(Shum, Ungvari, Tang, & Leung, 2004)。Zhou 等使用中文版剑桥前瞻记忆测试(C-CAMPROMPT),对中国的 41 名一期精神分裂症患者与 42 名控制组被试施测,也得到了患者基于时间和基于事件前瞻记忆均下降的结论(Zhou, Xiang, Wang, Dickerson, Au, Zhou, et al., 2012)。此外,以"虚拟一周"为工具对精神分裂症患者和控制组进行的研究也得出了同样结论(Henry, Rendell, Kliegel, & Altgassen, 2007)。在国内的一项研究中,研究者比较了首发精神分裂症组、慢性精神分裂症组和健康组的基于事件的前瞻记忆。结果也表明,控制了回溯记忆、视空间觉工作记忆等因素后,两个精神分裂症组的前瞻记忆没有显著差异,但均低于健康组(卓恺明,杨治良,宋振华,吴彦,季陈凤,施慎逊等,2011)。王沛弟等对男性精神分裂症患者基于事件前瞻记忆的研究也得出了类似结果(王沛弟,谢世平,杜经伦,刘刚,张傲霜,闫伟等,2008)。

专栏 7-2

◎ **精神分裂症的诊断标准**

由于精神分裂症的病因还未完全阐明,所以目前还没有确切的实验室检查或者化验结果作为诊断依据。一些量表的评估和实验室检查,可作为医生辅助诊断和确定严重程度的参考,但不能作为确切的诊断依据。精神分裂症的确诊主要依靠病史,并结合精神症状以及病程进展的规律等进行。如果患者没有明显原因,却表现出感知觉、思维、情感、意志行为等多方面障碍,精神活动自身内部及与外界环境不协调,并持续一定的时间,且对自身异常的表现没有认识,就要高度怀疑精神分裂症的可能。目前在临床上常用的诊断分类标准有：《中国精神障碍分类与诊断标准（第3版）》（CCMD-3），精神疾病的国际分类法系统（ICD-10），美国分类法系统（DSM-Ⅳ）。

根据《中国精神障碍分类与诊断标准（第3版）》（CCMD-3），精神分裂症诊断标准如下。

1. 症状标准

至少有下列2项，并非继发于意识障碍、智能障碍、情感高涨或低落，单纯型分裂症另规定：

（1）反复出现的言语性幻听；

（2）明显的思维松弛、思维破裂、言语不连贯，或思维贫乏或思维内容贫乏；

（3）思想被插入、被撤走、被播散、思维中断，或强制性思维；

（4）被动、被控制，或被洞悉体验；

（5）原发性妄想（包括妄想知觉，妄想心境）或其他荒谬的妄想；

（6）思维逻辑倒错、病理性象征性思维，或语词新作；

（7）情感倒错，或明显的情感淡漠；

（8）紧张综合征，怪异行为，或愚蠢行为；

（9）明显的意志减退或缺乏。

2. 严重标准

自知力障碍，并有社会功能严重受损或无法进行有效交谈。

3. 病程标准

符合症状标准和严重标准至少已持续1个月，单纯型另有规定。

以上研究都是将精神分裂症患者的前瞻记忆与正常组进行比较，而Wang等的研究在比较时则引入了分裂人格组。研究者使用实验室范式，对被试进行了语词的基于时间和基于事件的前瞻记忆、知觉的基于时间和基于事件的前瞻记忆以及基于活动的前瞻记忆共五种任务测试。从测试结果看，对于语词的基于事件的前瞻记忆和知觉的基于时间的前瞻记忆，分裂人格组低于精神分裂症患者组，语词的基于时间的前瞻记忆则是精神分裂症患者组低于分裂人格组，并且在这些种类的前瞻记忆上，都是控制组表现最好；而分裂人格组、精神分裂症组和控制组在基于活动的前瞻记忆和知觉的基于事件的前瞻记忆上没有显著差别（Wang, Chan, Yu, Shi, Cui, & Deng, 2008）。Lui 等则在比较中引入了患者并未患病的兄弟姐妹，前瞻记忆测试的结果表明，首次发病的精神分裂症患者组基于时间和基于事件的前瞻记忆低于控制组和兄弟姐妹组，而兄弟姐妹组与控制组没有显著差异，即患者的兄弟姐妹没有表现出前瞻记忆的下降（Lui, Wang, Liu, Chui, Gong, Shum, et al., 2011）。但在另一项研究中，研究者对精神分裂症患者的直系亲属（父母与兄弟姐妹）与控制组被试的前瞻记忆进行比较，发现直系亲属的前瞻记忆低于控制组（Wang, Chan, Cui, Deng, Huang, Li, et al., 2010）。这两个研究结果的矛盾，可能与研究对象与精神分裂症患者不同的血缘关系、不同的前瞻记忆任务内容等有关，其中的具体原因有待进一步确定。

2. 精神分裂症患者前瞻记忆下降的相关因素与机制

Twamley 等使用前瞻记忆筛选测验（MIST）以及一些认知测验对 72 名精神分裂症患者施测。发现患者的前瞻记忆与注意、工作记忆加工速度、学习、执行功能正向关，但与延时回忆无关。基于事件的前瞻记忆以及漏报、错报对日常功能有显著的预测作用（Twamley, Woods, Zurhellen, Vertinski, Narvaez, Mausbach, et al., 2008）。Ungvari 等对来自中国的 110 名精神分裂症患者和 110 名控制组的调查和测试则表明，前瞻记忆与患者的日常生活活动水平、病情等没有关系，只与抗胆碱能药物的服用负相关。患者前瞻记忆的衰退与前额叶功能有关（Ungvari, Xiang, Tang & Shum, 2008）。

Woods 等对 41 名精神分裂症患者和 41 名控制组的前瞻记忆过程成分进行了比较。发现患者组的前瞻记忆中最突出的错误在于对前瞻记忆线索反应的错误，但患者组与控制组的前瞻任务再认测验成绩却没有差异，表明患者前瞻记忆的降低与任务线索的侦测、对前瞻任务的自发回忆有关，即与前额顶叶环的功能有关（Woods，Twamley，Dawson，Narvaez & Jeste，2007）。

Altgassen 等让精神分裂症患者被试完成实验室范式下的前瞻记忆任务，并操纵了前瞻记忆两个成分（前瞻成分与回溯成分）中的回溯成分的认知负载量，即前瞻记忆靶目标的数量。结果表明，即使将回溯成分的负载量减到最少，精神分裂症患者也出现了前瞻记忆的衰退。说明患者前瞻记忆的衰退原因与前瞻记忆的两个成分都有关系（Altgassen，Kliegel，Rendell，Henry & Zöllig，2008）。

总之，精神分裂症患者前瞻记忆衰退的机制很复杂，在生理层面上，与额叶功能有关；在心理层面上，与患者工作记忆等认知能力的下降相关联。

五、HIV 感染者的前瞻记忆

HIV（人类免疫缺陷病毒，Human Immunodeficiency Virus），可通过血液、性行为和母婴途径在人际间传播，并引发感染者的获得性免疫缺陷综合征（AIDS），即艾滋病。

在感染 HIV 后，约 15%～20% 的感染者在 2～6 周内可出现发热、发汗、疲乏、肌痛、关节痛、厌食、皮疹、淋巴结肿大等急性症状，3～14 天后进入无症状期（潜伏期）。无症状期一般能持续几个月至 10 年以上，在这一时期，HIV 感染者可以没有任何症状，但能将 HIV 病毒传染给他人。随着感染者免疫功能逐渐下降，病程由无症状期进入发病期，这时，病人会出现持久性腹泻、乏力、厌食、智力减退、反应迟钝等症状。由于病人免疫功能完全损失，还会发生常见的机会性感染，如结核、乙型肝炎、口腔与咽部霉菌感染等，也常并发各种恶性肿瘤。

艾滋病是一种危害大、病死率高的严重传染病，目前尚无有效的疫苗和治愈药物，但可通过治疗延长生命，改善生活质量。

1. HIV 感染者与非感染者前瞻记忆的比较

有研究者对 HIV 感染者与非感染者的前瞻记忆水平进行了比较。

Carey 等对 29 名控制组和 42 名 HIV-1 型病毒感染者的前瞻记忆水平进行了比较，研究者使用的前瞻记忆任务为前瞻记忆筛选测验（MIST），并且要求被试 24 小时后通过电话留言告知前一天晚上入睡的时间（24 小时延时任务）。结果发现，与控制组相比，HIV 感染者在基于时间、基于事件和 24 小时延时任务的前瞻记忆表现都比控制组要差。由于对意向内容的回忆方面，并不存在控制组与感染组的差异，所以，感染者前瞻记忆的下降主要是执行功能下降引起的（Carey, Woods, Rippeth, Heaton, Grant, & the HIV Neurobehavioral Research Center Group, 2006）。

在另一项类似的研究中，HIV 感染组和控制组只需完成前瞻和回溯记忆问卷（PMRQ），以被试对自己前瞻记忆的主观判断作为比较的指标。结果也表明，HIV 感染者自我报告在日常生活中的前瞻记忆失败的频率要高于控制组，特别是那些需要内部激活线索的前瞻任务更是如此。不论哪一组，前瞻记忆失败都比回溯记忆失败的频率高。另外，根据其他项目测量的结果，HIV 感染组前瞻记忆的下降可能与抑郁导致的元记忆能力受损有关（Woods, Carey, Moran, Dawson, Letendre, Grant, & The HIV Neurobehavioral Research Center Group, 2007）。

2. HIV 感染者服药情况与前瞻记忆

HIV 感染者的病情具有潜伏期长、发展缓慢的特点，坚持正确的治疗能有效降低体内病毒含量，增强患者免疫力，推迟发病时间。因此，持续的药物治疗对 HIV 感染者来说就显得很重要，而"按时服药"本身就是一种依赖前瞻记忆支持的行为。因此，有研究者对 HIV 感染者服药情况与前瞻记忆的关系进行了探讨。

Woods 等以 87 名接受抗逆转录病毒治疗的 HIV 感染者为研究对象，通过问卷了解他们的服药情况，并使用前瞻记忆筛选测验（MIST）、前瞻和回溯记忆问卷（PMRQ）确定他们的前瞻记忆水平和自我评价状况。从研究结果看，前瞻记忆测试表现较差者、自我报告前瞻记忆失败较多者的坚持服药情况较差。前瞻记忆水平的降低比其他因素（如情绪紊乱、社会心理因素等）更能解释感染者不理想的服药状况（Woods, Moran, Carey, Dawson, Iudicello, Gibson, et al., 2008）。Woods 等的另一项研究同样使用了前瞻记忆筛选测验（MIST）、前瞻和回溯记忆问卷（PMRQ）分别作为 HIV 感染者前瞻记忆水平和自我评价的指标，但服药状况则用更精确的电子装置——"服药监视系统"来记录，它将微型集成电路片连在药瓶盖上，能记录药瓶盖打开的时间与日期。根据这一系统记录的结果，研究者把 79 名 HIV 感染者分为能坚持服药组（48 人）和不能坚持服药组（31 人）。结合前瞻记忆测试的结果表明，相对于能坚持服药组，即使控制了回溯记忆和抑郁等变量，不能坚持服药组的前瞻记忆也更差，而这种差别主要来自于基于时间的前瞻记忆（Woods, Dawson, Weber, Gibson., Grant, Atkinson, et al., 2009）。

Contardo 等的研究也使用了电子装置和前瞻记忆筛选测验（MIST），研究者具体分析了前瞻记忆筛选测验的不同项目与服药状况的关系，发现服药状况与三种前瞻记忆任务相关显著，即行为反应、15 分钟回忆和事件线索回忆（Contardo, Black, Beauvais, Dieckhaus, & Rosen, 2009）。

3. HIV 感染者的前瞻记忆加工机制

一些研究表明，对于 HIV 感染者来说，前瞻记忆与其他认知指标不存在显著相关，即前瞻记忆是与其他认知指标相独立的。例如，在一项研究中，研究者让 162 位 HIV 感染者接受前瞻记忆测验，使用的测量工具为前瞻记忆筛选测验（MIST）和意向记忆简评（AAIM），基础的神经心理测评包括回溯记忆、注意与执行功能、动作协调性等。结构方程模型的分析表明，对 HIV 感染者来说，前瞻记忆是一个与其他认知因素相对独立的指标（Gupta, Woods, Weber, Dawson, Grant, & The HIV Neurobehavioral Research Center Group, 2010）。

Morgan 等探讨了前瞻记忆任务延时的时长对 HIV 感染者和非感染者的影响，所使用的任务仍为前瞻记忆筛选测验（MIST），但操纵了任务布置后到前瞻线索出现的延时时间变量（2 分钟与 15 分钟）。结果发现，在较长延时的情况下，HIV 感染者的前瞻记忆水平显著降低，且主要是基于时间的前瞻记忆的降低；而在较短延时的情况下则没有区别。根据前瞻记忆的多重加工理论，这是由于长时的延时任务需要更多的策略加工，而 HIV 感染者的策略加工能力受到了损害，同时也表明，基于时间的前瞻记忆可以作为感染者执行功能的重要指标（Morgan, Weber, Rooney, Grant, Woods, & The HIV Neurobehavioral Research Program Group, 2012）。

4. HIV 感染者在日常生活中的前瞻记忆

还有研究者从日常生活的角度，对 HIV 感染者的前瞻记忆进行了研究。Woods 等（2011）对 59 名没有工作的 HIV 感染者和 49 名有工作的感染者使用前瞻记忆筛选测验（MIST）进行了测试，发现没有工作的感染者在基于时间和基于事件的前瞻记忆上均显著低于有工作者，即使控制了情绪和病情因素，前瞻记忆仍是独立预测工作状况的因素（Woods, Weber, Weisz, Twamley, Grant, & The HIV Neurobehavioral Research Programs Group, 2011）。

在另一项研究中，Woods 等以 66 名 HIV 感染者为研究对象，以理财、购物、做家务、坚持服药、上班等"日常生活自主行为"作为生活质量的指标，探讨感染者的前瞻记忆与这类行为水平的关系。根据调查结果，前瞻记忆筛选测验（MIST）的成绩和前瞻与回溯记忆问卷（PRMQ）的结果比回溯记忆、情绪等能很好地预测感染者日常自主行为的情况。前瞻记忆与自主行为之所以有如此密切的关联,是由于HIV感染者线索觉察和主动进行意向回忆的水平降低导致的(Woods, Iudicello, Moran, Carey, Dawson, Grant, et al., 2008)。

六、其他疾病患者的前瞻记忆

除上述几种疾病患者的前瞻记忆探讨较多外,研究者还对其他一些疾病患者的前瞻记忆进行了研究。

1. 糖尿病患者的前瞻记忆

糖尿病(Diabete)是由遗传因素、免疫功能紊乱、微生物感染及其毒素、自由基毒素、精神因素等各种致病因子作用于机体,导致胰岛功能减退、胰岛素抵抗等而引发的糖、蛋白质、脂肪、水和电解质等一系列代谢紊乱综合征。糖尿病患者血液中的胰岛素绝对或相对不足,导致血糖过高,出现糖尿,进而引起脂肪和蛋白质代谢紊乱,临床上可出现多尿、烦渴、多饮、多食,消瘦等表现,重者容易发生酮症酸中毒等急性并发症或血管、神经等慢性并发症。

根据有关专家的调查统计,中国人的糖尿病患病率(包括已诊断的糖尿病和未诊断的糖尿病)达9.7%,糖尿病前期患病率为15.5%。据此推算,我国有9240万成年人有糖尿病,多达1.482亿成年人处于糖尿病前期。

Vedhara等以48位II型糖尿病的老年患者为被试,进行了一个实验室情境下的前瞻记忆任务与线索特征关系的研究。其中当前任务为对屏幕中央出现的单词进行分类并按键反应,前瞻任务为在实验开始30秒后的任一时间按一次空格键。研究者将前瞻记忆任务分为四种:无线索、视觉线索(在空格键上贴上一个彩色图标)、听觉线索(实验进行中电脑发出一个提示音)和视听双线索。另外,使用电子监视装置记录被试至少十天的服药情况。结果表明,无论是以前瞻任务反应的正确率还是漏报率作为成绩指标,都是双线索的任务完成更好,以下依次为听觉线索、视觉线索和无线索。表明在这类患者服药过程中,多样化的提醒方式是必要的。另外,前瞻记忆任务正确率高的被试,在服药中遗漏较少,但前瞻记忆任务中的漏报与虚报却与服药无关(Vedhara, Wadsworth, Norman, Searle, Mitchell, Macrae, et al., 2004)。

2. 慢性疲劳综合征患者的前瞻记忆

慢性疲劳综合征是现代高效快节奏生活方式下出现的一组以长期极度疲劳(包括体力疲劳和脑力疲劳)为主要表现的全身性症候群。诊断标准为长时间(连续6个月以上)原因不明的强度疲劳感觉或身体不适。患者在运动系统、消化系统、泌尿生殖系统和心理方面都会产生一系列的异常反应,如焦虑、记忆减退、食欲下降、关节疼痛、性欲减退等。

Attree等以11名女性慢性疲劳综合征患者和12名年龄、智力相当的健康女性为研究对象,让被试完成一个自然情境中的前瞻记忆任务,即把一样物品(如手表)交给主试保管,并在实验结束时拿回。模拟情境的前瞻记忆任务则是在计算机上运行的一个3D游戏程序,画面为一个有着54件家具的5个房间的房屋,被试的当前任务是确定每件家具应搬到另一个更大的房屋中的哪个房间里(当前任务),而前瞻任务则是对特定的对象或在特定的时间作出特定反应,如在玻璃制品上贴上"易碎"标签(基于事件的前瞻任务)、每次离开厨房时关门(基于活动的前瞻任务),以及每隔5分钟为搬运工开一次大门(基于时间的前瞻记忆)。另外,被试还要完成前瞻记忆与回溯记忆问卷(PRMQ)和自由回忆的测试。

结果表明,在基于时间和基于事件的前瞻记忆方面,慢性疲劳综合征患者都低于健康被试,但区别并没有达到显著水平,而在自由回忆测试和前瞻记忆、回溯记忆的自我评价方面,慢性疲劳综合征患者明显较低。说明患者的前瞻记忆有较微弱的降低,但回溯记忆降低较明显(Attree, Dancey, & Pope, 2009)。

3. 多发性硬化症患者的前瞻记忆

多发性硬化症（Multiple Sclerosis，MS）是一种慢性的神经系统疾病，特征为周期性、一再发生的髓鞘受损，症状的发作经常间隔数年，但是每次发作都会导致更多髓鞘硬化和结疤。此种疾病的主要症状有感觉异常、视觉障碍、运动和平衡障碍、疼痛等。

在一项关于多发性硬化者前瞻记忆的研究中，研究者让20名患者和20名健康个体完成"虚拟一周"的前瞻记忆任务，以及自由回忆等测试。结果表明，多发性硬化症患者的前瞻记忆显著低于控制组，但两组被试的回溯记忆并没有显著差别。这说明患者前瞻记忆的退化与回溯记忆无关（Rendell，Jensen，& Henry，2007）。

除此之外，单纯疱疹脑炎（Sgaramella，Borgo，Fenzo，Garofalo，& Toso，2000）、遗忘症（Brunfaut，Vanoverberghe，& d'Ydewalle，2000）等身体和精神疾病对前瞻记忆影响也被一些研究所涉及，并得到了这些疾病会在一定程度上损害患者前瞻记忆的结论。

七、成瘾（依赖）者的前瞻记忆

成瘾（依赖）一般指药物或其他物质与机体相互作用所造成的一种精神状态或身体状态。在这种状态下，人会表现出一种强迫性连续定期使用该药物或和物质的行为和其他反应，为的是要去感受其精神效应，或是为了避免由于戒断所引起的不适。有时成瘾（依赖）也指行为成瘾，如性成瘾、网络依赖等。成瘾（依赖）的核心特征是个体明确知道自己的行为有害，但却无法自控。成瘾（依赖）会对个体的生理和心理产生广泛的影响。有心理学家对成瘾（依赖）者的前瞻记忆进行了研究。

1. 毒品使用者的前瞻记忆

这类研究涉及亚甲基双氧甲基苯丙胺（"摇头丸"）、甲基苯丙胺（冰毒）和大麻等毒品使用对前瞻记忆的影响。

（1）亚甲基双氧甲基苯丙胺使用者的前瞻记忆

亚甲基双氧甲基苯丙胺（MDMA）俗称摇头丸，是一类人工合成的致幻性苯丙胺类毒品，对中枢神经系统有很强的兴奋作用，服用后表现为活动过度、情感冲动、性欲亢进、嗜舞、偏执、自我约束力下降以及有幻觉和暴力倾向，具有很大的社会危害性。Rendell等以27名正在使用摇头丸者和34名不使用者进行前瞻记忆测验，使用的工具仍是"虚拟一周"。根据测试结果，不管何种前瞻记忆的类型，都是摇头丸使用者组的成绩低于控制组，即使控制了大麻使用、精神病理学症状和睡眠症状等因素也是如此。进一步的统计分析发现，频繁使用摇头丸者成功执行的前瞻记忆比不频繁使用者更低，不使用者则最高（Rendell, Gray, Henry, & Tolan, 2007）。

在另一项研究中，研究者以常使用摇头丸者（每月10次以上）和不使用者为被试，以前瞻记忆问卷（PMQ）确定被试前瞻记忆水平，发现在控制了其他药物使用和认知策略情况下，摇头丸使用者自我报告的前瞻记忆错误显著高于不使用者。研究者还发现，摇头丸使用组的测谎分数和所报告的认知错误（使用认知错误问卷确定）并不高于不使用组，这也验证了其所报告的前瞻记忆错误并非由主观夸大造成（Heffernan, Jarvis, Rodgers, Scholey, & Ling, 2001）。而在Heffernan等的另一项以30名经常使用者和31名不使用者为被试的研究中，研究者仍以前瞻记忆问卷确定被试的前瞻自评水平，得到了同样的结果，还发现在两组的自我报告中，前瞻记忆策略使用方面没有区别，推测摇头丸使用者前瞻记忆能力的下降可能与血清素激活路径及前额叶功能的退化有关（Heffernan, Ling, & Scholey, 2001）。

（2）大麻使用者的前瞻记忆

大麻（Cannabis）是荨麻目大麻科草本植物，其主要有效化学成分为四氢大麻酚（THC），在吸食或口服后有精神和生理的活性作用。Fisk和Montgomery调查了大麻使用者的日常记忆自评特点。其中前瞻记忆自评指标由前瞻记忆问卷（PMQ）确定。结果发现，前瞻记忆的各方面都被大麻使用者自评为下降显著（Fisk & Montgomery, 2008）。

有两项研究对摇头丸和大麻对前瞻记忆自评的影响进行了比较。Rodgers 等以互联网为手段，对 490 名参与者进行调查，使用的测量工具为前瞻记忆问卷（PMQ）和日常记忆问卷（Everyday Memory Questionnaire, EMQ）。结合参与者使用摇头丸和大麻的状况，研究者对这两种致幻剂与前瞻记忆功能的关系进行了统计分析。结果表明，大麻主要对短时的、内部线索的前瞻记忆具有明显不良影响，而摇头丸主要对长时前瞻记忆的存贮和提取产生影响（Rodgers, Buchanan, Scholey, Heffernan, Ling, & Parrott, 2001）。同一研究团队的另一项研究使用了相同的研究工具和方法，也得出了相似的结论（Rodgers, Buchanan, Scholey, Heffernan, Ling, & Parrott, 2003）。

（3）甲基苯丙胺使用者的前瞻记忆

甲基苯丙胺因其原料外观为纯白结晶体，晶莹剔透，故被吸毒和贩毒者称为"冰"；由于它的毒性剧烈，人们便称之为"冰毒"。Rendell 等以曾经吸食过冰毒和未曾吸食过毒品的人（控制组）各 20 名为研究对象，让他们完成"虚拟一周"的前瞻记忆任务。结果发现，对于不同的任务（常规任务、非常规任务、时间检查任务），都是曾吸食冰毒组的成绩明显低于控制组（Rendell, Mazur, & Henry, 2009）。

（4）多种致幻剂毒品使用者的前瞻记忆

Hadjiefthyvoulou 等对使用多种致幻剂毒品（包括摇头丸、可卡因和大麻等）者与不使用毒品者的前瞻记忆进行了比较。测试对象是 42 名多种致幻剂毒品使用者和 31 名不使用毒品者。除了完成前瞻记忆和回溯记忆问卷（PRMQ）外，研究者还给被试进行两个前瞻记忆任务测试：一是经典的实验室中的前瞻记忆任务，其中当前任务为一致性判断，前瞻任务是每隔 30 秒钟屏幕出现特定提示时按下特定键；二是 Rivermead 行为记忆测验中的三个前瞻记忆任务。结果发现，无论是通过问卷进行的自我报告，还是测试的结果，都表明多种致幻剂使用者的基于时间和基于事件的前瞻记忆均低于不使用毒品者（Hadjiefthyvoulou, Fisk, Montgomery, &

Bridges，2010）。在同一研究团队进行的另一项研究中，使用的测试工具是第三章中介绍的剑桥前瞻记忆测验（CAMPROMPT），测试对象是29名多种致幻剂毒品使用者、12名大麻单一使用者和18名不使用毒品者。测试的结果表明，无论是基于事件还是基于时间的前瞻记忆，多种致幻剂毒品使用者的水平都显著低于大麻单一使用者和不使用毒品者。虽然受测者的回溯记忆与执行功能与前瞻记忆成绩相关联，但这并不是导致毒品降低前瞻记忆的原因（Hadjiefthyvoulou，Fisk，Montgomery，& Bridges，2011）。

2. 酒精使用者和酒精依赖（酗酒）者的前瞻记忆

Paraskevaides等（2010）研究了酒精使用对前瞻记忆的影响。研究者将32名健康的大学生被试分为酒精使用组和安慰剂组，给酒精使用组被试服用一定剂量的酒精，而安慰剂组服用的是不含酒精的饮料。随后研究者以"虚拟一周"为前瞻记忆测量工具，对两组被试进行测量。结果发现，酒精使用组的基于事件的前瞻记忆低于安慰剂组，而基于时间的前瞻记忆则相差不显著。另外，将测验任务与日常生活相结合的策略能大大减少酒精服用对前瞻记忆的损害。根据以往的研究，酒精使用可能损害了情景记忆中一定视觉—空间下的他人参照（即观点的独立），而将前瞻任务与实际日常生活结合的策略弥补了酒精使用者的这一不足（Paraskevaides，Morgan，Leitz，Bisby，Rendell，& Curran，2010）。

酒精依赖（酗酒）是由于饮酒所致的对酒精渴求的一种心理状态，可连续或周期性出现，酒精依赖者为体验饮酒的心理效应或避免不饮酒所致的不适感，会经常或连续性地饮酒而不能有效自控，严重者会发展成为酒精依赖综合征。已有研究无一例外地表明，酒精依赖会对前瞻记忆产生一定损害。

Heffernan等探讨了青少年酗酒行为对前瞻记忆的影响。研究的被试为21位酗酒者和29位非酗酒者，前瞻记忆测量的工具为前瞻记忆与回溯记忆问卷（PRMQ）中的前瞻分问卷和前瞻记忆视频程序（PRVP，见第三章介绍）。研究发现两组被试前瞻记忆问卷得分没有明显差异，但在前瞻记忆视频程序测试中，酗酒组比非酗酒组回忆出较少的位置——行动线索，说明酗酒损害了青少年的日常前瞻记忆（Heffernan, Clark, Bartholomew, Ling, & Stephens, 2010）。

在另一项研究中，Heffeman 等比较了 30 名酒精重度使用者和轻度使用者的前瞻记忆，所使用的测评工具为前瞻记忆问卷（PMQ，见第三章介绍）。从长时前瞻记忆、短时前瞻记忆和内部线索前瞻记忆几个分问卷分数看，均是酒精重度使用组显著低于轻度使用组，而在策略使用分问卷上的差异没有达到显著水平（Heffeman, Moss, & Ling, 2002）。

与此研究类似的另两项研究中，研究者使用了同一问卷，测评对象分别是 40 名酒精重度依赖者和 40 名轻度使用者和不使用者（Heffernan, Ling, & Bartholomew, 2004），以及 16~19 岁的过度使用和非过度使用的青少年（Heffernan, O'Neill, Ling, Holroyd, Bartholomew, & Betney, 2006），也得到了与前述研究基本一致的结果。

3. 尼古丁依赖者的前瞻记忆

尼古丁依赖即日常所说的烟瘾。吸烟不仅会损害身体健康，导致心肺等疾病，而且尼古丁还会损伤神经系统，使人的神经肌肉反应的灵敏度和精确度下降。也有研究者对尼古丁依赖者的前瞻记忆进行了研究。

在 Heffernan 等（2005）的一项研究中，研究者使用互联网收集了 763 名参与者使用前瞻记忆问卷（PMQ）和日常记忆问卷（EMQ）进行自评的数据，结合参与者吸烟的情况，发现吸烟者自我报告的长时前瞻记忆错误高于不吸烟者，而重度吸烟者与轻度吸烟者之间也有区别，但日常记忆问卷的自评没有区别。表明尼古丁对记忆的损害似乎更针对长时的前瞻记忆，且存在剂量效应（Heffernan, Ling, Parrott, Buchanan, Scholey, & Rodgers, 2005）。

另有几项研究参照了尼古丁依赖（或摄入）者客观测量的前瞻记忆水平，因而更能说明两者之间的关系。Rusted 等通过三个实验研究了尼古丁摄入对实验室任务条件下前瞻记忆的影响。实验通过指导语中是否强调任务的重要性,将前瞻记忆任务分为需要策略加工的("警戒"或投入全部注意的前瞻记忆任务)和自动的或无意识加工的两种。结果表明,在测试前的两小时内摄入尼古丁的吸烟者,前瞻记忆任务完成得更好,并且主要是提高了需要策略加工的前瞻记忆任务(Rusted, Trawley, Heath. Kettle, & Walker, 2005)。在使用类似前瞻记忆任务的另一项研究中,研究者测试的对象包括了吸烟者和不吸烟者,另外还通过有无一个额外的工作记忆任务来控制被试分配在前瞻任务上的认知资源。结果也发现,当被试能够将认知资源分配到前瞻任务(即无额外工作记忆干扰)时,尼古丁摄入能改善前瞻记忆,而当增加了额外的工作记忆时,尼古丁摄入导致了前瞻记忆下降。说明尼古丁促进前瞻记忆的机制在于增加了可利用的认知资源(Rusted & Trawley, 2006)。

  Heffernan 等的研究以 18 位吸烟者和 22 位从不吸烟者为对象,收集前瞻记忆与回溯记忆问卷(PRMQ)中前瞻分问卷的得分(主观水平),以及完成剑桥前瞻记忆测试(CAMPROMPT)的情况(客观水平)。结果发现,吸烟组与不吸烟组在前瞻记忆自评上的得分没有区别,但吸烟者在剑桥前瞻记忆测试中回忆出的项目较少(Heffernan, O'Neill, & Moss, 2010)。

  在一项研究中,研究者对 27 名吸烟者、24 名不吸烟者和 18 名曾经吸烟者的前瞻记忆进行了比较,所使用的测量工具为前瞻与回溯记忆问卷(PRMQ),以及一个真实场景中的前瞻记忆测试任务(RWPMT,见第三章介绍)。结果表明,在控制了性别、年龄、情绪、智商等因素的情况下,虽然三组自我报告的前瞻记忆水平没有显著差别,但在真场景前瞻记忆任务中,吸烟者的前瞻记忆较低,主要表现为回忆起的"地点—行动"项目显著少于其他两组。这表明前瞻记忆的损害也是吸烟的诸多不良后果之一(Heffernan, O'Neill, & Moss, 2012)。

  另一项以不吸烟年轻人为对象的研究表明,在需要注意资源的当前任务条件下,尼古丁摄入能使提高前瞻任务靶目标的检测率,但与前瞻记忆成绩无关。另外,尼古丁摄入也不能增强特异靶目标的前瞻记忆成绩

（Rusted, Sawyer, Jones, Trawley, & Marchant, 2009）。

综合上述研究，似乎能得出尼古丁依赖或暂时摄入能有条件提高典型实验室范式下前瞻记忆成绩、但对自然情境或长时的前瞻记忆有一定损害的结论。从这一结论可知，尼古丁对实验室范式下前瞻记忆的提高只是暂时神经刺激的结果，从长远来看，尼古丁对身体以及神经系统的伤害却是不容置疑的。

八、其他与身心健康有关的特殊群体的前瞻记忆

除上述提及的各类身心疾病外，还有个别研究也涉及了其他与身心健康有关的特殊群体。

镇静药主要用于焦虑和烦躁等的对症治疗，其中的主要成分有镇静、抗焦虑和放松肌肉的效果。Rich等研究了苯二氮平类镇静药服用者的前瞻记忆。研究者对48个志愿者采用了双盲的方式进行了实验，随机选取一半志愿者接受0.19mg/kg剂量的镇静药注射，另一半则注入同剂量的生理盐水。被试完成的前瞻记忆任务为"取回物品"的单一任务，即主试收取被试的一件随身物品（如驾照），让被试在测试结束时记得取回。研究发现，注射镇静药组的前瞻记忆成绩显著低于控制组。表明镇静药不仅会使正常人的回溯记忆受损，同样也影响前瞻记忆（Rich, Svoboda, & Brown, 2006）。

另有两项研究针对的人群则是怀孕妇女。Cuttler等对61名孕期妇女和24名非孕期妇女进行了一系列主客观前瞻记忆测评。这些测评除了前瞻记忆问卷（PMQ）和前瞻与回溯记忆问卷（PRMQ）两个自陈问卷外，还包括几个前瞻记忆任务：一是实验室范式下的前瞻记忆任务，被试看到水果图片时按下特定键；二是电话任务，即测试开始前拔下电话插头，并请被试在测试结束时提醒主试重新插好电话插头；三是致电任务，即让被试在实验室测试前和测试后的某一天各打电话给主试一次；四是邮件任务，在实验室测试后交给被试一个写好地址的信封，请被试回家后完成

信封中放置的问卷并在第二天将信寄给主试。根据上述系列测试的结果，在邮件任务和第一次致电任务上，和非孕期组相比，孕期妇女表现出前瞻成绩的下降，而在当前的前瞻记忆自评方面，怀孕组显著低于非怀孕组。这表明孕期妇女在日常生活中会经历前瞻记忆降低的困扰，但在实验室实验条件下，这种降低却不明显（Cuttler, Graf, Pawluski, & Galea, 2011）。另一项研究对比了怀孕期妇女与控制组妇女在实验室测试和日常生活中记录的前瞻记忆情况，结果也得出了相同结论（Rendell & Henry, 2008）。

国内的一项研究比较了40名更年期综合征女性和40名健康者的基于事件和基于时间的前瞻记忆。结果表明，更年期综合征组基于事件的前瞻记忆得分显著低于对照组，而两组基于时间的前瞻记忆差异不显著（程朗朗，郑天生，何金彩，叶敏捷，2012）。

第八章 年龄—前瞻记忆悖论的社会心理因素

目前还没有出现对年龄—前瞻记忆悖论的清楚解释，但研究者提出了几个可能的原因用以说明实验室和自然情境中前瞻记忆随年龄变化的不同趋势。这些可能的原因包括动机、外部提示的使用、日常生活特点以及任务的区别。

——Peter G. Rendell & Fergus I. M. Craik，2000

- 年龄—前瞻记忆悖论
- 实验室情境中前瞻记忆的年龄差异
- 自然情境中前瞻记忆的年龄差异
- 年龄—前瞻记忆悖论的原因

前瞻记忆的年龄效应，或称前瞻记忆的老化，是前瞻记忆研究领域的又一个重要课题。这类研究比较不同年龄（主要是年轻与年老）群体的前瞻记忆，用以揭示前瞻记忆更深层的加工机制及其影响因素。在前瞻记忆年龄效应的研究中，对年龄—前瞻记忆悖论现象的探讨无疑是最具挑战的课题。因为这一现象在多数研究中稳定存在，却难以用单一的因素给出令人信服的解释。但无论如何，社会心理相关的因素必定起着重要的作用。

一、年龄—前瞻记忆悖论

年龄—前瞻记忆悖论（Age-Prospective Memory-Paradox）是指在实验室任务条件下，多数研究得出老年人前瞻记忆低于年轻人的结论，而在自然任务条件下，相当多的研究得出了老年人的前瞻记忆好于年轻人或与年轻人相当的结论（Schnitzspahn, Ihle, Henry, Rendell, & Kliegel, 2011）。例如，Henry 等在 2004 年进行了一项元分析研究，对公开发表的成果（截止到 2001 年 11 月）中有关前瞻记忆年龄效应的实验数据进行了综合，结果表明，在实验室实验的条件下，年龄与基于时间的前瞻记忆成绩的相关为 -0.39，年龄与基于事件的前瞻记忆的相关为 -0.34，即随着年龄的增长，前瞻记忆成绩呈现下降趋势；而在自然条件下，年龄与基于时间的前瞻记忆成绩的相关为 0.52，年龄与基于事件的前瞻记忆的相关为 0.35，即随着年龄的增长，前瞻记忆成绩呈现上升趋势；而无论在何种条件下，基于时间的前瞻记忆的上升或下降趋势都更明显（Henry, MacLeod, Phillips, & Crawford, 2004）。

根据已有文献，Rendell 和 Craik 最早（2000 年）在研究中提出了年龄—前瞻记忆悖论的说法并对此进行了研究。在研究的实验一中，研究者使用了"虚拟一周"的前瞻记忆测量工具对年轻被试和老年被试进行测试。结果表明，尽管这一工具较接近真实的生活情境，但老年被试的基于时间和基于事件的前瞻记忆都比年轻被试差。在实验二中，研究者让老年被试和年轻被试都完成真实情境中的前瞻记忆任务（"真实一周"），发现老年被试成绩要好于年轻被试（Rendell & Craik，2000）。

二、实验室情境中前瞻记忆的年龄差异

如前所述，大量使用实验室范式的研究结论都表明老年人的前瞻记忆要差于年轻人。按照研究结论、研究者所提出的产生年龄差异的原因或影响因素，这些研究可归纳如下。

1. 与前瞻记忆中的回溯成分有关

一个完整的前瞻记忆由前瞻成分（行为意向）和回溯成分（执行意向的条件、内容等）构成。有研究者认为，老年人前瞻记忆中回溯成分记忆能力产生下降，导致了前瞻记忆成绩的下降。例如，Einstein 等以老年人（60～80 岁）和年轻人（19～22 岁）为被试，以词表的短时记忆为当前任务，以规定的单词出现时按下特定键为前瞻任务，在实验中操纵了延时长短变量和前瞻任务的复杂性变量——简单组为一个靶目标，复杂组为四个靶目标。结果发现，延时长短对前瞻记忆没有明显影响，但任务复杂性与年龄的交互作用显著：在简单任务条件下，前瞻记忆没有表现出年龄差异；在复杂任务条件下，老年人的前瞻记忆较差。根据实验结果和事后的调查，研究者发现，老年组不能很好地记住前瞻任务的较复杂的靶目标（Einstein, Holland, McDaniel, & Guynn, 1992）。

2. 与自发提取有关

Einstein 等的另一项研究假设前瞻记忆表现的年龄差异可能与自发提取有关，在所进行的实验一和实验二中，研究者分别让年轻人与老年人完成基于时间的前瞻记忆（在对单词进行短时记忆时每隔 10 分钟按下指定按键）和基于事件的前瞻记忆（在对单词进行短时记忆时遇到目标词按下指定按键）。结果表明，老年人在基于时间的前瞻记忆任务上的表现较差，而在基于事件的前瞻记忆任务上与年轻人成绩相当。实验三改变了任务材

料，增加了中年组，也得到了与实验一和实验二类似的结果。由于基于时间的前瞻任务需要更多的自发提取，所以研究者的假设在一定程度上得到了验证（Einstein, McDaniel, Richardson, Guynn, & Cunfer, 1995）。

Cherry等的研究操纵的是线索的特异性这一变量。研究者通过三个实验发现，当前瞻任务的靶线索较特异（如特定的词或出现频率低的词）时，没有出现年龄效应，即年轻组与老年组前瞻记忆成绩相当；但当前瞻任务的靶线索较不特异（如某一类别，或出现频率高的词）时，年轻组的成绩好于老年组，这显然是因为特异的目标线索有利于自发的提取（Cherry, Martin, Simmons-D'Gerolamo, Pinkston, Griffing, et al., 2001）。

3. 与"能力"因素有关

在研究实验室范式下前瞻记忆年龄差异时，Cherry和LeCompte引入了"能力"这一变量，这一变量综合了受教育年限、职业状态、身体健康、词汇水平等诸多因素。实验中，前瞻记忆水平仍由实验室范式的测试来确定，即以词表的短时记忆为当前任务，以指定单词出现时按下规定按键为前瞻记忆任务。结果发现，低能力年轻组的前瞻记忆显著高于低能力老年组的前瞻记忆，而高能力的年轻组与老年组没有差别（Cherry & LeCompte, 1999）。

4. 与"意向瞬脱"、时间监控有关

West和Craik用"意向瞬脱"（Momentary Lapses of Intention，MLIs）与"反应延迟"（Response Latency，RL）的概念来解释老年人前瞻记忆的退化。研究者采用配对词汇判断作为当前任务，前瞻任务为对特定特点的词进行反应。实验结果表明，被试在完成前瞻记忆任务时存在着"遗漏"和"恢复"的现象。在这里，"遗漏"是指对一个前瞻目标正确反应之后，却对后一个前瞻目标产生了漏报；"恢复"是指对一个前瞻目标漏报之后，却对下一个前瞻目标进行了正确反应。研究者认为"遗漏"和"恢复"即是"意向瞬脱"的表现。结合老年人的前瞻记忆较差的实验结果，研究者

认为"意向瞬脱"可能解释老年人前瞻记忆退化的机制。另外，根据实验结果，老年组的反应时较长，这也与前瞻记忆成绩有关（West & Craik, 1999）。

另一项研究认为，对时间监控是基于时间前瞻记忆出现年龄差别的原因。这项研究的被试为年轻组 30 名（18～30 岁），老年组 32 名（58～91 岁）。当前任务为 n-back 范式的图片对比任务，基于事件的前瞻任务为出现动物图片时按下指定按键，基于时间的前瞻任务为每隔 2 分钟按下另一指定按键。根据对实验数据回归分析的结果，基于时间的前瞻记忆的年龄差异与被试对时间的监控关系密切，而与其他认知因素的关系不明显（Jáger & Kliegel, 2008）。

5. 与任务性质、加工特点有关

根据王青、焦书兰和杨玉芳的研究，当前瞻记忆任务和当前任务要求的认知过程一致时，例如当前任务为判断配对名字是否属于同类物品、前瞻记忆任务为遇到其中特定种类的配对词作出反应，这时前瞻性记忆的年龄效应并不出现；而当前瞻记忆任务和当前任务要求的认知过程不一致时，例如当前任务为判断配对词的颜色是否一致（知觉任务）、前瞻记忆任务为对特定的配对词类别进行反应（语义任务），就会出现前瞻记忆的年龄效应，即年龄效应与双任务之间的关系有关（王青，焦书兰，杨玉芳，2003）。

在 Aberle 等所进行研究的实验一中，操纵了实验室情境下任务性质的变量。被试的任务是完成一个改进了的"虚拟一周"桌面游戏，其中包括规律性的前瞻记忆任务（在每天的固定时间完成）和无规律的前瞻记忆任务（每天完成的时间不同）。根据统计结果，老年和年轻被试在有规律的前瞻记忆任务上没有明显区别，而在无规律的前瞻任务上，老年组的成绩低于年轻组，即任务的规律性特点影响了前瞻记忆的年龄差异（Aberle, Rendell, Rose, McDaniel, & Kliegel, 2010）。

前瞻任务的加工特点也是影响年龄差异的一个因素。国内学者的一项研究控制了前瞻记忆线索与意向的关联性（例如前瞻任务为出现"花盆"一词时报告"浇花"为高关联性，前瞻任务为出现"大海"时报告"学习"为低关联性任务）、线索的显著性（前瞻线索与非线索是否区别显著）两个变量，发现前瞻记忆年龄差异主要表现在前瞻成分，主要受线索区别性影响，回溯成分主要受线索与意向的关联性影响。实验二进一步通过分心与线索区别性调节检验前瞻成分的注意资源，也得出了类似结果。由于在高注意资源需要下，前瞻记忆主要依赖控制加工，所以，控制加工条件下的年龄差异相对较大，而在低注意资源需求时的自动加工条件下，年龄差异较小（陈思佚，周仁来，2010a）。

6. 与工作记忆（认知资源）有关

一些研究关注前瞻记忆的认知加工机制和过程，并将老年被试在实验室情境下前瞻记忆的退化归因为工作记忆能力下降。

Einstein 等在研究年龄效应时，操纵了编码与提取阶段的任务负载变量。实验的当前任务是对单词进行评估，前瞻任务是遇到黄颜色的单词时按下特定键，而增加当前任务负载组还需同时监听录音机播放的数字。结果表明，增加当前任务负载使前瞻记忆成绩下降，且出现了年龄效应，即在增加负载的情况下，年轻被试的前瞻记忆好于老年被试。为进一步探讨任务负载对前瞻记忆的影响，研究者还将任务负载的增加分为编码时增加和提取时增加两种情况。其中在编码时增加前瞻任务的负载，是指在前瞻目标出现的任务段让被试同时监听数字，而在提取时增加任务负载，则是让被试在前瞻目标不出现的任务段同时监听数字。结果发现，提取时的负载增加，使老年被试的前瞻记忆成绩显著低于年轻人。由于增加任务负载意味着可使用的认知资源的减少，因此研究者认为，年龄效应的出现与工作记忆能力有关（Einstein, Smith, McDaniel, & Shaw, 1997）。

在 Park 等的研究中，当前任务为对出现在屏幕上的单词进行记忆，基于事件的前瞻记忆任务是遇到呈现特定背景的单词时按下指定键（实验一），基于时间的前瞻记忆任务为在固定的时间间隔作出特定反应（实验二）。研究结果表明，两种前瞻记忆都存在老年组低于年轻组的现象，并且基于时间的前瞻记忆相差更大。研究者同样用注意资源和时间监控来解释年龄效应（Park，Hertzog，Kidder，Morrell，& Mayhorn，1997）。

Einstein 等对老年被试和年轻被试的习惯性前瞻记忆进行了比较。研究者让被试完成 11 个认知测试，要求被试在每个测试中都要按一次指定按键，而对按键的时间不作要求。根据实验结果，老年组被试更多地会犯重复按键和漏报的错误，且主要在分心状态下产生。研究者认为这主要是老年被试认知能力（用以监视的资源）和时间辨别能力下降的原因（Einstein，McDaniel，Smith，& Shaw，1998）。

在另一项研究中，Einstein 等通过三个实验，考察延时、分心等因素对年龄效应的影响，当前任务为阅读语句并回答问题，前瞻任务为遇到语句中的特定词时按下指定按键。结果发现，在前瞻记忆线索以突出特点首次出现的情况下，年龄的区别仍然明显，而在前瞻记忆线索以较难的形式首次出现的情况下，老年被试却没有表现出前瞻记忆的明显下降。研究者比较了元记忆、计划重构、工作记忆能力等解释，认为工作记忆能力能较好地解释此研究中的年龄效应（Einstein，McDaniel，Manzi，Cochran，& Baker，2000）。

在 Kliegel 等的一项探索前瞻记忆新范式的研究中，研究者考察了年轻和老年被试在形成计划、保持计划、启动计划、完成单一前瞻记忆任务和系列复杂前瞻记忆任务等方面的区别，发现除保持计划和完成单一前瞻记忆任务上的差异不显著外，均为年轻被试的表现好于老年被试。结合在延时环节时工作记忆测试的结果，研究者认为，这一年龄差异主要与工作记忆和抑制功能有关（Kliegel，McDaniel，& Einstein，2000，详见本书第三章介绍）。

West 和 Craik 总结了以往研究中提出的影响实验室情境下前瞻记忆年龄区别的四个因素：一是当前任务的加工类型和前瞻记忆线索特点之间的相互作用；二是前瞻记忆的前瞻成分、回溯成分与年龄效应的关系；三是前瞻记忆从线索到意向的易得性；四是加工速度、抑制控制、工作记忆等加工资源的因素。他们还通过两个实验，对上述变量进行操纵，以检验这些影响因素的作用。根据实验结果，年轻组的前瞻记忆优于老年组，且老年组前瞻记忆的失败主要是漏报型。对前瞻线索和意向的回忆能独立预测年龄效应，结合认知测验的结果进行回归分析发现，加工速度、抑制控制、工作记忆等加工资源在年龄与前瞻记忆成绩之间起着中介作用，即老年组这些加工资源的下降导致了前瞻记忆的下降（West & Craik，2001）。

Einstein 等（2008）在研究前瞻记忆的年龄效应时，以阅读句子并回答相关问题为当前任务，以对大写的单词作出特定反应为前瞻任务，在实验一中操纵了前瞻反应延时（对前瞻记忆目标立即反应还是稍后反应）和分心（是否有数字监听任务）两个变量。结果表明，在非延时条件下，年龄效应不明显，而在延时和分心条件下明显。在实验二中，除年龄外的两个自变量为延时长短（10秒和30秒）和延时期间的任务（有无任务）。结果发现总体上年龄效应明显，而延时期间的任务却减少了年龄效应，即老年被试能从延时期间的任务获益。以上结果可用工作记忆资源的分配和使用来解释。

另一项研究也暗示老年人前瞻记忆的退化与可支配的认知资源（工作记忆）的紧张有关。研究者将当前任务分为高负载和低负载两个水平，其中高负载为完成一系列认知任务，低负载为听故事并记住内容，基于时间的前瞻记忆任务为每5分钟按下特定的按键。实验结果表明，在低负载的当前任务条件下，老年被试查看时间的次数高于年轻人，而在高负载当前任务条件下则相当。另外，在高负载当前任务条件下，老年组完成前瞻任务的时间精确性较差。研究者认为，这主要是因为在低负载条件下，老年被试可以更多地将认知资源放在前瞻任务上（Mäntylä, Missier, & Nilsson, 2009）。

7. 与执行功能有关

一些研究结果支持老年被试的行为执行功能下降导致前瞻记忆退化的观点。

d'Ydewalle 等的研究以判断屏幕上出现的加法运算结果正确与否为当前任务,以对特定数字"5"开头的运算作出指定反应为前瞻任务,并操纵了当前任务复杂性的变量。其中简单任务为 100 以内的加法运算,复杂任务为 100～1000 之间数字的加法运算。结果表明,老年组被试的前瞻记忆明显低于年轻组,当前任务的复杂性对年轻组没有影响,而老年组基于事件的前瞻记忆在复杂任务下更好,老年组的反应时间更长。根据研究者的解释,这些结果都表明,中央执行功能调节了认知资源在当前任务与前瞻任务间的分配,而老年人这一功能较年轻人有所下降(d'Ydewalle, Bouckaert, & Brunfaut, 2001)。

另一项研究也得出了相似结论。在这项研究中,研究者在让 331 名 18～89 岁的被试完成多达 12 项认知能力测试的同时,还完成 4 个前瞻记忆任务:"红铅笔"任务、图画分类任务、概念确认任务和连续任务(见第四章中对同一研究的具体介绍)。在验证了实验室情境下的前瞻记忆任务存在年龄效应的同时,这一实验还发现执行功能、情景记忆、加工速度与前瞻记忆相关显著(Salthouse, Berish, & Siedlecki, 2004)。

Scullin 等使用了一个较有特色的实验范式对实验室情境中的年龄效应进行研究——年轻和老年被试在实验的第一阶段,在完成词汇选择任务(当前任务)的同时,遇到特定的单词按下指定键(前瞻任务),但在第二阶段,被试完成同样的当前任务,但并不要求被试完成前瞻记忆任务(即使前瞻线索仍然出现)。结果发现,第一阶段的前瞻记忆并没有出现年龄差异,但在第二阶段,老年被试更多地出现误报,即对第一阶段的前瞻线索仍然作出反应。这显然是由于老年被试抑制控制功能退化所造成的(Scullin, Bugg, & McDaniel, 2012)。

在近期的一项研究中,研究者对 170 名年轻被试和 110 名老年被试实施了一系列认知测验,确定被试的前瞻记忆、认知转换、适应、抑制、工作记忆、认知速度等水平。结果发现,前瞻记忆的年龄效应与执行功能中的转换和抑制的关系最为密切(Schnitzspahn, Stahl, Zeintl, Kaller, & Kliegel, 2013)。

专栏 8-1

◎ 老年人的记忆衰退：仅仅是自我暗示的原因？

刻板印象威胁是一种情境性的威胁，是指个体担心自己会验证所属群体的消极刻板印象。例如，在一些需要记忆参与的情境中，老年人往往担心自己的记忆表现差，从而验证人们"老年人记忆力衰退"的刻板印象，这即是刻板印象威胁。老年人实际记忆的减退是否与老年人的刻板印象及刻板印象威胁有关？Hess 等对这一问题进行了研究。

这项研究以 103 名 60～82 岁的老年人为被试，对他们进行了计算广度、自由回忆、焦虑水平、污名意识等测试。在诱发刻板印象威胁组，研究者告知被试，本研究旨在考察为何不同年龄者的记忆力差异如此巨大，并请被试在纸上写下自己的年龄。在非诱发刻板印象组，研究者告诉被试，这项研究已经控制了年龄偏差，以消除刻板印象威胁。

研究结果表明，诱发的刻板印象威胁对被试的记忆表现产生了影响，特别是对较年轻老年人（60～70 岁）的影响更明显，而受教育程度较高的老年人比受教育程度较低的老年人受到的影响更大。这一结果表明，对自己的评价以及对别人看法的担心等主观因素会影响记忆的表现水平（Hess, Hinson, & Hodges, 2009）。

虽然这一研究中所涉及的记忆并不是针对前瞻记忆，但也为考察前瞻记忆的年龄效应提供了启发——在此研究中，被试的记忆任务是包含时间和内容压力的词表记忆，所以与负情绪相联系的刻板印象威胁会干扰这一加工过程，这与实验室情境下的前瞻记忆类似，而自然情境中的前瞻记忆由于没有较高的认知资源压力，刻板印象威胁可能反而促进老年人的前瞻记忆表现。当然，这一假设需要将来通过相应的实验研究才能加以证实。

8. 与社会动机有关

虽然实验室范式的前瞻记忆实验是在严格控制的条件下进行的，但也会受到社会心理因素的影响。在一项考察社会性（社会动机）对前瞻记忆年龄效应影响的研究中，研究者以年轻人和老年人各 40 名为被试，当前任务为在电脑上完成一个视觉—空间工作记忆任务，前瞻记忆（基于时间）任务为每隔 2 分钟按下目标按键。在高社会性动机条件下，告知被试每隔 2 分钟按键的任务是为了收集 2 分钟内能完成任务数量的数据，以用于将来的研究，请求被试一定要完成，而在低社会动机条件下无这一说明。实验结果表明，总体上看，年轻组被试的前瞻记忆成绩优于老年组被试，但老年组在高社会动机条件下的成绩高于低社会动机条件下的成绩，而年轻组却没有显著差别（Altgassen, Kliegel, Brandimonte, & Filippello, 2010）。这表明社会动机能缩小前瞻记忆的年龄效应。

9. 认知神经维度的研究

运用认知神经科学方法对年龄—前瞻记忆悖论进行分析，能与行为研究的结果相互印证，从而使更深层层次上对这一现象机制的解释成为可能。

West 等比较了在前瞻记忆的意向形成和意向实施两个环节中，老年被试与年轻被试脑电的区别。结果发现完成一个有显著年龄效应的前瞻记忆任务时，在意向形成阶段，与年轻被试相比，老年被试的额极慢波（Frontal-Polar Slow Wave，FPSW）振幅减小，颞顶慢波（Temporal-Parietal Slow Wave，TPSW）振幅增大；在前瞻线索识别阶段，老年被试的 N300 波（指刺激启动后 300 毫秒时，枕顶区域的正相波）和额叶慢波（Frontal Slow Wave，FSW）振幅较年轻被试减小；而与前瞻任务中回忆过程相联系的顶叶正波没有年龄差异。这些结果表明，前瞻记忆年龄效应的机制在于：在意向形成（编码）阶段，老年被试的意向编码能力较低，在意向实施阶段，老年被试提取前瞻线索和从当前任务转向前瞻任务的能力也降低，而与前瞻记忆中回溯记忆成分无关（West, Herndon, & Covell, 2003）。这与 West 参与的另一项研究结果类似，即老年被试的 N300 波幅小于年轻被试（West & Covell, 2001），表明前瞻记忆的年龄差异是由线索探查能力的区别所致。

另有三项研究是从前瞻记忆毕生发展的角度开展的。Zöllig 等对少年、青年和老年被试的前瞻记忆进行了 ERP 研究。从实验结果看，三个年龄段被试的前瞻记忆呈倒 U 形发展，即青年组成绩最好，少年和老年组较差。前瞻记忆线索出现后的 ERP 分析表明，不同年龄段被试前瞻记忆加工过程存在差异，源定位分析也显示各年龄组的神经参与方式不同。研究者据此推断，不同年龄个体的加工方式不同，是导致前瞻记忆水平在毕生发展中起落的原因（Zöllig, West, Martin, Altgassen, Lemke, & Kliegel, 2007）。Mattli 等的研究也得出了相似的结论。研究者将 99 名 7.5～83 岁的被试分为儿童组、青年组和老年组，在完成前瞻记忆实验室任务的同时收集脑电活动数据。经分析发现，老年组与年轻组的前瞻记忆准确性相差明显，但神经生理指标的差别却不明显。研究者认为这主要是老年人在注意或预备加工过程中出现疏忽所导致的，即老年人在对线索的探查方面不如年轻人（Mattli, Zöllig, & West, 2011）。而 Logie 和 Maylor 运用互联网进行的 18～79 岁成年人前瞻记忆发展的研究（见第三章专栏 3-1）发现，成年人在实验室范式下的前瞻记忆呈现随年龄下降趋势，而在整个成年阶段（60 岁前），前瞻记忆与工作记忆高度吻合（Logie & Maylor, 2009）。

10. 其他的研究

另外还有一些实验室范式的研究，虽然得出了年轻被试的前瞻记忆好于年老被试的结论，但并未对这一区别的机制进行探讨。例如，Maylor 让被试说出每张幻灯片上的名人的名字（当前任务），以及当遇到戴眼镜的名人头像时，圈出这张幻灯片的序号（基于事件的前瞻记忆）。被试按年龄分为 50～69 岁组和 70～89 岁组。结果表明，50～69 岁组的基于事件的前瞻记忆水平高于 70～89 岁组（Maylor，1996）。研究者只排除了前瞻记忆的年龄差异与回溯记忆有关的假设，但没有进一步说明差异的原因。另外，在一项前瞻记忆终生发展的研究中，研究者比较了 4～6 岁、13～14 岁、19～26 岁、55～65 岁、65～75 岁五个年龄组被试前瞻记忆的水平，发现前瞻记忆的终生发展是呈倒 U 形的，即在前半生中为上升趋势，中老年期为下降趋势，但也没有对其中的机制进行说明（Zimmermann & Meier，2006）。Dobbs 和 Rule 在研究中给 30～99 岁的被试两个前瞻记忆任务，一是短时的任务，即在测试中遇到特定要求时向主试索要红笔，二是长时的任务，让被试在家中完成一个问卷。测试结果表明，老年被试（特别是 70 岁以上者）在两个任务中都表现出成绩下降（Dobbs & Rule，1987）。但研究者关注的是前瞻记忆成绩与元记忆问卷结果的关系，并没有对老年被试前瞻记忆成绩下降的机制进行分析。

另有少量实验室范式研究发现，青年被试与老年被试的前瞻记忆没有显著差异。如在 Einstein 和 McDaniel 所进行的开创前瞻记忆实验室范式的研究（Einstein & McDaniel，1990）中，就得出了这一结论。而 Reese 和 Cherry 的研究引入了老年被试与年轻被试的"能力"变量（判断标准为受教育程度、职业状况等），实验时以单词短时记忆为当前任务，以遇到指定的词按下目标按键为前瞻记忆任务，发现两组被试的前瞻记忆没有显著差别——年轻被试与高能力老年被试成绩相当，低能力老年被试表现稍差（Reese & Cherry，2002）。这与前述 Cherry 和 LeCompte 于 1999 年的研究结论不同，由于两个研究所使用的前瞻记忆任务大致相当，因此推断可能是对"能力"这一变量的划分和界定导致了研究结果的差异。Scullin 等采用意向干扰范式，对年轻组与老年组的前瞻记忆进行了研究。结果发现，由于天花板效应的存在，两组被试的前瞻记忆并无差异。老年人的反应延时高于年轻人，是因为老年人在测验结束后仍在思考前瞻记忆目标词，说明老年组的抑制能力较低（Scullin，Bugg，McDaniel，& Einstein，2011）。

三、自然情境中前瞻记忆的年龄差异

一些研究考察了自然情境中，老年被试与年轻被试前瞻记忆的区别。如前所述，几乎所有研究都得出了老年被试的表现优于年轻被试的结论。这些研究还对这类前瞻记忆产生年龄区别的原因与影响因素进行了探讨。

1. 与辅助记忆手段使用有关

Masumoto 等并没有直接比较年轻与老年被试在日常情境中前瞻记忆的区别，而是以 86 名老年人为被试，考察了年龄、前瞻记忆任务的复杂性、自我评价、记忆功能知识、回溯记忆、外部记忆辅助、内部记忆策略等因素对被试自然情境下记忆的影响。研究者要求被试使用移动电话，在 1 周内 21 次拨打指定的号码，涉及基于时间、基于事件、短时和长时的前瞻记忆任务。结果表明，在复杂前瞻记忆任务下，外部帮助的作用明显，而其他因素对前瞻记忆没有影响。这说明表明在自然情境下，老年人倾向于使用外部辅助弥补因年龄造成的记忆退化（Masumoto, Nishimura, Tabuchi, & Fujita, 2011）。

2. 与日常生活卷入有关

Schnitzspahn 等在研究中，给被试布置的自然情境中的前瞻记忆任务为在三天内每天发送两次手机短信，并使用问卷测定被试的动机、日常生活卷入（压力）和以对自己前瞻记忆完成确信程度判断为指标的元记忆水平。结果发现，老年组被试的前瞻记忆完成情况好于年轻组，动机水平也高于年轻组，且元记忆判断更为准确，但日常生活卷入低于年轻组。研究者认为日常生活的卷入是最关键因素（Schnitzspahn, Ihle, Henry, Rendell, & Kliegel, 2011）。

3. 与动机水平有关

Aberle 等使用两个实验，分别探讨了自然情境与实验室情境下年龄效应的影响因素。在实验二（自然情境）中，要求被试在五天中每天发送两条短信，并加入了动机诱发变量，即让一半的被试有机会得到物质奖励。根据实验结果，在高动机组，老年被试与年轻被试的前瞻记忆表现没有区别，而在低动机组，老年被试好于年轻被试。这说明在无动机诱发条件下，老年被试完成任务的动机较高（Aberle，Rendell，Rose，McDaniel，& Kliegel，2010）。

Rendell 和 Thomson 用对任务重要性的评价来解释自然情境中老年被试前瞻记忆优于年轻被试的现象。在该研究的实验一与实验二中，研究者将被试分为三组：青年组（18～28岁）、年轻老年组（60～69岁）和老年组（80～92岁）。前瞻任务为在七天内，于每天的指定时间按下一个电子装置上的按键。研究者所操纵的变量为任务的复杂性、外部提醒、自主设置时间等。结果发现，无论在何种情况下，两组老年被试的成绩都比年轻被试要好，而两组老年被试间的差异不显著。研究者认为，该实验设计排除了外部辅助、任务性质等对年龄效应的影响，所以对日常生活中类似前瞻任务重要性的认识是对这一年龄差异的最好解释（Rendell & Thomson，1999）。

Kvavilashvili 和 Fisher 的研究也支持这一观点。在该研究的实验二中，研究者以36名年轻人（19～30岁）和38名老年人（62～82岁）为被试，前瞻任务为在布置任务起的第七天的任一时间给研究主持者打电话，具体时刻由被试自选。另外，还交给被试一个袖珍记录本，要求被试在七天中每当想到这一任务时，即在记录本上进行一次记录。此外，研究者不仅通过量表了解被试完成任务的内部动机，还操纵了动机因素——在高动机条件下，告知被试此研究关注时间的准确性，所以在选定时间的前后十分钟内打电话很重要，否则将被排除在有效样本之外，此前的记录也将作废；而在低动机条件下，只告知被试尽量在选定时间的前后十分钟内打电话。根据实验结果，老年被试完成任务的情况好于年轻被试（尽管差异并不显著）。年轻人的对回忆任务记录的次数与前瞻记忆成绩正相关显著，而老年人的正相关不显著，老年组自我报告的动机水平高于年轻组，但研究者操纵的动机变量没有产生任何效应。综合以上结果，研究者认为，实际的动机水平与当前活动对注意资源的需求是产生年龄—前瞻记忆悖论的主要原因（Kvavilashvili & Fisher，2007）。

4. 与日常生活特点有关

Freeman 和 Ellis 进行了一项有特色的研究。研究以年轻人（18～31 岁）和老年人（60～83 岁）各 60 名为被试，要求他们在 4 分钟内说出一周内将要完成的活动（工作、约会或其他活动），并对活动的重要性与发生频度进行评估，主试同时进行记录。一周后，再要求被试回忆本周的活动并记录。然后，由被试对照一周前的记录，标记出哪些活动已经完成，并说明哪些活动是一周前的记录中没有，但在实际活动中完成了的。结果表明，尽管老年被试在回忆活动中的表现较差，但实际却完成了更多的意向中的活动。研究者认为，这是因为老年被试并不完全依赖对意向的回忆来完成前瞻任务，由于两组被试在报告外部线索辅助方面也没有差异，所以可能是老年被试的日常生活更加结构化、善于使用当前任务的序列性支持前瞻任务记忆的结果（Freeman & Ellis，2003）。

"按时服药"这一前瞻性的记忆任务对病患者的健康影响较大，也是相关领域研究的一个热点问题。在近期的一项研究中，研究者在连续八天的时间内，每天让年轻被试（18～20 岁）和老年被试（60～89 岁）完成一系列认知测试，以及一些涉及自己日常生活状况和以往服药情况的问卷。通过回归分析发现，日常认知水平对所有被试的服药存在正向预测作用，但"日常事务"因素对老年和年轻被试的影响存在差异——在日常事务较忙碌时，年轻被试更能记得服药，而老年被试则相反（Neupert, Patterson, Davis, & Allaire, 2011）。

5. 与责任心有关

Cuttler 和 Graf 的研究虽然不针对前瞻记忆的年龄效应，但仍能从结果中解读出影响年龄效应的因素。研究者使用人格五因素量表（NEOPI-R）

等工具测量了 81 名 18～81 岁的被试,并布置了两个实验室中的和一个自然情境中的前瞻记忆任务,即问卷任务(翻看一些问卷,并记得在最后一页写上自己最感兴趣的问卷的名字)、插回电话线任务(在实验阶段开始时主被拔下电话线,并让被试在实验阶段结束时提醒自己插回电话线)和电话确认任务(告诉被试一周后要进行一个电话访谈,并让被试在电话访谈的前一天,给主试打电话确认)。实验结果表明,自然情境中的任务(电话确认)从 40～49 岁组开始即随着年龄增长而提高,而人格五因素中的尽责性得分与此任务成绩相关显著。研究者认为,责任心强的人会更仔细地制订计划,所以前瞻任务成绩较好,暗示老年人的责任心是自然情境中前瞻记忆表现较好的原因(Cuttler & Graf, 2007)。

6. 其他的研究

另有一些研究虽然不是直接涉及日常情境中前瞻记忆的年龄效应,但实质也是前瞻记忆的活动,或与前瞻记忆关系密切。这类研究主要集中于不同年龄病患者的服药活动。例如,Schulz 等研究发现,在服用斯达汀的冠心病高风险人群中,年轻人和女性的服用情况较差(Schulz, O'Donnell, McDonough, Sasane, & Meyer, 2005)。另一项研究表明,在住院期后服用一种血管扩张药物(ACE inhibitor)时,老年人更容易忘记服药(Roe, Motheral, Teitelbaum, & Rich, 2000)。当然,也有研究表明,年龄并不是影响服药的因素,养生知识、对遵嘱服药重要性的认识、阅读药品说明的能力、对医嘱的理解等因素才是关键(Lorenc & Branthwaite, 1993)。可见,对于具体的一项日常情境的前瞻任务来说,年龄只是影响因素之一,在不同的任务中所起的作用也不尽相同。

在诸多前瞻记忆日常情境年龄效应的研究中,似乎只有 McDermott 和 Knight 的结论与众不同。在这项模拟自然情境任务的研究中,研究者使用了前瞻记忆视频程序(PRVP,详见第三章介绍)呈现任务,给年轻组、中年组和老年组被试(各 30 人)一个任务清单,清单中包含 30 个购物任务或相关问题以及相应线索,然后让被试观看一个人在购物街上穿行的录像,同时还要完成诸如数出画面上出现自行车数量的任务（当前任务）。当录像中出现任务表上的线索时，被试需在纸上进行记录。研究结果发现，老年组被试的前瞻记忆成绩低于中年组和年轻组。在购物任务中，对复杂的视觉线索的注意可能主要依赖无意记忆加工，而记忆搜索则更多依赖策略性的有意记忆加工，老年被试策略性有意记忆加工能力的下降导致了前瞻记忆的降低（McDermott & Knight，2004）。虽然研究得出了自然情境下老年被试前瞻记忆较年轻被试差的结论，但需要说明的是，这一任务实际带有明显的实验室范式的特点，如结构化的非真实的任务、在电脑上完成、信息加工具有内容和时间压力等。

四、年龄—前瞻记忆悖论的原因

1. 实验室情境下年龄差异的原因

实验室情境下，多数研究得出了老年被试前瞻记忆较年轻被试差的结论。研究者所给出的影响因素也各不相同。综合上述有关研究可以看出，这些因素几乎都与认知加工过程有关：或者是参与前瞻记忆各个环节的某种重要的认知加工过程（如工作记忆、时间监控、自发提取、执行控制），或者是前瞻记忆加工过程的单个环节或构成成分（如回溯记忆成分、意向瞬脱），或者是影响认知加工过程或水平的某一重要因素（如能力、任务性质）。除此之外，有一项研究提到了动机因素，但在研究中，动机因素是外部主动诱发，而非个体固有的特点。

另外，West 和 Craik 也总结了前人研究中所提出的影响实验室情境下前瞻记忆年龄区别的四个因素：一是当前任务的加工类型和前瞻记忆线索特点之间的相互作用；二是前瞻记忆的前瞻成分、回溯成分与年龄效应的关系；三是前瞻记忆从线索到意向的易得性；四是加工速度、抑制控制、工作记忆等加工资源的因素（West & Craik，2001）。可见，不管如何对这些影响因素进行分类，认知加工过程相关的因素是实验室情境下前瞻记忆年龄差异的主要决定因素。

2. 自然情境下年龄差异的原因

从已有自然情境中前瞻记忆年龄差异的研究看，基本都得出了老年被试的表现优于年轻被试的结果，且研究者所针对的影响因素及总结出的原因也多与日常生活及不同年龄群体特征有关。Phillips 等总结为两个原因，即动机因素和外部提示的因素（Phillips, Henry, & Martin, 2008）。但如果进一步精细概括，这类因素可分为两类：一是社会心理因素，如动机和责任心；二是群体生活特征差异，如日常生活卷入、辅助记忆手段的使用和日常生活特点。

3. 总结

综上所述，年龄—前瞻记忆悖论的原因既来源于不同年龄群体认知加工特点的区别，也有社会心理因素、群体生活特点的原因，前者主要影响实验室情境中的年龄差异，后者主要影响自然情境中的年龄差异。此外，从上文所列举的诸多研究可以看出，"动机"因素是在实验室和自然情境的研究中都被提到的，是一个两种情境中都产生影响的因素。

另一个共同因素是当前任务的性质或要求。这一结论来自近期的两个研究：Bailey 等让年轻和老年被试使用一个 PDA（Personal Digital Assistemt，又称掌上电脑），在日常情境中完成两个前瞻记忆任务，任务一是得到提醒后，即开始运行 PDA 上的样例程序，任务二是在 PDA 上完成一个模拟实验室范式下的前瞻记忆任务（回答问题并对大写单词的问题作出特定反应）。研究者认为，由于这两个任务都是在日常情境中完成的，所以，如果年龄—前瞻记忆悖论与实验情境有关，那么年轻组和老年组在这两个任务上的区别应该一致，即不存在年龄—前瞻记忆悖论。但结果表明，老年组在任务一的表现较好，而年轻组在任务二上的表现较好。这表明，年龄—前瞻记忆悖论与实验情境无关，而是和当前任务性质有关（Bailey, Henry, Rendell, Phillips, & Kliegel, 2010）。在另一项研究中,研究者对以往年龄—前瞻记忆悖论的研究方式和内容进行了改进:一是在自然情境与实验室情境下使用同一群被试;二是在自然情境下的前瞻记忆为基于事件而非基于时间的前瞻记忆。研究者将被试按年龄分为年轻组(18～30岁)、年轻老年组(61～70岁)和老年组(71～80岁),完成几项实验室和自然情境中的前瞻记忆任务。结果发现,基于事件的前瞻记忆任务不存在年龄—前瞻记忆悖论——年轻被试在实验室情境中的成绩高于老年组,但两组在自然情境下的前瞻记忆(在家中完成问卷时在左上角写下日期和时间、在实验完成时取回物品)没有区别。研究者也认为,年龄—前瞻记忆悖论可能取决于实验室和日常任务中当前任务的要求,而非实验情境(Kvavilashvili, Cockburn, & Kornbrot, 2013)。

总之,年龄—前瞻记忆悖论产生的原因是复杂、多维度的,应结合具体任务要求、被试特点和研究情境具体分析。

参考文献

蔡华俭, 周颖, 史青海. (2001). 内隐联想测验 (IAT) 及其在性别刻板印象研究中的应用. 社会心理研究, 4, 6-11.

陈思佚, 周仁来. (2010a). 前瞻记忆的年老化效应: 前瞻成分和回溯成分的调节作用. 心理学报, 42 (6), 640-650.

陈思佚, 周仁来. (2010b). 前瞻记忆需要经过策略加工: 来自眼动的证据. 心理学报, 42 (12), 1128-1136.

陈幼贞, 黄希庭, 袁宏. (2010). 一种混合型前瞻记忆的加工机制. 心理学报, 42 (11), 1040-1049.

程怀东, 汪凯. (2006). 前瞻性记忆的神经机制. 中华神经科杂志, 2, 138-140.

程朗朗, 郑天生, 何金彩, 叶敏捷. (2012). 更年期综合征女性的前瞻记忆及其影响因素探析. 医学与社会, 25 (4), 21-23.

崔红, 王登峰. (2004). 西方"大五"人格结构模型的建立和适用性分析. 心理科学, 27 (3), 545-548.

崔凯, 孙培林. (2010). 大学生的前瞻记忆与艾森克人格维度得分. 科技信息, 29, 36-37.

丁志刚. (2007). 情绪状态对前瞻记忆影响的实验研究. 上海师范大学硕士学位论文.

董立达. (2007). 认知方式、注意水平对前瞻记忆的影响——基于任务类型和 TAP 效应的研究. 山东师范大学硕士学位论文.

弗雷德里克·C.巴特莱著, 黎炜译. (1998). 记忆: 一个实验的和社会的心理学研究. 杭州: 浙江教育出版社.

郭华珍, 恽晓平. (2007). Rivermead 行为记忆测验第 2 版介绍. 中国康复理论与实践, 13 (10), 909-910.

郭力平．（1997）．再认记忆测验中抑郁个体的心境一致性记忆研究．心理学报，29（4），357-363.

侯杰．（2009）．愉快情绪对前瞻记忆影响的实验研究．山西师范大学硕士学位论文.

黎琳，王丽娟，刘伟．（2012）．不同任务情境中的前瞻记忆是一致的吗？心理科学，35(3)，569-573.

李春欣，丁兆叶，张利增．（2005）．认知方式与线索特征对前瞻记忆的影响．心理学报，37（3），320-327.

李燕，祝春兰，刘伟，武莹莹．（2012）．日常情境中前瞻记忆失败事件的归因．心理科学，35（3），602-607.

李燕．（2012）．前瞻记忆的情绪一致性研究．上海师范大学硕士学位论文.

李月婷，李琦，郭春彦．（2010）．内隐和外显记忆测验中情绪词差异的ERP研究．心理学报 42（7），735-742.

刘冰，郭田友，赵永忠，陈宏，王维千，易艳红等．（2013）．青少年期首发抑郁患者前瞻性记忆对照分析．医学与社会，26（2），79-81.

刘伟．（2007）．前瞻记忆的发展研究：认知负载与任务情境的视角．华东师范大学博士学位论文.

刘伟，王丽娟．（2004）．焦虑情绪和年龄因素对前瞻记忆成绩影响的研究．心理科学，27（6），1304-1306.

刘旭初．（2012）．大学生长期拖延者前瞻记忆的特点——来自ERP的证据．河南大学硕士论文.

刘永芳．（2010）．归因理论及其应用．上海：上海教育出版社.

刘占克．（2012）．任务中断对不同自我效能感初中生前瞻记忆的影响．河南大学硕士学位论文.

卢家楣，孙俊才，刘伟．（2008）．诱发负性情绪时人际情绪调节与个体情绪调节对前瞻记忆的影响．心理学报，40（12），1258-1265.

孙莹莹．（2006）．A/B型人格类型及年龄因素对前瞻记忆的影响研究．大理学院学报，5（11），85-88.

王红柳，李征澜，余林．（2010）．任务中断类型和成就动机对前瞻记忆的影响．黑河学刊，156（8），145-146.

王丽娟，吴韬，邱文威，叶媛，马薇薇，李霓.（2010）. 青少年基于事件的前瞻记忆：认知方式和情绪. 心理科学，33（5），1244-1247.

王沛弟，谢世平，杜经伦，刘刚，张傲霜，闫伟，陈启豹.（2008）. 男性精神分裂症患者基于事件的前瞻记忆研究. 临床精神医学杂志，18（3），159-161.

王青，焦书兰，杨玉芳.（2003）. 基于事件的前瞻性记忆的年老化. 心理学报，35（4），476-482.

王莹，王克永，张许来，吴庆，刘旺发，王莉等.（2012）. 晚发性抑郁症患者前瞻记忆研究. 中华行为医学与脑科学杂志，21（8），725-727.

吴静.（2010）. 抑郁状态对前瞻记忆影响的实验研究. 郑州大学硕士学位论文.

武莹莹，王方方，叶洪力，刘伟.（2012）. 基于事件的前瞻记忆、当前任务与个性. 心理研究，5（2），41-45.

西格蒙德·弗洛伊德著，彭丽新等译.（2000）. 日常生活的精神病理学. 北京：国际文化出版公司.

杨靖，郭秀艳，马芳.（2008）. 基于活动的前瞻记忆特点研究. 心理科学，31（6），1348-1352.

杨治良，郭力平，王沛，陈宁.（1999）. 记忆心理学. 上海：华东师范大学出版社.

俞婧婧.（2011）. 社会性别学视角下的新女性择偶观. 浙江工贸职业技术学院学报，11（3），58-81.

袁宏，黄希庭.（2011）. A/B型人格对时间性前瞻记忆的影响. 心理科学，34（4），770-774.

张晶晶，张茗.（2011）. 紧张情绪与认知负荷对前瞻记忆影响的实验研究. 南京工程学院学报（社会科学版），11（4），54-58.

张丽静.（2010）. 情绪对基于时间前瞻记忆影响的实验研究. 河北师范大学硕士学位论文.

赵晋全，秦金亮，周颖.（2005）. 前瞻记忆与紧张度的关系研究. 人类工效学，11（1），11-13.

赵晋全，杨治良.（2002）. 前瞻记忆提取的自动加工、策略加工和控制加工. 心理科学，

25(5), 523-526.

赵晋全.(2002).前瞻记忆特点、机制和应用研究.华东师范大学博士学位论文.

郑元.(2010).认知方式和任务重要性对前瞻记忆的影响.哈尔滨师范大学硕士学位论文.

钟玉芳,周爱保.(2009).词汇测验中抑郁个体的心境一致性记忆研究.心理研究,2(5),31-35.

卓恺明,杨治良,宋振华,吴彦,季陈凤,施慎逊等.(2011).急性期精神分裂症的基于事件前瞻记忆研究.上海交通大学学报(医学版),31(12),1724-1728.

邹枝玲,黄希庭.(2007).注意在短时距估计中的作用.心理科学,30(3),624-628.

Aberle, I., Rendell, P.G., Rose, N.S., McDaniel, M.A., & Kliegel, M.(2010). The age prospective memory paradox: young adults may not give their best outside of the lab. *Developmental psychology*, *46*(6), 1444-1453.

Alper, T.G.(1948). Memory for completed and incompleted tasks as a function of personality: correlation between experimental and personality data. *Journal of personality*, *17*(1), 104-137.

Altgassen, M. Henry, J.D., Bürgler, S., & Kliegel, M.(2011). The influence of emotional target cues on prospective memory performance in depression. *Journal of Clinical and Experimental Neuropsychology*, *33*(8), 910-916.

Altgassen, M., Kliegel, M., Brandimonte, M., & Filippello, P.(2010). Are older adults more social than younger adults? Social importance increases older adults'prospective memory performance. Aging, *Neuropsychology, and Cognition*, *17*(3), 312-328.

Altgassen, M., Kliegel, M., Rendell, P., Henry, J.D., & Zöllig, J.(2008). Prospective memory in schizophrenia: The impact of varying retrospective-memory load. *Journal of Clinical and Experimental Neuropsychology*, *30*(7), 777-788.

Altgassen, M., Phillips, L.H., Henry, J.D., Rendell, P.G., & Kliegel, M.(2010). Emotional target cues eliminate age differences in prospective memory. *The Quarterly Journal of Experimental Psychology*, *63*(6), 1057-1064.

Anderson, J.R. (1983). *The architecture of cognition.* Cambridge Mass: Harvard University Press.

Anderson, L., & Shimamura, A.P. (2005). Influences of emotion on context memory while viewing film clips. *The American Journal of Psychology, 118* (3), 323-337.

Arana, J.M., Meilan, J.J., & Perez, E. (2008). The effect of personality variables in the prediction of the execution of different prospective memory tasks in the laboratory. *Scandinavian Journal of Psychology, 49* (5), 403-411.

Arbuthnott, K., & Arbuthnott, D. (1999). The best intentions: Prospective remembering in psychotherapy. *Psychotherapy: Theory, Research, Practice, Training, 36* (3), 247-256.

Attree, E.A., Dancey, C.P., & Pope, A.L. (2009). An assessment of prospective memory retrieval in women with chronic fatigue syndrome using a virtual-reality environment: An initial study. *Psychology & Behavior, 12* (4), 379-385.

Baddeley, A. (2000). The episodic buffer: a new component of working memory? *Trends in Cognitive Sciences, 4* (11), 417-423.

Baddeley, A.D., & Hitch, G, J. (1974). Working memory. In: Bower, G.H. (Ed.), *The Psychology of Learning and Motivation: Advances in Research and Theory* (*Vol.8*). New York: Academic Press. 47-89.

Bailey, P.E., Henry, J.D., Rendell, P.G., Phillips, L.H., & Kliegel, M. (2010). Dismantling the "age-prospective memory paradox": The classic laboratory paradigm simulated in a naturalistic setting. *The Quarterly Journal of Experimental Psychology, 63* (4), 646-652.

Bazin, N., Perruchet, P., De Bonis, M., & Feline, A. (1994). The dissociation of explicit and implicit memory in depressed patients. *Psychological Medicine, 24* (1), 239-245.

Bieman-Copland, S., & Ryan, E.B. (1998). Age-biased interpretation of memory successes and failures in adulthood. *The Journals of Gerontology Series B: Psychological Sciences and Social Sciences, 53* (2), 105-111.

Bisiacchi, P.S. (1996). The neuropsychological approach in the study of prospective memory. In: *Brandimonte, M., Einstein, G.O., & McDaniel, M.A. (Eds.). Prospective Memory: Theory and Applications*. Mahwah, NJ: Erlbaum.

Blatt-Eisengart, I., & Lachman, M.E. (2004). Attributions for memory performance in adulthood: Age differences and mediation effects. *Aging, Neuropsychology, and Cognition, 11* (1), 68-79.

Block, R.A., & Zakay, D. (2006). Prospective remembering involves time estimation and memory Processes. In: *Glicksohn, J., Myslobodsky, M.S. Timing the Future: The Case for a Time-Based Prospective Memory*, World Scientific Publishing Co. Pte. Ltd.

Bradley, B.P., Mogg, K., & Millar, N. (1996). Implicit memory bias in clinical and non-clinical depression. *Behaviour Research and Therapy, 34* (11-12), 865-879.

Bradley, B.P., Mogg, K., & Williams, R. (1995). Implicit and explicit memory for emotion-congruent information in clinical depression and anxiety. *Behaviour Research and Therapy, 33* (7), 755-770.

Brandimonte, M.A., & Passolunghi, M.C. (1994). The effect of cue-familiarity, cue-distinctiveness, and retention interval on prospective remembering. *The Quarterly Journal of Experimental Psychology, 47* (3), 565-587.

Brunfaut, E., Vanoverberghe, V., & d'Ydewalle, G. (2000). Prospective remembering of Korsakoffs and alcoholics as a function of the prospective-memory and on-going tasks. *Neuropsychologia, 38* (7), 975-984.

Burgess, P.W., Quayle, A., & Frith, C.D. (2001). Brain regions involved in prospective memory as determined by positron emission tomography. *Neuropsychologia, 39* (6), 545-555.

Burgess, P.W., Scott, S.K., & Frith, C.D. (2003). The role of the rostral frontal cortex (area 10) in prospective memory: A lateral versus medial dissociation. *Neuropsychologia, 41* (8), 906-918.

Camps, C.G. (1989). Facilitation of new learning in AD. *In Gilmore, P., Whitehouse,*

P., & Wykle, M. (Eds.), *Memory and aging: Theory, research and practice*. New York: Springer Verlag.

Camp, C.J., Foss, J.W., Stevens, A.B., O'Hanlon, A.M. (1996). Improving prospective memory task performance in persons with Alzheimer's disease. In: *Brandimonte, M., Einstein, G.O., & McDaniel, M.A. (Eds.). Prospective memory: Theory and applications*. Mahwah, NJ: Erlbaum.

Carey, C.L., Woods, S.P., Rippeth, J.D., Heaton, R.K., Grant, I., & the HIV Neurobehavioral Research Center (HNRC) Group. (2006). Prospective memory in HIV-1 infection. *Journal of Clinical and Experimental Neuropsychology*, 28(4), 536-548.

Caseley-Rondi, G., Gemar, M., Segal, Z. (2001). Depressive deficits and bias: A direct comparison of two implicit measures of memory. *Clinical Psychology and Psychotherapy*, 8(1), 41-48.

Cherry, K.E., & Brigman, S. (2005). Memory failures appraisal in younger and older adults: Role of individual difference and event outcome variables. *Journal of Genetic Psychology*, 166(4), 435-450.

Cherry, K.E., Martin, R.C., Simmons-D'Gerolamo, S.S., Pinkston, J.B., Griffing, A., & Gouvier, W.D. (2001). Prospective remembering in younger and older adults: role of the prospective cue. *Memory*, 9(3), 177-193.

Cherry, K.E., & LeCompte, D.C. (1999). Age and individual differences influence prospective memory. *Psychology and Aging*, 14(1), 1-17.

Cicogna, P.C., & Nigro, G. (1998). Influence of importance of intention on prospective memory performance. *Perceptual and motor skills*, 87(3f), 1387-1392.

Clark-Foos, A., Brewer, G.A., Marsh, R.L., Meeks, J.T., & Cook, G.I. (2009). The valence of event-based prospective memory cues or the context in which they occur affects their detection. *The American journal of psychology*, 122(1), 89-97.

Clore, G.L., Gasper, K., & Garvin, E. (2001). Affect as information. In: *Handbook of affect and social cognition*. Mahwah, NJ, US: Lawrence Erlbaum Associates

Publishers.

Cockburn, J., & Smith, P.T. (1994). Anxiety and errors of prospective memory among elderly people. *British Journal of Psychology*, 85 (2), 273-282.

Cockburn, J. (1996). Assessment and treatment of prospective memory deficits. In: *Brandimonte, M.A., Einstein, G.O., & McDaniel, M.A. (Eds.), Prospective memory: Theory and applications*. Mahwah, NJ: Erlbaum.

Cohen, J.D., & O'Reilly, R.C. (1996). A preliminary theory of the interactions between prefrontal cortex and hippocampus that contribute to planning and prospective memory. In: *Brandimonte, M.A., Einstein, G.O., McDaniel, M.A. (Eds.). Prospective Memory: Theory and Applications*. Mahwah, NJ: Erlbaum.

Contardo, C., Black, A.C., Beauvais, J., Dieckhaus, K., & Rosen, M.I. (2009). Relationship of Prospective Memory to Neuropsychological Function and Antiretroviral Adherence. *Archives of Clinical Neuropsychology*, 24 (6), 547-554.

Conway, M.A. (2005). Memory and the self. *Journal of memory and language*, 53 (4), 594-628.

Cook, G.I., Hicks, J.L., & Marsh, R.L. (2007). Source monitoring is not always enhanced for valenced material. *Memory & Cognition*, 35 (2), 222-230.

Costa, A., Peppe, A., Brusab, L., Caltagirone, C., Gatto, I., & Carlesimo, G.A. (2008a). Dopaminergic modulation of prospective memory in Parkinson's disease. *Behavioural Neurology*, 19 (1-2), 45-48.

Costa, A., Peppe, A., Brusab, L., Caltagirone, C., Gatto, I., & Carlesimo, G.A. (2008b). Levodopa improves time-based prospective memory in Parkinson's disease. *Journal of the International Neuropsychological Society*, 14 (4), 601-610.

Costa, A., Peppe, A., Caltagirone, C., & Carlesimo, G.A. (2011). Prospective memory impairment in individuals with Parkinson's disease. *Neuropsychology*, 25 (6), 734-740.

Cowan, N., Rouder, J.N., Blume, C.L., & Saults, J.S. (2012). Models of verbal working memory capacity: what does it take to make them work? *Psychological Review*,

119（3），480-499.

Craik F. I. M. (1986). A functional account of age differences in memory. In *Klix, F., & Hagendorf, H.* (Eds.), *Human Memory and Cognitive Capabilities: Mechanisms and Performances*. Amsterdam, the Netherlands: Elsevier.

Crawford, J.R., Henry, J.D., Ward, A.L., & Blake, J. (2006). The Prospective and Retrospective Memory Questionnaire (PRMQ): Latent structure, normative data and discrepancy analysis for proxy-ratings. *British Journal of Clinical Psychology*, *45*（1），83-104.

Crawford, J.R., Smith, G., Maylor, E.A., Della Sala, S., & Logie, R.H. (2003). The Prospective and Retrospective Memory Questionnaire (PRMQ): Normative data and latent structure in a large non-clinical sample. *Memory*, *11*（3），261-275.

Crowder, R.G. (1996). The trouble with prospective memory: A provocation. In: *Brandimonte, M., Einstein, G.O., McDaniel, M.A.* (Eds.), *Prospective Memory: Theory and Applications*. Mahwah, NJ: Erlbaum.

Cuttler, C., & Graf, P. (2007). Personality predicts prospective memory task performance: An adult lifespan study. *Scandinavian Journal of Psychology*, *48*（3），215-231.

Cuttler, C., & Graf, P. (2008). Sub-clinical checking compulsions are related to impaired prospective memory independently of depression, anxiety and distractibility. *Journal of Anxiety Disorders*, *22*（4），642-654.

Cuttler, C., & Graf, P. (2009). Sub-clinical compulsive checkers show impaired performance on habitual, event-and time-cued episodic prospective memory tasks. *Journal of Anxiety Disorders*, *23*（6），813-823.

Cuttler, C., Graf, P., Pawluski, J.L., & Galea, L.A. (2011). Everyday Life Memory Deficits in Pregnant Women. *Canadian Journal of Experimental Psychology*, *65*（1），27-37.

D'Argembeau, A., Van der Linden, M. (2004). Influence of affective meaning on memory for contextual information. *Emotion*, *4*（2），173-188.

Danion, J.M., Kauffmann-Muller, F., Grange, D., Zimmerman, M.A., & Greth, P. (1995). Affective valence of words, explicit and implicit memory in clinical depression. *Journal of Affective Disorders*, *34* (3), 227-234.

Den Ouden, H.E., Frith, U., Frith, C., & Blakemore, S.J. (2005). Thinking about intentions. *Neuroimage*, *28* (4), 787-796.

Denkova, E., Dolcos, S., & Dolcos, F. (2012). Reliving emotional personal memories: Affective biases linked to personality and sex-related differences. *Emotion*, *12* (3), 515-528.

Dobbs, A.R., & Reeves, M.B. (1996). Prospective memory: More than memory. In: Brandimonte, M., Einstein, G.O., McDaniel, M.A. (Eds.), *Prospective Memory: Theory and Applications*. Mahwah, NJ: Erlbaum.

Dobbs, A.R., & Rule, B.G. (1987). Prospective memory and self-reports of memory abilities in older adults. *Canadian Journal of Psychology*, *41* (2), 209-222.

Duchek, J.M, Balota, D.A., & Cortese, M. (2006). Prospective memory and Apolipoprotein E in healthy aging and early stage Alzheimer's disease. *Neuropsychology*, *20* (6), 633-644.

d'Ydewalle, G., Bouckaert, D. & Brunfaut, E. (2001). Age-related differences and complexity of ongoing activities in time- and event-based prospective memory. *The American Journal of Psychology*, *114* (3), 411-423.

Eakin, D.K., & Smith, R. (2012). Retroactive interference effects in implicit memory. Journal of Experimental Psychology, *Learning, Memory, and Cognition*, *38* (5), 1419-1424.

Einstein, G.O., & McDaniel, M.A. (1996). Retrieval processes in prospective memory: theoretical approaches and some new empirical findings. In: *Brandimonte, M., Einstein, G.O., McDaniel, M.A. (Eds.), Prospective Memory: Theory and Applications*. Mahwah, NJ: Erlbaum.

Einstein, G.O., Holland, L.J., McDaniel, M.A., & Guynn, M.J. (1992). Age-related deficits in prospective memory: The influence of task complexity. *Psychology and Aging*, *7* (3), 471-478.

Einstein, G.O., McDaniel, M.A., Manzi, M., Cochran, B., & Baker, M. (2000). Prospective memory and aging: Forgetting intentions over short delays. *Psychology and Aging*, *15*(4), 671-683.

Einstein, G.O., McDaniel, M.A., Richardson, S.L., Guynn, M.J., & Cunfer, A.R. (1995). Aging and prospective memory: examining the influences of self-initiated retrieval processes. *Journal of Experimental Psychology: Learning, Memory, and Cognition*, *21*(4), 996-1007.

Einstein, G.O., McDaniel, M.A., Smith, R., & Shaw, P. (1998). Habitual prospective memory and aging: Remembering instructions and forgetting actions. *Psychological Science*, *9*(4), 284-288.

Einstein, G.O., McDaniel, M.A., Thomas, R., Mayfield, S., Shank, H., Morrisette, N., & Breneiser, J. (2005). Multiple processes in prospective memory retrieval: factors determining monitoring versus spontaneous retrieval. *Journal of Experimental Psychology: General*, *134*(3), 327-342.

Einstein, G.O., & McDaniel, M.A. (1990). Normal aging and prospective memory. *Journal of Experimental Psychology: Learning Memory and Cognition*, *16*(4), 717-726.

Einstein, G.O., Smith, R.E., McDaniel, M.A. & Shaw, P. (1997). Aging and prospective memory: The influence of increased task demands at encoding and retrieval. *Psychology and Aging*, *12*(3), 479-488.

Ellis, H.C. (1991). Focused attention and depressive deficits in memory. *Journal of Experimental Psychology: General*, *120*(3), 310-312.

Ellis, J. (1996). Prospective memory or the realization of delayed intentions: A conceptual framework for research. In: *Brandimonte, M., Einstein, G.O., McDaniel, M.A. (Eds.), Prospective Memory: Theory and Application, Mahwah, NJ: Erlbaum.*

Ellis, J., & Kvavilashvili, L. (2000). Prospective memory in 2000: Past, present, and future directions. Applied Cognitive Psychology, *14*(7), 1-9.

Ellwart, T., Rinck, M., & Becker, E.S. (2003). Selective memory and memory deficits in depressed inpatients. *Depression and Anxiety*, *17*(4), 197-206.

Elvevåg, B., Maylor, E.A., & Gilbert, A.L. (2003). Habitual prospective memory in Schizophrenia. *BMC Psychiatry*, 3 (1), 9-15.

Erber, J.T. (1989). Young and older adults'appraisal of memory failures in young and older adult target persons. *Journal of Gerontology*, 44 (6), 170-175.

Erber, J.T., & Rothberg, S.T. (1991). Here's looking at you: The relative effect of age and attractiveness on judgments about memory failure. *Journal of Gerontology*, 46 (3), 116-123.

Erber, J.T., Szuchman, L.T., & Rothberg, S.T. (1990a). Everyday memory failure: Age differences in appraisal and attribution. *Psychology and Aging*, 5 (2), 236-241.

Erber, J.T., Szuchman, L.T., & Rothberg, S.T. (1990b). Age, gender, and individual differences in memory failure appraisal. *Psychology and Aging*, 5 (4), 600-603.

Eysenck, H.J., & Eysenck, S.B.G. (1969). *Personality structure and measurement*. London: Routledge.

Eysenck, M.W., & Cairo, M.G. (1992). Anxiety and performance: The processing efficiency theory. *Cognition and Emotion*, 6 (6), 409- 434.

Fisk, J.E., & Montgomery, C. (2008). Real-world memory and executive processes in cannabis users and non-users. *Journal of Psychopharmacology*, 22 (7), 727-736.

Fleming, J., Riley, L., Gill, H., Gullo, M.J., Strong, J., & Shum, D. (2008). Predictors of prospective memory in adults with traumatic brain injury. *Journal of the International Neuropsychological Society*, 14 (5), 823-831.

Fleming, J.M., Shum, D., Strong, J., & Lightbody, S. (2005). Prospective memory rehabilitation for adults with traumatic brain injury: A compensatory training programme. *Brain Injury*, 19 (1), 1-13.

Foster, E.R., McDaniel, M.A., Repovš, G., & Hershey, T. (2009). Prospective memory in Parkinson disease across laboratory and self-reported everyday performance. *Neuropsychology*, 23 (3), 347-358.

Foster, E.R., Rose, N.S., McDaniel, M.A., & Rendell, P.G. (2013). Prospective memory in Parkinson disease during a virtual week: Effects of both prospective and retrospective demands. *Neuropsychology*, 27(2), 170-181.

Freeman, J.E., & Ellis, J.A. (2003). The intention-superiority effect for naturally occurring activities: The role of intention accessibility in everyday prospective remembering in young and older adults. *International Journal of Psychology*, 38(4), 215-228.

Glisky, E.L. (1996). Prospective memory and the frontal lobes. In: Brandimonte, M., Einstein, G.O., & McDaniel, M.A. (Eds.). *Prospective Memory: Theory and Applications*. Mahwah, NJ: Erlbaum.

Gondo, Y., Renge, N., Ishioka, Y., Kurokawa, I., Ueno, D., & Rendell, P. (2010). Reliability and validity of the prospective and retrospective memory questionnaire (PRMQ) in young and old people: a Japanese study. *Japanese Psychological Research*, 52(3), 175-185.

Graf, P., & Schacter, D.L. (1985). Implicit and explicit memory for new associations in normal and amnesic subjects. *Journal of Experimental Psychology: Learning, Memory, and Cognition*, 11(3), 501-518.

Graf, P. (2011). Prospective memory in 2010. *Canadian Journal of Experimental Psychology*, 65(1), 1-2.

Graf, P. (2012). Prospective Memory: Faulty Brain, Flaky Person. *Canadian Psychology*, 53(1), 7-13.

Graf, P., & Uttl, B. (2001). Prospective memory: A new focus for research. *Consciousness and Cognition*, 10(4), 437-450.

Gray, J.R. (2001). Emotional modulation of cognitive control: Approach-withdrawal states double-dissociate spatial from verbal two-back task performance. *Journal of Experimental Psychology: General*, 130(3), 436-452.

Greenwald, A.G., & Banaji, M.R. (1995). Implicit social cognition: Attitudes, self-esteem, and stereotypes. *Psychological Review*, 102(1), 4-27.

Greenwald, A.G., McGhee, D.E., & Schwartz, J.K.L. (1998). Measuring individual differences in implicit cognition: The Implicit Association Test. *Journal of Personality* and *Social Psychology*, *74*（6）, 1464-1480.

Grubb, A.R., & Harrower, J. （2009）. Understanding attribution of blame in cases of rape: An analysis of participant gender, type of rape and perceived similarity to the victim. *Journal of Sexual Aggression*, *15*（1）, 63-81.

Gupta, S., Woods, S.P., Weber, E., Dawson, M.S., Grant, I., and The HIV Neurobehavioral Research Center（HNRC）Group. （2010）. Is prospective memory a dissociable cognitive function in HIV infection? *Journal of Clinical and Experimental Neuropsychology*, *32*（8）, 898-908.

Hadjiefthyvoulou, F., Fisk, J.E., Montgomery, C., & Bridges, N. （2010）. Everyday and Prospective Memory Deficits in Ecstasy/Polydrug Users. *Journal of Psychopharmacology*, *25*（4）, 453-464.

Hadjiefthyvoulou, F., Fisk, J.E., Montgomery, C., & Bridges, N. （2011）. Prospective memory functioning among Ecstasy/Polydrug users: Evidence from the Cambridge Prospective Memory Test（CAMPROMPT）. *Psychopharmacology*, *215*（4）, 761-774.

Hannon, R., Adams, P., Harrington, S., Fries-Dias, C., & Gipson, M. T. （1995）. Effects of brain injury and age on prospective memory self-rating and performance. *Rehabilitation Psychology*, *40*（4）, 289-298.

Hannon, R., Gipson, M.T., Rebmann, M., Keneipp, J., Sattler, J., Lonero, P., Day, C.L., & Bolter, J.F. （1990）. Self-rating of prospective memory by normal, brain-injured and alcoholic individuals. *Paper presented at the meeting of the National Academy of Neuropsychology, Reno, NV.*

Hardy, L., & Hutchinson, A. （2007）. Effects of performance anxiety on effort and performance in rock climbing: A test of processing efficiency theory. *Anxiety, Stress, and Coping*, *20*（2）, 147-161.

Harris, J.E., & Wilkins, A.J. （1982）. Remembering to do things: A theoretical framework and an illustrative experiment. *Human Learning*, *1*, 123-136.

Harris, L.M., & Cumming, S.R. （2003）. An examination of the relationship between anxiety and performance on prospective and retrospective memory tasks. *Australian*

Journal of Psychology, *55*(1), 51-55.

Harris, L.M., & Menzies, R.G. (1999). Mood and prospective memory. *Memory*, *7*(1), 117-127.

Harris, L., & Cranney, J. (2012). Event-based prospective memory and obsessive-compulsive disorder intrusive obsessional thoughts. *Australian Journal of Psychology*, *64*(4), 235-242.

Heffeman, T.M., Moss, M., & Ling, J. (2002). Subjective ratings of prospective memory deficits in chronic heavy alcohol users. *Alcohol & Alcoholism*, *37*(3), 269-271.

Heffernan T.M., O'Neill T.S., & Moss M. (2012). Smoking-related prospective memory deficits in a real-world task. *Drug and Alcohol Dependence*, *120*(1-3), 1-6.

Heffernan, T.M., Jarvis, H., Rodgers, J., Scholey, A.B., & Ling, J. (2001a). Prospective memory, everyday cognitive failure and central executive function in recreational users of ecstasy. *Human psychopharmacology: Clinical and experimental*, *16*(8), 607-612.

Heffernan, T.M., Ling, J., & Scholey, A.B. (2001). Subjective ratings of prospective memory deficits in MDMA ('ecstasy') users. *Human Psychopharmacology: Clinical and Experimental*, *16*(4), 339-344.

Heffernan, T.M., Ling, J., Parrott, A.C., Buchanan, T., Scholey, A.B., & Rodgers, J. (2005). Self-rated everyday and prospective memory abilities of cigarette smokers and non-smokers: a web-based study. *Drug and Alcohol Dependence*, *78*(3), 235-241.

Heffernan, T., & Ling, J. (2001). The impact of Eysenck's extraversion-introversion personality dimension on prospective memory. *Scandinavian Journal of Psychology*, *42*(4), 321-325.

Heffernan, T., Clark, R., Bartholomew, J., Ling, J., & Stephens, S. (2010). Does binge drinking in teenagers affect their everyday prospective memory? *Drug and Alcohol Dependence*, *109*(1), 73-78.

Heffernan, T., Ling, J., & Bartholomew, J. (2004). Self-rated prospective memory and central executive deficits in excessive alcohol users. *Irish Journal of Psychological Medicine*, *21* (4), 122-124.

Heffernan, T., O'Neill, T., & Moss, M. (2010). Smoking and everyday prospective memory: a comparison of self-report and objective methodologies. *Drug and Alcohol Dependence*, *112* (3), 234-238.

Heffernan, T., O'Neill, T., Ling, J., Holroyd, S., Bartholomew, J., & Betney, G. (2006). Does excessive alcohol use in teenagers affect their everyday prospective memory? *Clinical Effectiveness in Nursing*, *9*, e302-e307.

Henry, J.D., MacLeod, M.S., Phillips, L.H., & Crawford, J.R. (2004). A meta-analytic review of prospective memory and aging. *Psychology and Aging*, *19* (1), 27-39.

Henry, J.D., Phillips, L.H. Crawford, J.R., Kliegel, M., Theodorou, G., & Summers, F. (2007). Traumatic brain injury and prospective memory: influence of task complexity. *Journal of Clinical and Experimental Neuropsychology*, *29* (5), 457-466.

Henry, J.D., Rendell, P.G., Kliegel, M., & Altgassen, M. (2007). Prospective memory in schizophrenia: Primary or secondary impairment? *Schizophrenia Research*, *95* (1-3), 179-185.

Henry, J.D., Rendell, P.G., Rogers, P., Altgassen, M., & Kliegel, M. (2012). Prospective memory in schizophrenia and schizotypy. *Cognitive Neuropsychiatry*, *17* (2), 133-150.

Herrmann, D.J., & Chaffin, R. (1988). Memory in historical perspective: the literature before Ebbinghaus. *New York: Springer-Verlag*.

Hertel, P.T., Brozovich, F., Joormann, J., & Gotlib, I.H. (2008). Biases in Interpretation and Memory in Generalized Social Phobia. *Journal of Abnormal Psychology*, *117* (2), 278-288.

Hess, T.M., Hinson, J.T., & Hodges, E.A. (2009). Moderators of and mechanisms underlying stereotype threat effects on older adults'memory performance. *Experimental Aging Research*, *35*（2）, 153-177.

Hicks, J.L., Marsh, R.L., & Russell, E.J. （2000）. The properties of retention intervals and their affect on retaining prospective memories. *Journal of Experimental Psychology：Learning, Memory, and Cognition*, *26*（5）, 1160-1169.

Howe, M.L., & Bower, C.M. （2011）. Mood-congruent true and false memory：*Effects of Depression*. *Memory*, *19*（2）, 192-201.

Huppert, F.A., & Beardsall, L. （1993）. Prospective memory impairment as an early indicator of dementia. *Journal of Clinical and Experimental Neuropsychology*, *15*（5）, 805-821.

Huppert, F.A., Johnson, T., & Nickson, J. （2000）. High prevalence of prospective memory impairment in the elderly and in early-stage dementia：Findings from a population-based study. *Applied Cognitive Psychology*, *14*（7）, 63-81.

Ikeda, M., Iwanaga, M., & Seiwa, H. （1996）. Test Anxiety and Working Memory System. *Perceptual and Motor Skills*, *82*（2）, 1223-1231.

Jacob, O., & Monica, F. （1986）. Personality structure as viewed through early memories and identity status in college men and women. *Journal of Personality and Social Psychology*, *50*（3）, 580-586.

Jáger, T., & Kliegel, M. （2008）. Time-based and event-based prospective memory across adulthood：Underlying mechanisms and differential costs on the ongoing task. *The Journal of General Psychology*, *135*（1）, 4-22.

James, W. （1890）. Principles of Psychology. New York：Holt.

Jeong, J.M., & Cranney, J. （2009）. Motivation, depression, and naturalistic time-based prospective remembering. *Memory*, *17*（7）, 732-741.

Jones, S., Livner, A., & Bäckman, L. （2006）. Patterns of prospective and retrospective memory impairment in preclinical Alzheimer's disease. *Neuropsychology*, *20*（2）, 144-152.

Jonides, J., Lewis, R. L., Nee, D.E., Lustig, C.A., Berman, M.G., & Moore, K.S.

(2008). The mind and brain of short-term memory. *Annual Review of Psychology*, *59*(1), 193-224.

Katai, S., Maruyama, T., Hashimoto, T., & Ikeda, S. (2003). Event based and time based prospective memory in Parkinson's disease. *Journal of Neurology, Neurosurgery, and Psychiatry*, *74*(6), 704-709.

Keith Payne, B., & Corrigan, E. (2007). Emotional constraints on intentional forgetting. *Journal of Experimental Social Psychology*, *43*(5), 780-786.

Kelemen, W.L., Weinberg, W.B., Alford, H.S., Mulvey, E.K., & Kaeochinda, K.F. (2006). Improving the reliability of event-based laboratory tests of prospective memory. *Psychonomic Bulletin & Review*, *13*(6), 1028-1032.

Kerns, K.A. (2000). The CyberCruiser: An investigation of development of prospective memory in children. *Journal of the International Neuropsychological Society*, *6*(1), 62-70.

Kidder, D.P., Park, D.C., Hertzog, C., & Morrell, R.W. (1997). Prospective memory and aging: The effects of working memory and prospective memory task load. *Aging, Neuropsychology, and Cognition*, *4*(2), 93-112.

Kinsella, G.J., Ong, B., Storey, E., Wallace, J., &Hester, R. (2007). Elaborated spaced-retrieval and prospective memory in mild Alzheimer's disease. *Neuropsychological Rehabilitation*, *17*(6), 688-706.

Kliegel, M., & Jäger, T. (2006). The influence of negative emotions on prospective memory: A review and new data. *International Journal of Computational Cognition*, *4*(1), 1-17.

Kliegel, M., Jäger, T., Phillips, L.H., Federspiel, E., Imfeld, A., Keller, M., & Zimprich, D. (2005). Effects of sad mood on time-based prospective memory. *Cognition and Emotion*, *19*(8), 1199-1213.

Kliegel, M., & Martin, M. (2003). Prospective memory research: Why is it relevant? *International Journal of Psychology*, *38*(4), 193-194.

Kliegel, M., McDaniel, M.A., & Einstein, G.O. (2000). Plan formation, retention, and execution in prospective memory: A new approach and age-related effects. *Memory & Cognition*, *28*(6), 1041-1049.

Kliegel, M., Phillips, L.H., Lemke, U., & Kopp, U.A. (2005). Planning and realisation of complex intentions in patients with Parkinson's disease. Journal of Neurology, *Neurosurgery and Psychiatry*, *76*(11), 1501-1505.

Kliegel, M., Ropeter, A., & Mackinlay, R. (2006). Complex prospective memory in children with ADHD. *Child Neuropsychology*, *12*(6), 407-419.

Kliegel, M., Eschen, A., & Thöne-Ottoc, A.I. (2004). Planning and realization of complex intentions in traumatic brain injury and normal aging. *Brain and Cognition*, *56*(1), 43-54.

Klumpp, H., Amir, N., & Garfinkel S.N. (2009). False memory and obsessive-compulsive symptoms. *Depression and Anxiety*, *26*(5), 396-402.

Knight, R.G., Harnett, M., & Titov, N. (2005). The effects of traumatic brain injury on the predicted and actual performance of a test of prospective remembering. *Brain Injury*, *19*(1), 19-27.

Knight, R.G., Titov, N., & Crawford, M. (2006). The effects of distraction on prospective remembering following traumatic brain injury assessed in a simulated naturalistic environment. *Journal of the International Neuropsychological Society*, *12*(1), 8-16.

Koriat, A., & Goldsmith, M. (1996). Memory metaphors and the real-life/laboratory controversy: Correspondence versus storehouse conceptions of memory. *Behavioral and Brain Sciences*, 19(2), 167-187.

Kumar, D., Nizamie, S.H., & Jahan, M. (2005). Event-based prospective memory in Schizophrenia. *Journal of Clinical and Experimental Neuropsychology*, *27*(7), 867-872.

Kuyken, W., & Dalgleish, T. (2011). Overgeneral autobiographical memory in adolescents at risk for depression. *Memory*, *19*(3), 241-250.

Kvavilashvili, L. (1987). Remembering intention as a distinct form of memory. *British*

Journal of Psychology, 78 (4), 507-518.

Kvavilashvili, L. (1992). Remembering intentions: A critical review of existing experimental paradigms. *Applied Cognitive Psychology*, 6 (6), 507-524.

Kvavilashvili, L., & Ellis, J. (1996). Varieties of intention: Some distinctions and classifications. In: *Brandimonte, M., Einstein, G.O., McDaniel, M.A. (Eds.), Prospective Memory: Theory and Applications*, Mahwah, NJ: Erlbaum.

Kvavilashvili, L., & Fisher, L. (2007). Is time-based prospective remembering mediated by self-initiated rehearsals? Role of incidental cues, ongoing activity, age, and motivation. *Journal of Experimental Psychology: General*, 136 (1), 112-132.

Kvavilashvili, L., Cockburn, J., & Kornbrot, D.E. (2013). Prospective memory and ageing paradox with event-based tasks: a study of young, young-old, and old-old participants. *The Quarterly Journal of Experimental Psychology*, 66 (5), 864-875.

Kvavilashvili, L., Messer, D.J., & Ebdon, P. (2001). Prospective memory in children: The effects of age and task interruption. *Developmental Psychology*, 37 (3), 418-430.

Laird, D.A. (1923). The Influence of Likes and Dislikes on Memory as Related to Personality *Journal of Experimental Psychology*, 6 (4), 294-303.

Lamming, M., & Flynn, M. (1994). Forget-me-not: Intimate computing in support of human memory. In: *Proc. FRIEND21, 1994 Int. Symp. on Next Generation Human Interface* (p.4).

Landauer, T.K., & Bjork, R.A. (1978). Optimal rehearsal patterns and name learning. In M.M. Gruneberg, P.E. Morris, & R.N. Sykes (Eds.), *Practical aspects of memory*. London: Academic Press.

Lang, A.J., & Craske, M.G. (1997). Information processing in anxiety and depression. *Behavior Research and Therapy*, 35 (5), 451-455.

Larsen, R.J., & Ketelaar, T. (1991). Personality and susceptibility to positive and negative emotional states. *Journal of personality and social psychology*, 61 (1), 132-140.

Leitz, J.R., Morgan, C.J., Bisby, J.A., Rendell, P.G., & Curran, H.V (2009). Global impairment of prospective memory following acute alcohol. *Psychopharmacology*, *205*(3), 379-387.

Livner, Å., Jones, S., & Bäckman, L. (2005). Effects of depression on prospective and retrospective memory functioning among elderly adults. *Poster Presented at the 2nd International Conference on Prospective Memory in Zurich*, Switzerland.

Loft, S., Smith, R.E., & Bhaskara, A. (2011). Prospective memory in an air traffic control simulation: External aids that signal when to act. *Journal of Experimental Psychology: Applied*, *17*(1), 60-70.

Loftus, E.F. (1971). Memory for intentions: The effect of presence of a cue and interpolated activity. *Psychonomic Science*, *23*(4), 315-316.

Logie, R.H., & Maylor, E.A. (2009). An internet study of prospective memory across adulthood. *Psychology and Aging*, *24*(3), 767-774.

Lorenc, L., & Branthwaite, A. (1993). Are older adults less compliant with prescribed medication than younger adults? British Journal of Clinical Psychology, *32*(4), 485-492.

Lui, S.S.Y., Wang, Y., Liu, A.C.Y., Chui, W.W. H., Gong, Q., Shum, D., et al. (2011). Prospective memory in patients with first-onset Schizophrenia and their non-psychotic siblings. *Neuropsychologia*, *49*(8), 2217-2224.

Maddock, R.J. & Frein, S.T. (2009). Reduced memory for the spatial and temporal context of unpleasant words. *Cognition and Emotion*, *23*(1), 96-117.

Mandler, G. (1980). Recognizing: The judgment of previous occurrence. *Psychological Review*, *87*(3), 252-271.

Mangels, J.A., Picton, T.W., & Craik, F.I. (2001). Attention and successful episodic encoding: An event-related potential study. *Cognitive Brain Research*, *11*(1), 77-95.

Mäntylä, T. (2003). Assessing absentmindedness: Prospective memory complaint and impairment in middle-aged adults. *Memory Cognition*, *31*(1), 15-25.

Mäntylä, T., Missier, F.D., & Nilsson, L.G. (2009). Age differences in multiple outcome measures of time-based prospective memory. *Aging, Neuropsychology, and Cognition, 16* (6), 708-720.

Marsh, R.L., Brewer, G.A., Jameson, J.P., Cook, G.I., Amir, N., & Hicks, J.L. (2009). Threat-related processing supports prospective memory retrieval for people with obsessive tendencies. *Memory, 17* (6), 679-686.

Martins, S.P., & Damasceno, B.P. (2008). Prospective and retrospective memory in mild Alzheimer's disease. *Arquivos de Neuro-Psiquiatria, 66* (2B), 318-322.

Masumoto, K., Nishimura, C., Tabuchi, M., & Fujita, A. (2011). What factors influence prospective memory for elderly people in a naturalistic setting? *Japanese Psychological Research, 53* (1), 30-41.

Mather, M., Nesmith, K. (2008). Arousal-enhanced location memory for pictures. *Journal of Memory and Language, 58* (2), 449-464.

Mattli, F., Zöllig, J., & West, R. (2011). Age-related differences in the temporal dynamics of prospective memory retrieval: A lifespan approach. *Neuropsychologia, 49* (12), 3494-3504.

Maujean, A., Shum, D., & McQueen, R. (2003). Effect of cognitive demand on prospective memory in individuals with traumatic brain injury. *Brain Impairment, 4* (2), 135-145.

May, C., Owens, M., & Einstein, G.O. (2012). The impact of emotion on prospective memory and monitoring: No pain, big gain. *Psychonomic Bulletin & Review, 19* (6), 1165-1171.

Maylor, E.A. (1996). Age-Related Impairment in an Event-Based Prospective-Memory Task. *Psychology and Aging, 11* (1), 74-78.

McBride, D.M., Beckner, J.K., & Abney, D.H. (2011). Effects of delay of prospective memory cues in an ongoing task on prospective memory task performance. *Memory & Cognition, 39* (7), 1222-1231.

McCauley, S.R. & Levin, H.S. (2004). Prospective memory in pediatric traumatic brain injury: a preliminary study. *Developmental Neuropsychology, 25* (1-2), 5-20.

McCauley, S.R., Pedroza, C., Chapman, S.B., Cook, L.G., Vásquez, A.C., & Levin, H.S. (2011). Monetary incentive effects on event-based prospective memory three months after traumatic brain injury in children. *Journal of Clinical and Experimental Neuropsychology*, *33*(6), 639-646.

McCauley, S.R., Wilde, E.A., Merkley, T.L., Schnelle, K.P., Bigler, E.D., Hunter, J.V., Chu, Z., Vásquez, A.C., & Levin, H.S. (2010). Patterns of cortical thinning in relation to event-based prospective memory performance three months after moderate to severe traumatic brain injury in children. *Development Neuropsychol*. *35*(3), 318-332.

McDaniel, M.A., & Einstein, G.O. (1993). The importance of cue familiarity and cue distinctiveness in prospective memory. *Memory*, *1*(1), 23-41.

McDaniel, M.A., & Einstein, G.O. (2000). Strategic and automatic processes in prospective memory retrieval: A multiprocess framework. *Applied Cognitive Psychology*, *14*(7), 127-144.

McDaniel, M.A., & Einstein, G.O. (2007). *Prospective memory: An overview and synthesis of an emerging field.* Sage Publications.

McDaniel, M.A., Shelton, J.T., Breneiser, J.E., Moynan, S., & Balota, D.A. (2011). Focal and nonfocal prospective memory performance in very mild dementia: A signature decline. *Neuropsychology*, *25*(3), 387-396.

McDermott, K., & Knight, R.G. (2004). The effects of aging on a measure of prospective remembering using naturalistic stimuli. *Applied Cognitive Psychology*, *18*(3), 349-362.

McDonald-Miszczak, L., Gould, O., & Tychynski, D. (1999). Metamemory predictors of prospective and retrospective memory performance. *The Journal of General Psychology*, *126*(1), 37-52.

McKitrick, L.A., Camp, C.J., & Black, F.W. (1992). Prospective memory intervention in Alzheimer's disease. *The Journals of Gerontology*, *47*(5), 337-343.

Meacham, J.A. (1982). A note on remembering to execute planned actions. *Journal of*

Applied Developmental Psychology, 3(2), 122-133.

Meacham, J.A., & Kuslner, S. (1980). Anxiety, prospective remembering, and performance of planed actions. *The Journal of General Psychology, 103*(2), 203-209.

Meacham, J.A., & Leiman, B. (1982). Remembering to perform future actions. In Neisser, U. (Ed.), *Memory Observed: Remembering in Natural Contexts*, San Francisco: Freeman.

Meacham, J.A., Singer,. J. (1977). Incentive effects in prospective remembering. *The Journal of Psychology, 97*(2), 191-197.

Miranda, R., & Kihlstrom, J.F. (2005). Mood congruence in childhood and recent autobiographical memory. *Cognition and Emotion, 19*(7), 981-998.

Morgan, E.E., Weber, E., Rooney, A.S., Grant, I., Woods, S.P., & The HIV Neurobehavioral Research Program (HNRP) Group. (2012). Longer ongoing task delay intervals exacerbate prospective memory deficits in HIV-associated Neurocognitive Disorders (HAND). *Journal of Clinical and Experimental Neuropsychology, 4*(34), 416-427.

Nater, U.M., Okere, U., Stallkamp, R., Moor, C., Ehlert, U., & Kliegel, M. (2006). Psychosocial stress enhances time-based prospective memory in healthy young men. *Neurobiology of Learning and Memory, 86*(3), 344-348.

Neupert, S.D., Patterson, T.R., Davis, A.A., & Allaire, J.C. (2011). Age differences in daily predictors of forgetting to take medication: The importance of context and cognition. *Experimental Aging Research, 37*(4), 435-448.

Ng, E., & Lee, K. (2010). Children's task performance under stress and non-stress conditions: A test of the Processing Efficiency Theory. *Cognition & Emotion, 24*(7), 1229-1238.

Ochsner, K.N. (2000). Are affective events richly recollected or simply familiar? The experience and process of recognizing feelings past. Journal of Experimental Psychology: *General, 129*(2), 242-261.

Okuda, J., Fujii, T., Umetsu, A., Tsukiura, T., Suzuki, M., Nagasaka, T., et al. (2001).

A functional MRI study of prospective memory. *NeuroImage*, *13*(6), 716-716.

Okuda, J., Fujii, T., Yamadori, A., Kawashima, R., Tsukiura, T., Fukatsu, R., et al. (1998). Participation of the prefrontal cortices in prospective memory: evidence from a PET study in humans. *Neuroscience Letters*, *253*(2), 127-130.

Oriani, M., Moniz-Cook, E., Binetti, G., Zanieri, G., Frisoni, G.B., Geroldi, C., De Vreese, L.P., & Zanetti, O. (2003). An electronic memory aid to support prospective memory in patients in the early stages of Alzheimer's disease: A pilot study. *Aging & Mental Health*, *7*(1), 22-27.

Otani, H., Landau, J.D., Libkuman, T.M., Louis, J.P.S., Kazen, J.K., & Throne, G.W. (1997). Prospective memory and divided attention. *Memory*, *5*(3), 343-360.

Pagni, C., Frosini, D., Ceravolo, R., Giunti, G., Unti, E., Poletti, M., et al. (2011). Event-based prospective memory in newly diagnosed, drug-naive Parkinson's disease patients. *Journal of the International Neuropsychological Society*, *17*, 1158-1162.

Paraskevaides, T., Morgan, C.J., Leitz, J.R., Bisby, J.A., Rendell, P.G., & Curran, H.V. (2010). Drinking and future thinking: acute effects of alcohol on prospective memory and future simulation. *Psychopharmacology*, *208*(2), 301-308.

Park, D.C., Hertzog, C., Kidder, D.P., Morrell, R.W., & Mayhorn, C.B. (1997). Effect of age on event-based and time-based prospective memory. *Psychology and Aging*, *12*(2), 314-327.

Parr, W.V., & Siegert, R. (1993). Adults' conceptions of everyday memory failures in others: Factors that mediate the effects of target age. *Psychology and Aging*, *8*(4), 599-605.

Pavawalla, S.P., Schmitter-Edgecombe, M., & Smith, R.E. (2012). Prospective memory after moderate-to-Severe traumatic brain injury: A multinomial modeling approach. *Neuropsychology*, *26*(1), 91-101.

Pearman, A., & Storandt, M. (2005). Self-discipline and self-consciousness predict subjective memory in older adults. *The Journals of Gerontology*. *60*(3), 153-157.

Penningroth, S.L., Scott, W.D., & Freuen, M. (2011). Social motivation in prospective memory: Higher importance ratings and reported performance rates for social tasks. *Canadian Journal of Experimental Psychology*, 65 (1), 3-11.

Peter G. Rendell, P5G., Mazur, M., & Henry, J5D. (2009). Prospective memory impairment in former users of Methamphetamine. *Psychopharmacology*, 203 (3), 609-616.

Peterson, M.S., Beck, M.R., & Vomela, M. (2007). Visual search is guided by prospective and retrospective memory. *Perception & Psychophysics*, 69 (1), 123-135.

Phillips, L.H., Henry, J.D., & Martin, M. (2008). Adult aging and prospective memory: the importance of ecological validity. In *M. Kliegel, M.A. McDaniel and G.O. Einstein (eds.), Prospective Memory: Cognitive, Neuroscience, Developmental, and Applied Perspectives*. Mahwah, NJ: Erlbaum.

Potvin, M.J., Rouleau, I., Audy, J., Charbonneau, S., & Giguère, J.F. (2011). Ecological prospective memory assessment in patients with traumatic brain injury. *Brain Injury*, 25 (2), 192-205.

Radford, K.A., Lah, S., Say, M.J., & Miller, L.A. (2011). Validation of a new measure of prospective memory: the Royal Prince Alfred Prospective Memory Test. *The Clinical Neuropsychologist*. 25 (1), 127-140.

Raskin, S.A., & Sohlberg, M.M. (1996). The efficacy of prospective memory training in two adults with brain injury. *Journal of Head Trauma Rehabilitation*, 11 (3), 32-51.

Raskin, S.A., Woods, S.P., Poquette, A.J., McTaggart, A.B., Sethna, J. Williams, R.C., et al. (2011). A differential deficit in time- Versus event-based prospective memory in Parkinson's disease. *Neuropsychology*, 25 (2), 201-209.

Raskin, S., A. (2009). Memory for Intentions Screening Test: Psychometric properties and clinical evidence. *Brain Impairment*, 10 (1), 23-33.

Reese, C.M., & Cherry, K.E. (2002). The effects of age, ability, and memory monitoring on prospective memory task performance. *Aging, Neuropsychology, and Cognition*, 9 (2), 98-113.

Remington, R.W. (2010). Prospective memory and task interference in a continuous monitoring dynamic display task. *Journal of Experimental Psychology*: *Applied*, *16*(2), 145-157.

Rendell, P.G., & Henry, J.D. (2008). Prospective-memory functioning is affected during pregnancy and postpartum. *Journal of Clinical and Experimental Neuropsychology*, *30*(8), 913-919.

Rendell, P.G., & Henry, J.D. (2009). A review of Virtual Week for prospective memory assessment: Clinical implications. *Brain impairment*, *10*(1), 14-22.

Rendell, P.G., & Thomson, D.M. (1999). Aging and prospective memory: Differences between naturalistic and laboratory tasks. *Journals of Gerontology Series B*: *Psychological Sciences and Social Sciences*, *54*(4), 256-269.

Rendell, P.G., Phillips, L.H., Henry, J.D., Brumby-Rendell, T., de la Piedad Garcia, X., Altgassen, M., & Kliegel, M. (2011). Prospective memory, emotional valence and ageing. *Cognition and Emotion*, *25*(5), 916-925.

Rendell, P.G., & Craik, F.I.M. (2000). Virtual Week and Actual Week: Age-Related Differences in Prospective Memory. *Applied Cognitive Psychology*, *Special Issue*: *New perspectives in prospective memory*, *14*(7), 43-62.

Rendell, P.G., Gray, T.J., Henry, J.D., & Tolan, A. (2007). Prospective memory impairment in 'ecstasy' (MDMA) users. *Psychopharmacology*, *194*(4), 497-504.

Rendell, P.G., Jensen, F., & Henry, J.D. (2007). Prospective memory in multiple sclerosis. *Journal of the International Neuropsychological Society*, *13*(3), 410-416.

Rendell, P.G., Mazur, M., & Henry, J.D. (2009). Prospective memory impairment in former users of methamphetamine. *Psychopharmacology*, *203*(3), 609-616.

Rich, J.B., Svoboda, E., & Brown, G.G. (2006). Diazepam-induced prospective memory impairment and its relation to retrospective memory, attention, and arousal. *Hman Psychopharmacology*, *21*(2), 101-108.

Roche, N.L., Fleming, J.M., & Shum, D.H. (2002). Self-awareness of prospective memory failure in adults with traumatic brain injury. *Brain Injury*, *16*(11), 931-945.

Roche, N.L., Moody, A., Szabo, K., Fleming, J.M., & Shum, D.H. (2007).

Prospective memory in adults with traumatic brain injury: An analysis of perceived reasons for remembering and forgetting. *Neuropsychological Rehabilitation*, *17*(3), 314-334.

Rodgers, J., Buchanan, T., Scholey, A.B., Heffernan, T.M., Ling, J., & Parrott, A. (2001). Differential effects of Ecstasy and cannabis on self-reports of memory ability: a web-based study. Human Psychopharmacology: *Clinical and Experimental*, *16*(8), 619-625.

Rodgers, J., Buchanan, T., Scholey, A.B., Heffernan, T.M., Ling, J., & Parrott, A.C. (2003). Patterns of drug use and the influence of gender on self-reports of memory ability in ecstasy users: a web-based study. *Journal of Psychopharmacology*, *17*(4), 389-396.

Roe, C.M., Motheral, B.R., Teitelbaum, F., & Rich, M.W. (2000). Compliance with and dosing of angiotensinconverting-enzyme inhibitors before and after hospitalization. *American Journal of Health Systems Pharmacy*, *57*(2), 139-145.

Roediger III, H.L. (1996). Commentary: Prospective memory and episodic memory. In: *Brandimonte, M., Einstein, G.O., McDaniel, M.A.* (Eds.), *Prospective Memory: Theory and Applications.* Mahwah, NJ: Erlbaum.

Rose, N.S., & Craik, F.I. (2012). A processing approach to the working memory/long-term memory distinction: Evidence from the levels-of-processing span task. *Journal of Experimental Psychology: Learning, Memory, and Cognition*, *38*(4), 1019-1029.

Rosenzweig, S. (1938). The experimental study of repression. In *Murray, H.A.* (Ed.), *Explorations in Personality.* New York: Oxford Univ. Press.

Rude, S.S., Hertel, P.T., Jarrold, W., Covich, J., & Hedlund, S. (1999). Depression-related impairments in prospective memory. *Cognition and Emotion*, *13*(3), 267-276.

Rummel, J., Hepp, J., Klein, S.A., & Silberleitner, N. (2012). Affective state and event-based prospective memory. *Cognition & Emotion*, *26*(2), 351-361.

Rusted, J.M., & Trawley, S. (2006). Comparable effects of nicotine in smokers and nonsmokers on a prospective memory task. *Neuropsychopharmacology*, *31*(7), 1545-

1549.

Rusted, J.M., Sawyer, R. Jones, C. Trawley, S.L., & Marchant N.L. (2009). Positive effects of nicotine on cognition: the deployment of attention for prospective memory. *Psychopharmacology*, *202* (1-3), 93-102.

Rusted, J.M., Trawley, S., Heath. J., Kettle, G., & Walker, H. (2005). Nicotine improves memory for delayed intentions. *Psychopharmacology*, *182* (3), 355-365.

Rusting, C.L. (1999). Interactive effects of personality and mood on emotion-congruent memory and judgment. *Journal of Personality and Social Psychology*, *77* (5), 1073-1086.

Salthouse, T.A., Berish, D.E., & Siedlecki, K.L. (2004). Construct validity and age sensitivity of prospective memory. *Memory & Cognition*, *32* (7), 1133-1148.

Schiffman, N., & Greist-Bousquet, S. (1992). The effect of task interruption and closure on perceived duration. *Bulletin of the Psychonomic Society*, *30* (1), 9-11.

Schmidt, I. W., Berg, I. J., & Deelman, B. G. (2001). Prospective memory training in older adults. Educational Gerontology, *27* (6), 455-478.

Schmidt, S.R. (2004). Autobiographical memories for the September 11th attacks: Reconstructive errors and emotional impairment of memory. *Memory & Cognition*, *32* (3), 443-454.

Schnitzspahn, K.M., Horn, S.S., Bayen, U.J., & Kliegel, M. (2012). Age effects in emotional prospective memory: cue valence differentially affects the prospective and retrospective component. *Psychology and Aging*, *27* (2), 498-509.

Schnitzspahn, K.M., Ihle, A., Henry, J.D., Rendell, P.G., & Kliegel, M. (2011). The Age-Prospective Memory-Paradox: An exploration of possible mechanisms. *International Psychogeriatrics*, *23* (4), 583-592.

Schnitzspahn, K.M., Stahl, C., Zeintl, M., Kaller, C.P., & Kliegel, M. (2013). The Role of Shifting, Updating, and Inhibition in Prospective Memory Performance in Young and Older Adults. *Developmental Psychology*, *49* (8), 1544-1553

Schnyer, D.M., Verfaellie, M., Alexander, M.P., LaFleche, G., Nicholls, L.,

& Kaszniak, A.W. (2004). A role for right medial prefrontal cortex in accurate feeling-of-knowing judgments: evidence from patients with lesions to frontal cortex. *Neuropsychologia*, *42*(7), 957-966.

Schulkind, M.D., & Woldore, G.M. (2005). Emotional Organization of Autobiographical Memory. *Memory & Cognition*, *33*(6), 1025-1035.

Schulz, J.S., O'Donnell, J.C., McDonough, K.L., Sasane, R., & Meyer, J. (2005). Determinants of compliance with statin therapy and low-density lipoprotein cholesteral goal attainment in a managed care population. *American Journal of Managed Care*, *11*(5), 306-312.

Scullin, M.K., Bugg, J.M., & McDaniel, M.A. (2012). Whoops, I did it again: Commission errors in prospective memory. *Psychology and aging*, *27*(1), 46-53.

Scullin, M.K., Bugg, J.M., McDaniel, M.A., & Einstein, G.O. (2011). Prospective memory and aging: preserved spontaneous retrieval, but impaired deactivation, in older adults. *Memory & Cognition*, *39*(7), 1232-1240.

Searleman, A. (1996). Personality Variables and Prospective Memory Performance. In: D Hermann, D., McEvoy, C., Hertzog, C., Hertel, P., & Johnson, M.K. (Eds). *Basic and Applied Memory Research: Practical Applications*, Erlbaum: Mahwah, NJ.

Seed, J.A., Dahabra, S., Heffernan, T., Robertson, B., Foster, K., Venn, H., et al. (2004). Everyday memory and related processes in patients with eating disorders. *Clinical Effectiveness in Nursing*, *8*(3), 176-188.

Sellen, A.J., Louie, G., Harris, J.E., & Wilkins, A.J. (1997). What brings intentions to mind? An in situ study of prospective memory. *Memory*, *5*(4), 483-507.

Sgaramella, T. M., Borgo, F., Fenzo, F., Garofalo, P., & Toso, V. (2000). Memory for/and execution of future intentions: Evidence from patients with Herpes Simplex Encephalitis. *Brain and Cognition*, *43*(1-3), 388-392.

Shackman, A., Sarinopoulos, I., Maxwell, J.S., Pizzagalli, D., Lavric, A., & Davidson, R. (2006). Anxiety selectively disrupts visuospatial working memory. *Emotion*, *6*(1), 40-61.

Sharot, T., & Yonelinas, A.P. (2008). Differential Time-Dependent Effects of Emotion on Recollective Experience and Memory for Contextual Information. *Cognition*, *106* (1), 538-547.

Shum, D., Leung, J.P., Ungvari, G.S., & Tang, W.K. (2001). Schizophrenia and prospective memory: A new direction for clinical practice and research. *Hong Kong Journal of Psychiatry*, *11* (2), 23-26.

Shum, D., Ungvari, G.S., Tang, W.K., & Leung, J.P. (2004). Performance of Schizophrenia patients on time-, event-, and activity-based prospective memory tasks. *Schizophrenia Bulletin*, *30* (4), 693-701.

Smith, G., Sala, S.D., Logie, R.H., & Maylor, E.A. (2000). Prospective and retrospective memory in normal aging and dementia: A questionnaire study. *Memory*, *8* (5), 311-321.

Smith, R.E., & Bayen, U.J. (2004). A multinomial model of event-based prospective memory. *Journal of Experimental Psychology: Learning, Memory, and Cognition*, *30* (4), 756-777.

Smith, R.E., Persyn, D., & Butler, P. (2011). Prospective memory, personality, and working memory: A formal modeling approach. *Zeitschrift für Psychologie*, *219* (2), 108-116.

Smith, S.J., Souchay, C., & Moulin, C. J. (2011). Metamemory and prospective memory in Parkinson's disease. *Neuropsychology*, *25* (6), 734-740.

Sohlberg, M.M., White, O., Evans, E., & Mateer, C. (1992). An investigation of the effects of prospective memory training. *Brain Injury*, *6* (2), 139-154.

Stenquist, P. (2010). How to Remind a Parent of the Baby in the Car? *New York Times*, 2010-5-30.

Stone, M., Dismukes, K., & Remington, R. (2001). Prospective memory in dynamic environments: Effects of load, delay, and phonological rehearsal. *Memory*, *9* (3), 165-176.

Storbeck, J., & Clore, G.L. (2011). Affect influences false memories at encoding:

Evidence from recognition data. *Emotion*, *11*（4）, 981-989.

Storbeck, J., & Clore, G.L.（2005）. With sadness comes accuracy; with happiness, false memory mood and the false memory effect. *Psychological Science*, *16*（10）, 785-791.

Thompson. C.L., Henry, J.D., Rendell, P.G., Withall, A., & Brodaty, H.（2010）. Prospective memory function in mild cognitive impairment and early dementia. *Journal of the International Neuropsychological Society*, *16*（2）, 318-325.

Thompson, C.L., Henry, J.D., Withall, A., Rendell, P.G., & Brodaty, H.（2011）. A naturalistic study of prospective memory function in MCI and dementia. *British Journal of Clinical Psychology*, *50*（4）, 425-434.

Titov, N., & Knight, R.G.（2001）. A video-based procedure for the assessment of prospective memory. *Applied Cognitive Psychology*, *15*（1）, 61-83.

Twamley, E.W., Woods, S.P., Zurhellen, C.H., Vertinski, M., Narvaez, J.M., Mausbach, B.T., et al.（2008）. Neuropsychological substrates and everyday functioning implications of prospective memory impairment in schizophrenia. *Schizophrenia Research*, *106*（1）, 42-49.

Umeda, S., Kurosaki, Y., Terasawa, Y, Kato, M., & Miyahara, Y.（2011）. Deficits in prospective memory following damage to the prefrontal cortex. *Neuropsychologia*, *49*（8）, 2178-2184.

Ungvari, G.S., Xiang, Y., Tang, W., & Shum, D.（2008）. Prospective memory and its correlates and predictors in schizophrenia: An extension of previous findings. *Archives of Clinical Neuropsychology*, *23*（5）, 613-622.

Uttl, B., & Kibreab, M.（2011）. Self-report measures of prospective memory are reliable but not valid. *Canadian Journal of Experimental Psychology*, *65*（1）, 57-68.

Uttl, B., White, C.A., Gonzalez, D.W., McDouall, J., & Leonard, C.A.（2013）. Prospective memory, personality, and individual differences. *Frontiers in psychology*, *4*.

Van der Werf, Y.D., Scheltens, P., Lindeboom, J., Witter, M.P., Uylings, H., & Jolles, J.（2003）. Deficits of memory, executive functioning and attention following infarction in the thalamus: a study of 22 cases with localised lesions. *Neuropsychologia*, *41* (10), 1330-1344.

Van der Werf, Y.D., Witter, M.P., Uylings, H., & Jolles, J. (2000). Neuropsychology of infarctions in the thalamus: A review. *Neuropsychologia*, *38* (5), 613-627.

Vedhara, K., Wadsworth, E., Norman, P., Searlea, A., Mitchellc, J., Macraec, N., O'Mahonyd, M., Kemplee, T., & Memel, D. (2004). Habitual prospective memory in elderly patients with type 2 diabetes: Implications for medication adherence. *Psychology, Health & Medicine*, *9* (1), 17-27.

Villa, K.K., & Abeles, N. (2000). Broad spectrum intervention and the remediation of prospective memory declines in the able elderly. *Aging & Mental Health*, *4* (1), 21-29.

Wang, Y., Chan, R.C.K., Cui, J., Deng, Y., Huang, J., Li, H., et al. (2010). Prospective memory in non-psychotic first-degree relatives of patients with schizophrenia. *Psychiatry Research*, *179* (3), 285-290.

Wang, Y., Chan, R.C.K., Hong, X., Ma, Z., Yang, T., Guo, L., et al. (2008). Prospective memory in Schizophrenia: Further clarification of nature of impairment. *Schizophrenia Research*, *105* (1), 114-124.

Wang, Y., Chan, R.C.K., Yu, X., Shi, C., Cui, J., & Deng, Y. (2008). Prospective memory deficits in subjects with schizophrenia spectrum disorders: A comparison study with schizophrenic subjects, psychometrically defined schizotypal subjects, and healthy controls. *Schizophrenia Research*, *106* (1), 70-80.

Wang, Y., Chan, R.C., Cui, J.F., Yang, T.X., Deng, Y.Y., Gong, Q.Y., & Shum, D. (2011). Stability of prospective memory deficits in individuals with schizotypal personality traits. *Psychiatry Research*, *189* (1), 156-157.

Wang, Y., Cui, J., Chan, R.C.K., Deng, Y., Shi, H., Hong, X., et al. (2009). Meta-analysis of prospective memory in Schizophrenia: Nature, extent, and correlates. *Schizophrenia Research*, *114* (1-3), 64-70.

Ward, H., Shum, D., McKinlay, L., Baker, S., & Wallace, G. (2007). Prospective memory and pediatric traumatic brain injury: Effects of cognitive demand.

Child Neuropsychology, 13 (3), 219-239.

Warrington, E. K., & Weiskrantz, L. (1974). The effect of prior learning on subsequent retention in amnesic patients. *Neuropsychologia, 12* (4), 419-428.

Waugh, N. (1999). Self-report of the young, middle-aged, young-old and old-old individuals on prospective memory functioning. *Unpublished honors thesis*, Griffith University, Brisbane, Queensland, Australia.

Weiner, B. (1986). An attributional theory of motivation and emotion. *New York*: *Springer*.

Weiner, B., Frieze, I., Kukla, A., Reed, L., Rest, S., & Rosenbaum, R.M. (1971). *Perceiving the causes of success and failure.* Morristown, NJ: General Learning Press.

West, R., & Craik, F.I.M. (1999). Age-related decline in prospective memory: The roles of cue accessibility and cue sensitivity. *Psychology and Aging, 14* (2), 264-272.

West, R. (2001). The transient nature of executive control processes in younger and older adults. *European Journal of Cognitive Psychology, 13* (1-2), 91-105.

West, R.L. (1988). Prospective memory and aging. In: *Gruneberg, M.M., Morris, P.E., & Sykes. R.N. (Eds.), Practical Aspects of Memory*: Current *Research and Issues. Vol 2. Clinical and Educational Implications.* Chichester, UK: Wiley.

West, R., & Covell, E. (2001). Effects of aging on event-related neural activity related to prospective remembering. *Neuroreport, 12* (13), 2855-2858.

West, R., & Craik, F.I.M. (2001). Influences on the efficiency of prospective memory in younger and older adults. *Psychology and Aging, 16* (4), 682-696.

West, R., & Ross-Munroe, K. (2002). Neural correlates of the formation and realization of delayed intentions. *Cognitive, Affective, & Behavioral Neuroscience, 2* (2), 162-173.

West, R., Carlson, L., & Cohen, A.L. (2007). Eye movements and prospective memory: What the eyes can tell us about prospective memory. *International Journal of Psychophysiology, 64* (3), 269-277.

West, R., Herndon, R.W., & Covell, E. (2003). Neural correlates of age-related declines in the formation and realization of delayed intentions. *Psychology and Aging*, *18*(3), 461-473.

West, R., Herndon, R.W., & Crewdson, S.J. (2001). Neural activity associated with the realization of a delayed intention. *Cognitive Brain Research*, *12*(1), 1-9.

West, R., Krompinger, J., & Bowry, R. (2005). Disruptions of preparatory attention contribute to failures of prospective memory. *Psychonomic Bulletin & Review*, *12*(3), 502-507.

West, R., Wymbs, N., Jakubek, K., & Herndon, R.W. (2003). Effects of intention load and background context on prospective remembering: An event-related brain potential study. *Psychophysiology*, *40*(2), 260-276.

Wilkins, A. J., & Baddeley, A. D. (1978). Remembering to recall in everyday life: An approach to absentmindedness. In: *Gruneberg, M. & Sykes, R. (Eds.). Practical aspects of memory.* London: Academic Press.

Wilson, B.A., Cockburn, J., & Baddeley, A.D. (1985). *The Rivermead Behavioral Memory Test.* Flempton: Thames Valley Test Company.

Wilson, B.A., Coekburn, J., & Baddeley, A. (2003). *The Rivermead Behavioural Memory Test Second Edition.* London: Thames Valley Test Company.

Wilson, B.A., Emslie, H., Foley, J., Shiel, A., Watson, P., Hawkins, K., et al. (2005). *The Cambridge Prospective Memory Test.* London: Harcourt Assessment.

Woods, S.P., Iudicello, J.E., Moran, L.M., Carey, C.L., Dawson, M.S., Grant, I., & The HIV Neurobehavioral Research Center (HNRC) Group. (2008). HIV-associated prospective memory impairment increases risk of dependence in everyday functioning. *Neuropsychology*, *22*(1), 110-117.

Woods, S.P., Moran, L.M., Dawson, M.S., Carey, C.L., Grant, I., & The HIV Neurobehavioral Research Center (HNRC) Group. (2008). Psychometric characteristics of the memory for intentions screening test. *The Clinical Neuropsychologist*, *22*(5), 864-878.

Woods, S.P., Dawson, M.S., Weber, E., Gibson. S., Grant, I., Atkinson, J.H., & HIV Neurobehavioral Research Center Group. (2009). Timing is everything: Antiretroviral nonadherence is associated with impairment in time-based prospective memory. *Journal of the International Neuropsychological Society*, 15(1), 42-52.

Woods, S.P., Moran, L.M., Carey, C.L., Dawson, M.S., Iudicello, J.E., Gibson. S., Grant, I., Atkinson, J.H., & HIV Neurobehavioral Research Center Group. (2008). Prospective memory in HIV infection: is "remembering to remember" a unique predictor of self-reported medication management? *Archives of Clinical Neuropsychology*, 23(3), 257-270.

Woods, S.P., Twamley, E.W., Dawson, M.S., Narvaez, J.M., & Jeste, D.V. (2007). Deficits in cue detection and intention retrieval underlie prospective memory impairment in Schizophrenia. *Schizophrenia Research*, 90(1-3), 344-350.

Woods, S.P., Weber, E., Weisz, B.M., Twamley, E.W., Grant, I., & The HIV Neurobehavioral Research Programs Group. (2011). Prospective memory deficits are associated with unemployment in persons living with HIV infection. *Rehabilitation Psychology*, 56(1), 77-84.

Woods, S.P., Carey, C.L., Moran, L.M., Dawson, M.S., Letendre, S.L., Grant, I., & The HIV Neurobehavioral Research Center (HNRC) Group. (2007). Frequency and predictors of self-reported prospective memory complaints in individuals infected with HIV. *Archives of Clinical Neuropsychology*, 22(2), 187-195.

Wright, D.B., Startup, H.M., & Mathews, S.A. (2005). Mood, dissociation and false memories using the Deese-Roediger-McDermott procedure. *British Journal of Psychology*, 96(3), 283-293.

Yasuda, K., Misu, T., Beckman, B., Watanabe, O., Ozawa, Y., & Nakamura, T. (2002). Use of an IC recorder as a voice output memory aid for patients with prospective memory impairment. *Neuropsychological Rehabilitation*, 12(2), 155-166.

Young, G.C., & Martin, M. (1981). Processing of information about self by neurotics. *British Journal of Clinical Psychology*, 20(3), 205-212.

Zhou, F., Xiang, Y., Wang, C., Dickerson, F., Au, R.W.C., Zhou, J., et al. (2012). Characteristics and clinical correlates of prospective memory performance in first-episode Schizophrenia. *Schizophrenia Research*, *135* (1), 34-39.

Zimmermann, T.D., & Meier, B. (2006). The rise and decline of prospective memory performance across the lifespan. *The Quarterly Journal of Experimental Psychology*, *59* (12), 2040-2046.

Zöllig, J., West, R., Martin, M., Altgassen, M., Lemke, U., & Kliegel, M. (2007). Neural correlates of prospective memory across the lifespan. *Neuropsychologia*, *45* (14), 3299-3314.

后 记

十多年前,我有幸进入华东师范大学心理系,在华东师大终身教授、时任中国心理学会副理事长的杨治良教授门下攻读博士学位,也第一次接触到了前瞻记忆这一充满活力的研究领域。先生高屋建瓴,循循善诱,同门热情相助,相互鼓励,使我辛苦的求学生涯变得愉快充实,现在回忆起来,仍倍觉温暖与留恋。转眼离开师门多年,也总算在这一领域中坚持了下来,但拿得出手的成果可谓屈指可数,以至每次被先生问起"最近成果"时,都不禁汗颜。这本小书是我多年来在前瞻记忆研究过程中大量资料研读与积累的结果,也算是对先生殷切期望的一个小小交待吧。我的另一位恩师卢家楣教授,不仅是我学术上的引路人,而且多年来在工作中也一直给我极大鼓励和帮助,百忙之中欣然应允为本书作序,更让我感动莫名。对恩师们的厚爱无以回报,我所能做的也只是时常庆幸在学术之路上遇到如此渊博并充满人格魅力的好老师、好前辈了。

本书主要是对国内外前瞻记忆研究已有成果的梳理,并根据自己的研究兴趣,本着不贪大、不求全的原则,选择了日常生活中的前瞻记忆以及影响前瞻记忆的社会心理因素作为主线展开内容,而对前瞻记忆的心理与神经生理机制的大量研究只作简略介绍,故以"社会心理学的视野"为本书定名。其中由于前瞻记忆失败归因的研究在国内外尚无成熟的资料,所以也将自己在这方面尝试研究的结果放置在其中。需要说明的是,这些研究得益于本人在加拿大不列颠哥伦比亚大学访学期间,国际著名心理学家、加拿大心理学会主席 Peter Graf 教授的指导和启发。

感谢北京大学出版社的赵学敏编辑为本书的及时出版所付出的努力。在本书的资料收集整理阶段,研究生叶洪力、王方方、胥涵和任万林付出

后　记

了大量劳动，任万林和胥涵还负责实施了前瞻记忆归因研究中的两个实验，在此一并表示感谢。由于作者才疏学浅，书中不免会有不当和谬误之处，恳请专家学者们不吝批评赐教。

刘　伟

2013 年 10 月于上海师范大学